Kohlhammer

Markus Maier/Benjamin Rathgeber (Hrsg.)

Grenzen Künstlicher Intelligenz

Verlag W. Kohlhammer

Für den Inhalt abgedruckter oder verlinkter Websites ist ausschließlich der jeweilige Betreiber verantwortlich. Die W. Kohlhammer GmbH hat keinen Einfluss auf die verknüpften Seiten und übernimmt hierfür keinerlei Haftung.

Dieses Werk einschließlich aller seiner Teile ist urheberrechtlich geschützt. Jede Verwendung außerhalb der engen Grenzen des Urheberrechts ist ohne Zustimmung des Verlags unzulässig und strafbar. Das gilt insbesondere für Vervielfältigungen, Übersetzungen, Mikroverfilmungen und für die Einspeicherung und Verarbeitung in elektronischen Systemen.

1. Auflage 2025

Alle Rechte vorbehalten
© W. Kohlhammer GmbH, Stuttgart
Gesamtherstellung:
W. Kohlhammer GmbH, Heßbrühlstr. 69, 70565 Stuttgart
produktsicherheit@kohlhammer.de

Print:
ISBN 978-3-17-045343-2

E-Book-Formate:
PDF: ISBN 978-3-17-045344-9
epub: ISBN 978-3-17-045345-6

Inhalt

Vorwort 7
Benjamin Rathgeber, Markus Maier, Harald Lesch

1. **Grenzen der KI**
   Theoretisch, praktisch, ethisch 9
   Klaus Mainzer

2. **Grenzen Künstlicher Intelligenz damals wie heute**
   Eine Analyse anhand der Perceptrons-Kontroverse 36
   Markus Maier, Raphael Ronge

3. **Grenzen der KI?** 52
   Mathias Gutmann

4. **Sind Maschinen *wirklich* intelligent?** 66
   Bert Heinrichs, Ulrich Steckmann

5. **Fundamentale Grenzen der künstlichen Intelligenz aus mathematischer Sicht** 80
   Holger Boche, Adalbert Fono, Gitta Kutyniok

6. **Fairness von KI**
   Ein Brückenschlag zwischen Philosophie und Maschinellem Lernen ... 98
   Ludwig Bothmann, Kristina Peters

7. **Der Computer als Instrument zur Zerstörung von Menschlichkeit**
   Die Grenzen von algorithmen-basierten Entscheidungen 109
   Sebastian Rosengrün

8. **Der KI Grenzen setzen?**
   Vom Verhältnis zu moralischen Normen 120
   Jan-Hendrik Heinrichs

9 Deadbots: Ethische Grenzen des digitalen Weiterlebens – eine medien- und technikethische Perspektive............................... 138
Jessica Heesen, Martin Hennig

Autor:innen... 151

Vorwort

Benjamin Rathgeber, Markus Maier, Harald Lesch

Die aktuellen Entwicklungen von Künstlicher Intelligenz (KI) vermitteln den Eindruck grenzenloser Möglichkeiten. Seit den 2010er Jahren haben sich wegweisende Durchbrüche in Nutzung und Einsetzbarkeit von Maschinellem Lernen erzielen lassen, die in alle gesellschaftlichen Bereiche ausstrahlen und unsere lebensweltlichen Praxen maßgeblich mitbestimmen. Sie haben eine weltweite Aufbruchstimmung in diversen gesellschaftlichen Bereichen hervorgerufen und bieten einen unüberschaubaren Spielraum an technisch-ökonomischen Chancen und Weiterentwicklungen.

Wie bei allen großen technologischen Transformationen stellt sich dabei die Frage nach deren weiteren zukünftigen Potentialen, umgekehrt aber auch nach den prinzipiellen Grenzen. Insbesondere bei einer Technologie mit dem schillernden Namen *Künstliche Intelligenz* liegen diese Fragen besonders nahe: Einerseits scheint hier der Menschheitstraum einer technischen Beherrschbarkeit menschlicher kognitiver Leistungen selbst Gestalt anzunehmen. Wenn der Mensch nach Aristoteles das *Zoon logon echon* (das mit Vernunft begabte Lebewesen) ist, lassen sich jetzt erstmalig diejenigen Bestimmungen, die den Menschen in seiner besonderen Stellung auszeichnen (nämlich Intelligenz und Vernunftbegabung), scheinbar technisch reproduzieren. Andererseits ist für den akademischen Diskurs der Konsens leitend, dass aktuelle Entwicklungen trotz beeindruckender Erfolge nur »schwache KI« hervorbringen. In Rekurs auf John Searles berühmte Differenz von »schwacher und starker KI« werden technische Möglichkeiten nur als erfolgreiche Simulationen geistiger Eigenschaften bewertet, die zwar unglaubliche Chancen bieten, diese kognitiven Eigenschaften selbst aber gerade nicht einlösen.

Trotz dieser nüchternen Einschätzung von zahlreichen Expert:innen verbinden sich im öffentlichen Diskurs mit dem Begriff *Künstliche Intelligenz* unterschiedlichste Spekulationen, Vorstellungen und Narrative. Ihnen liegen implizite, oft sehr heterogene Erwartungen als auch Ängste zugrunde, welche sowohl utopische als auch dystopische Einschätzungen erzeugen. Um hier eine Orientierung zu finden, braucht es eine begriffliche Klarheit und Übersicht, um deren Gehalt angemessen einordnen zu können. Gerade von einer philosophischen Reflexion sollte hierzu ein (auf-)klärender Beitrag geleistet werden, um die ernstzunehmenden technischen Möglichkeiten von unvernünftigen Spekulationen sinnvoll unterscheiden zu können. Dies kann aber nicht von einer einzelnen Perspektive her geleistet werden, sondern muss disziplinübergreifend reflektiert und diskutiert werden. Genau zu diesem Zweck hat vom 29.03–31.03.2023 an der Hochschule für Philosophie (HFPH) in München unter der Fragestellung »Grenzen Künstlicher Intelligenz?« eine gleichnamige Konferenz stattgefunden, um die inter- und transdisziplinär grundlegenden Fragen nach den Möglichkeiten und Grenzen von KI-Systemen zu diskutieren. Im Rahmen des Instituts für naturwissenschaftliche Grenzfragen zur Philosophie und Theologie (ING) wurden dazu namhafte Wissenschaftler:innen eingeladen, um aktuelle Entwicklungen von KI von verschiedener Seite disziplinübergreifend mit Bezug auf deren Angemessenheit und deren inhärente Begrenztheit zu reflektieren. Wir freuen uns, dass wir mit dem vorliegenden Band eine Auswahl der Beiträge dieser Veranstaltung einem breiteren Publikum zugänglich machen können, um zu einem übergreifenden Diskurs über die Beurteilung von Möglichkeiten und Grenzen Künstlicher Intelligenz beizutragen.

1 Grenzen der KI
Theoretisch, praktisch, ethisch

Klaus Mainzer

> **Abstract:** Die technisch-praktischen Grenzen heutiger Computer und KI hängen von den theoretischen Grenzen digitaler Berechenbarkeit ab. Zunächst orientierte sich KI am logischen Schließen der symbolischen Logik. Das statistische Lernen aus großen Datenmassen führte schließlich zum Machine Learning, das die technisch-wirtschaftlichen Durchbrüche der heutigen KI dominiert. Dazu gehören auch Chatbots wie ChatGPT, die täuschend echt Texte und Unterhaltungen auf anspruchsvollem Niveau generieren, aber auch gefährliche Fehlinformationen und Diskriminierungen in den Medien verbreiten können. Was fehlt, ist logisches und kausales Begründen und Verstehen.
>
> Einige Grenzen digitaler Berechenbarkeit, Entscheidbarkeit und Lösbarkeit von Problemen lassen sich theoretisch jenseits der Turing-Berechenbarkeit überwinden. Neuartige analoge Rechnerstrukturen, die am menschlichen Gehirn orientiert sind (z. B. memristive Systeme), ermöglichen ihre technisch-praktische Umsetzung. Ebenso lässt sich zunächst theoretisch beweisen, dass im Formalismus der Quantenmechanik Probleme in polynomialer Zeit lösbar werden, die in den Grenzen klassischer Turing-Berechenbarkeit nicht-polynomial sind und damit praktisch unlösbar. Die technisch-praktische Umsetzung erfordert allerdings den Quantencomputer.
>
> Daher wird eine Erweiterung zu einer hybriden KI gefordert, die digitales, analoges und Quanten-Computing in neuromorphen Rechnerstrukturen verbindet. Anwendungen werden sowohl für Roboter als auch in intelligente Infrastrukturen erörtert. Ziel ist eine Künstliche Intelligenz als Dienstleistung am Menschen, um Vertrauen in KI durch Technikgestaltung zu erreichen. Ethische Orientierung der KI als humane Dienstleistung sind Menschenwürde und Autonomie, wie sie in den Grundrechten demokratischer Verfassungen gefordert werden.

1.1 Grenzen digitaler Berechenbarkeit und Künstlicher Intelligenz

Traditionell wurde KI (Künstliche Intelligenz) als Simulation intelligenten menschlichen Denkens und Handelns aufgefasst. Alan Turings schlug daher in seiner Definition der KI von 1950 ein Simulationsspiel (Turingtest) vor, wonach ein technisches

System ›intelligent‹ genannt werden sollte, wenn es in seinen Antworten, Reaktionen und seinem Verhalten nicht von einem Menschen unterschieden werden kann.

1936 hatte Turing bereits theoretisch definiert, was ein digitaler Computer überhaupt ist. Sein Konzept der Turingmaschine besteht aus einem (nach beiden Seiten) unbegrenztem Band, auf dessen Felder Symbole eines endlichen Alphabets nach einfachen Befehlen gedruckt, gelöscht, verschoben und gelesen werden können. Das Band dient also als Speicher und die Lese- und Druckvorrichtung als Prozessor. Im einfachsten Fall handelt es sich bei den Symbolen um die Bits 0 und 1, mit denen alle digitalen Informationen kodiert werden können. Eine Turingmaschine heißt deterministisch, wenn die Ausführung der Befehle nacheinander eindeutig festgelegt ist. Nach der Churchschen These kann jeder digitale Algorithmus durch eine Turingmaschine simuliert werden. Danach ist die Turingmaschine Repräsentant eines digitalen Algorithmus überhaupt.

Technisch wurde Turings theoretisches Konzept der Turingmaschine in den 1940er Jahren sowohl durch Zuses als auch von Neumanns programmgesteuertem digitalen elektronischen Computer realisiert. Die theoretisch auf Turing zurückgehende Trennung von Prozessor und Speicher wird als von Neumann-Architektur bezeichnet und bis heute in digitalen Computern vom Smartphone bis zum Supercomputer verwendet. Universell nannte Turing eine Turingmaschine dann, wenn sie alle möglichen Computer mit ihren Maschinencodes simulieren kann. Eine universelle Turingmaschine ist daher das theoretische Konzept eines digitalen Vielzweck-Computers.

Mit der Turingmaschine lag erstmals eine logisch-mathematisch präzise Definition eines digitalen Algorithmus überhaupt vor. Noch Hilbert war Anfang des 20. Jahrhunderts der Auffassung von Leibniz, dass alle logisch-mathematischen Probleme im Prinzip entscheidbar seien. Das Halteproblem für Turingmaschinen ist ein Beispiel für ein prinzipiell unentscheidbares Problem: Prinzipiell gibt es kein allgemeines Entscheidungsverfahren, ob eine beliebige Turingmaschine für einen beliebigen Input nach endlich vielen Schritten stoppt oder nicht. Die Annahme eines solchen Verfahrens würde der Existenz einer prinzipiell nicht berechenbaren reellen Zahl widersprechen.

Daran wird deutlich, wie die Grenzen von mathematischen Entscheidungsverfahren mit dem Konzept digitaler Berechenbarkeit und digitaler Computer zusammenhängen. Ebenso folgt Gödels Unvollständigkeit direkt aus der Unentscheidbarkeit des Halteproblems. Gäbe es ein vollständiges formales System mit formalen Beweisen für alle mathematischen Wahrheiten, dann gäbe es ein Entscheidungsverfahren, ob ein beliebiges Computerprogramm stoppt oder nicht.

Für die Grenzen digitalen Computing wurden Komplexitätsklassen zur Unterscheidung von P-, NP-, NP-harten und NP-vollständigen Problemen eingeführt.[1] Da die Leistungen von Künstlicher Intelligenz von unterschiedlichen Algorithmenklassen abhängen, ist die Berechenbarkeits- und Komplexitätstheorie grundlegend. In Alltagsentscheidungen greifen wir häufig auf Hintergrundwissen zurück, das wir selbst nicht entscheiden und beweisen können. Das gilt auch in einer arbeitsteiligen

---

1　Mainzer (2019): 36.

Forschung, in der wir uns häufig des Wissens von Nachbardisziplinen bedienen, ohne selbst dieses Wissen entscheiden zu können. Häufig handelt es sich dabei auch um angenommene Hypothesen. Diese Art von erweiterter Intelligenz lässt sich in Algorithmen abbilden. Turing hatte dazu das Konzept einer ›Orakel-Maschine‹ eingeführt. In diesem Fall greift eine Turingmaschine zusätzlich auf eine Instanz (Orakel) zurück, die Fragen beantwortet, ohne selbst dieses Wissen entscheiden zu können.

1.2 Grenzen der symbolischen und subsymbolischen KI

1.2.1 Symbolische KI: Logik und Deduktion

Auf der Grundlage digitaler Berechenbarkeit orientierte sich KI in einer ersten Phase an formalen (symbolischen) Kalkülen der Logik, mit denen Problemlösungen regelbasiert abgeleitet werden können. Man spricht deshalb auch von symbolischer KI. Ein typisches Beispiel ist das automatische Beweisen mit logischen Deduktionen, die sich mit Computerprogrammen realisieren lassen. Dabei wird der Beweis der Allgemeingültigkeit eines logischen Schlusses durch ein logisches Widerlegungsverfahrens gefunden. Bei der Resolutionsmethode wird die entsprechende Formel mit Annahme des Gegenteils der Allgemeingültigkeit systematisch nach logischen Regeln aufgelöst und auf einen Widerspruch geführt. In der Aussagenlogik terminieren alle Resolutionsalgorithmen, in der Prädikatenlogik nur in Teilsystemen.[2]

Automatisierung bedeutet bis zu einem bestimmten Grad auch Autonomie, da Computerprogramme die Beweistätigkeit eines Mathematikers übernehmen. Wissensbasierte Expertensysteme sind Computerprogramme, die Wissen über ein spezielles Gebiet speichern und ansammeln, aus dem Wissen automatisch Schlussfolgerungen ziehen, um zu konkreten Problemen des Gebietes Lösungen anzubieten. Im Unterschied zu menschlichen Expertinnen und Experten ist das Wissen eines Expertensystems aber auf eine spezialisierte Informationsbasis beschränkt ohne allgemeines und strukturelles Wissen über die Welt.[3]

Um ein Expertensystem zu bauen, muss das Wissen der Expertin oder des Experten in Regeln gefasst werden, in eine Programmsprache übersetzt und mit einer Problemlösungsstrategie bearbeitet werden. Die Architektur eines Expertensystems besteht daher aus den folgenden Komponenten: Wissensbasis, Problemlösungskomponente (Ableitungssystem), Erklärungskomponente, Wissenserwerb, Dialogkomponente. In dieser Architektur werden zugleich die Grenzen symbolischer KI deutlich: Fähigkeiten, die nicht oder nur schwer symbolisch erfasst und regelbasiert simuliert werden können, bleiben der symbolischen KI verschlossen.

---

2 Robinson (1965).
3 Puppe (1988); Mainzer (1990).

1.2.2 Subsymbolische KI: Statistik und Induktion

Sensorische und motorische Fähigkeiten werden nicht aus Lehrbuchwissen logisch abgeleitet, sondern aus Beispielen erlernt, trainiert und eingeübt. So lernen wir, uns motorisch zu bewegen und in einer Vielzahl sensorischer Daten Muster und Zusammenhänge zu erkennen, an denen wir unser Handeln und Entscheiden orientieren können. Da diese Fähigkeiten nicht von ihrer symbolischen Repräsentation abhängen, spricht man auch von subsymbolischer KI. An die Stelle der formalen Schlüsse der Logik tritt nun die Statistik der Daten. Beim statistischen Lernen sollen allgemeine Abhängigkeiten und Zusammenhänge aus endlich vielen Beobachtungsdaten durch Algorithmen abgeleitet werden[4]. An die Stelle der Deduktion in der symbolischen KI tritt also in der subsymbolischen KI die Induktion. Dazu können wir uns ein naturwissenschaftliches Experiment vorstellen, bei dem in einer Serie von veränderten Bedingungen (Inputs) entsprechende Ergebnisse (Outputs) folgen. In der Medizin könnte es sich um eine Person handeln, die auf Medikamente in bestimmter Weise reagiert.

Dabei nehmen wir an, dass die entsprechenden Paare von Input- und Outputdaten unabhängig durch dasselbe Zufallsexperiment erzeugt werden. Statistisch sagt man deshalb, dass die endliche Folge von Beobachtungsdaten $(x_1,y_1),\ldots,(x_n,y_n)$ mit Inputs x_i und Outputs y_i ($i = 1,\ldots,n$) durch Zufallsvariablen $(X_1,Y_1),\ldots,(X_n,Y_n)$ realisiert wird, denen eine Wahrscheinlichkeitsverteilung $P_{X,Y}$ zugrunde liegt. Algorithmen sollen nun Eigenschaften der Wahrscheinlichkeitsverteilung $P_{X,Y}$ ableiten. Ein Beispiel wäre die Erwartungswahrscheinlichkeit, mit der für einen gegebenen Input ein entsprechender Output auftritt. Es kann sich aber auch um eine Klassifikationsaufgabe handeln: Eine Datenmenge soll auf zwei Klassen aufgeteilt werden. Mit welcher Wahrscheinlichkeit gehört ein Element der Datenmenge (Input) eher zu der einen oder anderen Klasse (Output)? Wir sprechen in diesem Fall auch von binärer Mustererkennung.

Die derzeitigen Erfolge des Machine Learning scheinen die These zu bestätigen, dass es auf möglichst große Datenmengen ankommt, die mit immer stärkerer Computerpower bearbeitet werden. Die erkannten Regularitäten hängen dann aber nur von der Wahrscheinlichkeitsverteilung der statistischen Daten ab.

In der Automatisierung statistischen Lernens nehmen neuronale Netze mit Lernalgorithmen eine Schlüsselrolle ein. Neuronale Netze sind vereinfachte Rechenmodelle nach dem Vorbild des menschlichen Gehirns, in denen Neuronen mit Synapsen verbunden sind. Die Intensität der neurochemischen Signale, die zwischen den Neuronen ausgesendet werden, sind im Modell durch Zahlen als Synapsengewichte repräsentiert. Probabilistische Netzwerke haben experimentell eine große Ähnlichkeit mit biologischen neuronalen Netzen. Werden Zellen entfernt oder einzelne Synapsengewichte um kleine Beträge verändert, erweisen sie sich als fehlertolerant gegenüber kleineren Störungen wie das menschliche Gehirn z. B. bei kleineren Unfallschäden. Das menschliche Gehirn arbeitet mit Schichten paralleler Signalverarbeitung. So sind

---

4 Vapnik (1998).

z. B. zwischen einer sensorischen Inputschicht und einer motorischen Outputschicht interne Zwischenschritte neuronaler Signalverarbeitung geschaltet, die nicht mit der Außenwelt in Verbindung stehen.

Tatsächlich lässt sich auch in technischen neuronalen Netzen die Repräsentations- und Problemlösungskapazität steigern, indem verschiedene lernfähige Schichten mit möglichst vielen Neuronen zwischengeschaltet werden. Die erste Schicht erhält das Eingabemuster. Jedes Neuron dieser Schicht hat Verbindungen zu jedem Neuron der nächsten Schicht. Aktivierungsfunktionen sorgen für die Übertragung von Signalen und aktivieren die nachgeordneten Neuronen (›Feuern‹). Die Hintereinanderschaltung setzt sich fort, bis die letzte Schicht erreicht ist und ein Aktivitätsmuster abgibt.[5]

Wir sprechen von überwachten Lernverfahren, wenn der zu lernende Prototyp (z. B. die Wiedererkennung eines Musters) bekannt ist und die jeweiligen Fehlerabweichungen daran gemessen werden können. Ein Lernalgorithmus muss die synaptischen Gewichte so lange verändern, bis ein Aktivitätsmuster in der Outputschicht herauskommt, das möglichst wenig vom Prototyp abweicht.

Ein effektives Verfahren besteht darin, für jedes Neuron der Outputschicht die Fehlerabweichung von tatsächlichem und gewünschtem Output zu berechnen und dann über die Schichten des Netzwerks zurückzuverfolgen. Wir sprechen dann von einem Backpropagation-Algorithmus. Die Absicht ist, durch genügend viele Lernschritte für ein Vorgabemuster den Fehler auf Null bzw. vernachlässigbar kleine Werte zu vermindern.

1.2.3 Anwendungsbeispiel von statistischem Lernen in KI-Chatbots

Ein spektakuläres Anwendungsbeispiel subsymbolischer KI sind Chatbots wie ChatGPT (Generative Pre-trained Transformer), der wegen seiner verblüffenden Möglichkeiten als automatischer Textgenerator seit dem 30. November 2022 innerhalb weniger Tage mit Millionen von Nutzerinnen und Nutzern mehr Followers hatte als soziale Medien wie z. B. Instagram und Spotify. ChatGPT kann Texte von Schulaufgaben auf gymnasialem Niveau bis zu Texten von Seminararbeiten mittleren universitären Niveaus generieren. Auf der Grundlage eines ›Large Language Models‹ kann man sich mit diesem KI-Programm über Businesspläne unterhalten oder das Schreiben eines Lieds, Gedichts oder Romanfragmenten in einem bestimmten Stil in Auftrag geben.[6]

Tatsächlich beruht das Sprachmodell von ChatGPT auf einer gewaltigen Menge von Texten (Big Data), die dem System von Menschen eintrainiert wurden. Es handelt sich also um ein Beispiel des Machine Learning auf der Grundlage von statistischer Lerntheorie und Mustererkennung, wie es im vorherigen Abschnitt erklärt wurde. Das ehrgeizige Ziel ist dabei, eine zentrale Grenze der symbolischen KI zu

---

5 Hornik/Stinchcombe/White (1989).
6 Kushwaha (2022).

überwinden, die in ihren wissensbasierten Expertensystemen auf das Fachwissen von Spezialistinnen und Spezialisten (z. B. medizinisches Fachwissen in einer speziellen medizinischen Disziplin) beschränkt war, sofern es in logisch-regelbasierte Formeln übersetzt werden konnte.

Eine Expertin oder ein Experte wie z. B. eine Medizinerin oder ein Mediziner verfügt aber auch über ein unbewusstes Können aufgrund von Erfahrung und Hintergrundwissen, das über das Lehrbuchwissen hinaus in sein Handeln und Entscheiden einfließt. Was in den Expertensystemen fehlte, war das allgemeine Hintergrundwissen und die Erfahrung und Intuition eines Menschen. Mit Steigerung der Rechenleistung und der Bewältigung großer Datenmassen mit Modellen statistischen Lernens wird nun das Ziel verfolgt, auch das allgemeine ›Weltwissen‹ von uns Menschen auf die Maschine zu bringen.

Dazu wird der Chatbot mit Texten aus Nachrichten, Büchern, sozialen Medien, online-Foren, Bildern, Filmen und gesprochenen Sprachtexten trainiert. Algorithmen dienen dazu, aus den Trainingsdaten zu lernen. Der Chatbot reproduziert Muster, die er in den gespeicherten Daten erkennt. Das geschieht nach den gleichen Verfahren, mit denen bei der Gesichtserkennung Personenbilder aus Bilddateien erkannt werden. Die reproduzierten Texte werden mit trainierten Beispieltexten verglichen und so durch Algorithmen des verstärkenden Lernens (reinforcement learning) schrittweise verbessert. Dabei können auch Korrekturen durchgeführt werden, wenn Korrelationen der eintrainierten Daten z. B. zu Diskriminierungen führen. Ähnlich wie bei indoktrinierten Menschen, kann ein solches Fehlverhalten aufgrund des Umfangs der eintrainierten Datenmengen nie ausgeschlossen werden. Da diese Chatbots in den sozialen Medien auf große Akzeptanz stoßen, können sie auch gefährliche Desinformationen hervorrufen.

Letztlich ist auch ChatGPT nichts anderes als eine stochastische Maschine, die Daten, Texte, Bilder und Gesprochenes mit Mustererkennungsalgorithmen rekombiniert und rekonfiguriert. Machine Learning berechnet statistische Erwartungswahrscheinlichkeiten von Daten und digitale Simulationen. Aufgrund der modernen Rechnertechnologien, die gewaltige Datenmengen speichern und schnelle Lernalgorithmen anwenden können, entstehen allerdings verblüffende Ergebnisse, die einen großen Teil von menschlichem Hintergrundwissen und Intuition simulieren. Damit zeigt sich aber auch, auf welchen Mechanismen unsere Konversations- und Kulturwelten beruhen – Reproduktionen und Rekombinationen von Mustern, die weitgehend von Maschinen übernommen werden können. Selbst die Sozial-, Kultur- und Geisteswissenschaften sind davor nicht gefeit, vom Journalismus ganz abgesehen.

Wittgenstein nannte das ›Sprachspiele‹, die nach bestimmten Regeln funktionieren. Das Originelle besteht häufig nur in einer kleinen Veränderung und Variante der gewohnten Sprachspiele und ›Narrative‹. Im Machine Learning ist mittlerweile die Rede von ›stochastischen Papageien‹. Positiv gewendet eignet sich daher der ChatGPT zur Entlarvung der Mechanismen von Kulturbetrieb und Journalismus. Dort wird man anspruchsvoller werden müssen, um nicht durch Maschinen ersetzt zu werden.

Was der ChatGPT aber überhaupt nicht kann, ist einfachste Mathematik. Hier helfen ›kluge‹ Sprechblasen und ihre Assoziationen, Rekombinationen und stochastischen Variationen nicht. ChatGPT kennt Zahlen nur, wenn sie von eintrainierten Texten extrahiert werden können. So könnte die Definition einer Primzahl reproduziert werden, wenn dieser Text irgendwo im Speicher von ChatGPT auftaucht. Aber daraus Schlüsse ziehen und entscheiden, ob eine vorliegende Zahl eine Primzahl ist oder nicht, kann ChatGPT nicht. Logisches und kausales Denken sind ihm fremd. Es wird geraten und assoziiert.[7] ChatGPT kann auch keine Computerprogramme schreiben, sondern imitiert und rekombiniert nur gespeicherte Vorlagen und Fragmente durch Raten – das aber auf verblüffend hohem Niveau, das selbst von ›gebildeten‹ Menschen nicht zu unterscheiden ist. ChatGPT besteht daher in vielen Anwendungsgebieten den Turingtest.

1.2.4 Vom statistischen zum kausalen Lernen

Statistisches Lernen und Schließen aus Daten reichen also nicht aus. Wir müssen vielmehr die kausalen Zusammenhänge von Ursachen und Wirkungen hinter den Messdaten erkennen.[8] Diese kausalen Zusammenhänge hängen von den Gesetzen der jeweiligen Anwendungsdomäne unserer Forschungsmethoden ab, also den Gesetzen der Physik, den Gesetzen der Biochemie und des Zellwachstums im Beispiel der Krebsforschung, etc. Wäre es anders, könnten wir mit den Methoden des statistischen Lernens und Schließen bereits die Probleme dieser Welt lösen:

Statistisches Lernen und Schließen ohne kausales Domänenwissen ist blind – bei noch so großer Datenmenge (Big Data) und Rechenpower!

Die Auseinandersetzung zwischen probabilistischem und kausalem Denken ist keineswegs neu, sondern wurde erkenntnistheoretisch bereits in der Philosophie des 18. Jahrhunderts zwischen David Hume (1711–1776) und Immanuel Kant (1724–1804) ausgefochten. Nach Hume beruht alle Erkenntnis auf sinnlichen Eindrücken (Daten), die psychologisch ›assoziiert‹ werden. Es gibt danach keine Kausalitätsgesetze von Ursache und Wirkung, sondern nur Assoziationen von Eindrücken (z. B. Blitz und Donner), die mit (statistischer) Häufigkeit ›gewohnheitsmäßig‹ korreliert werden.[9] Nach Kant sind Kausalitätsgesetze als vernunftmäßig gebildete Hypothesen möglich, die experimentell überprüft werden können. Ihre Bildung beruht nicht auf psychologischen Assoziationen, sondern auf der Kategorie der Kausalität,[10] die für Vorhersagen auf der Grundlage von Erfahrung angenommen und überprüft werden kann. Nach Kant ist dieses Verfahren seit Galileo Galilei in der Physik in Gebrauch, die so erst zur Wissenschaft wurde.

---

7   Mainzer/Kahle (2022).
8   Pearl (2009).
9   Hume (1993): 95.
10 Kant 1900ff., KrV B 106.

Neben der Statistik der Daten bedarf es also zusätzlicher Gesetzes- und Strukturannahmen der Anwendungsdomänen, die durch Experimente und Interventionen überprüft werden. Kausale Erklärungsmodelle (z. B. das Planetenmodell oder ein Tumormodell) erfüllen die Gesetzes- und Strukturannahmen einer Theorie (z. B. Newtons Gravitationstheorie oder die Gesetze der Zellbiologie):

Beim kausalen Schließen werden Eigenschaften von Daten und Beobachtungen aus Kausalmodellen, d. h. Gesetzesannahmen von Ursachen und Wirkungen, abgeleitet. Kausales Schließen ermöglicht damit, die Wirkungen von Interventionen oder Datenveränderungen (z. B. durch Experimente) zu bestimmen.

Kausales Lernen versucht umgekehrt, ein Kausalmodell aus Beobachtungen, Messdaten und Interventionen (z. B. Experimente) abzuleiten, die zusätzliche Gesetzes- und Strukturannahmen voraussetzen.

In der Praxis verwenden neuronale Netze bereits Millionen von Elementen und Milliarden von synaptischen Verbindungen. Solche komplexen Systeme können zwar nach den Gesetzen der statistischen Physik untersucht werden, um globale Aussagen über Trend- und Konvergenzverhalten des gesamten Systems abzuleiten. Die Zahl der empirischen Parameter der einzelnen Elemente ist jedoch unter Umständen so groß, dass keine lokalen Ursachen ausgemacht werden können. Für Fragen der Verantwortlichkeit ist die Ursachenbestimmung jedoch zentral. Das neuronale Netz bleibt für uns eine ›Black Box‹. Vom ingenieurwissenschaftlichen Standpunkt aus sprechen Autorinnen und Autoren daher von einem ›dunklen Geheimnis‹ im Zentrum der KI des Machine Learning: »[...] even the engineers who designed [the machine learning-based system] may struggle to isolate the reason for any single action«[11].

Zwei verschiedene Ansätze im Software Engineering sind denkbar:

1. Testen zeigt nur (zufällig) gefundene Fehler, aber nicht alle anderen möglichen.
2. Zur grundsätzlichen Vermeidung müsste eine formale Verifikation des neuronalen Netzes und seiner zugrundeliegenden kausalen Abläufe durchgeführt werden.

Zusammengefasst folgt: Machine Learning mit digitalen neuronalen Netzen funktioniert, aber wir können die Abläufe in den neuronalen Netzen nicht im Einzelnen verstehen und kontrollieren. Heutige Techniken des Machine Learning beruhen meistens nur auf statistischem Lernen, aber das reicht nicht für sicherheitskritische Systeme. Daher sollte Machine Learning mit Beweisassistenten und kausalem Lernen verbunden werden.[12]

---

11   Knight (2017).
12   Mainzer (2020a).

1.3 Jenseits digitaler Berechenbarkeit und KI

1.3.1 Grenzen analoger Berechenbarkeit

Probleme, die nicht Turing-berechenbar sind, können auf technischen digitalen Computern nicht gelöst werden. Ein Grund ist die diskrete Struktur von theoretischen Turingmaschinen und technisch-praktischen digitalen Computern. Tatsächlich sind viele Probleme des Alltags kontinuierlicher (stetiger) Natur. So werden z. B. Druck- und Wärmeempfindungen durch stetige Zu- und Abnahme wahrgenommen. Viele Messgrößen werden durch stetige Messanzeigen registriert. Historische Beispiele sind das Ablesen der Uhrzeit auf dem Kreis eines Zifferblatts oder astronomischer Abläufe in einem mechanischen Planetenmodell. In der Technik wurden elektrische, mechanische und hydraulische Signale durch stetige Größen modelliert. Wegen der Analogie der Modellgrößen zu den stetigen Signalen der Natur spricht man auch von analogen Modellgrößen. Analogrechner berechnen spezielle Abläufe in Natur und Technik in analogen Modellen.

Digitale Computer können stetige Größen nur approximativ durch diskrete Signale approximieren. Häufig reichen in der Praxis solche Approximationen aus. Seit den 1970er Jahren erwiesen sich digitale Computer für diese technisch-praktischen Zwecke als schneller und effektiver als Analogrechner. Der Siegeszug der Digitalrechner begann und die Analogrechner galten weitgehend als historisch überholt und nur noch für sehr spezielle Aufgaben sinnvoll. Bereits am Beginn des digitalen Zeitalters stellte allerdings John von Neumann als Konstrukteur des ersten programmgesteuerten digitalen Computers in der Hixon Symposium Lecture (1948) fest, dass digitale Computer bestenfalls Approximationen sind, aber nie die vollständige analoge Welt erfassen können.[13]

John von Neumann war nicht nur digitaler Computerpionier, sondern zugleich einer der brillanten mathematischen Grundlagentheoretiker des 20. Jahrhunderts in mathematischer Logik, Quantenmechanik, reeller und komplexer Analysis. Digitale Computer nach dem Vorbild der Turingmaschine berechnen nur endliche Größen wie ganze und rationale Zahlen (›Brüche‹). Reelle Zahlen werden mathematisch aber als Dezimalbuchentwicklungen durch unendliche Folgen von rationalen Zahlen definiert. Daher heißen reelle Zahlen Turing-berechenbar, wenn sie mit endlichen Abschnitten von (Turing-)berechenbaren Folgen rationaler Zahlen effektiv approximiert werden können.

Roger Penrose kritisierte diese Turing-berechenbare Analysis, weil in diesem Fall eine reelle (oder komplexe) Zahl Bit für Bit in eine Turing-Maschine eingegeben werden muss: Probleme entstehen, wenn man bei unendlichen Dezimalbruchentwicklungen wie 4,10327... in endlicher Zeit entscheiden will, ob zwei Zahlen gleich sind.[14]

Die Berechenbarkeit reeller und komplexer Analysis erfordert daher das Modell eines Analogrechners, der reelle Zahlen vollständig als analoge Größen erfasst

---

13 Neumann (1951).
14 Penrose (1991): 124.

und nicht nur in digitalen Approximationen.[15] Theoretisch zeigt sich, dass auf dieser Grundlage Probleme entscheidbar werden, deren Berechenbarkeit auf digitaler Grundlage ausgeschlossen ist. Dabei handelt es sich z. B. um technisch-praktische Optimierungsprobleme und Probleme der Mustererkennung in der KI (›inverse Probleme‹), deren Lösbarkeit an der Beschränkung der digitalen Turing-Berechenbarkeit scheitert. Die Aufgabe besteht also darin,

1. theoretisch eine mathematische Theorie analoger Berechenbarkeit für die reelle Analysis zu entwickeln, auf deren Grundlage dieser Probleme lösbar, entscheidbar und berechenbar werden,
2. technisch-praktisch eine Realisierung reeller und komplexer Berechenbarkeit in der Hardware passender Analogrechner zu entwickeln.

In dieser Weise lässt sich auch die Entscheidbarkeit und Berechenbarkeit von (reellen) Differentialgleichungen für Anwendungen in Natur-, Technik- und Wirtschaftswissenschaften bestimmen.[16] Ein grundlegender Unterschied der Entscheidbarkeit für digitale und reelle Anwendungen war theoretisch seit der Mitte des letzten Jahrhunderts durch zentrale Beweise der Logiker Kurt Gödel und Alfred Tarski bekannt. Während Gödel bereits 1931 zeigte, dass es über den ganzen Zahlen definierbare Mengen gibt, die nicht entscheidbar sind, bewies Tarski 1951 allgemein, dass jede über den reellen Zahlen definierbare Menge auch entscheidbar (in beschränkter Zeit) ist.

Ein grundlegender Unterschied in der digitalen und analogen (reellen) Welt zeigt sich in den Anwendungen der Künstlichen Intelligenz.[17] Bereits 1956 bewies der amerikanische Logiker und Mathematiker S.C. Kleene, dass einfache neuronale Netze (McCulloch-Pitts Netze) mit ganzen Zahlen als synaptischen Gewichten nur dieselbe Klasse von einfachen (regulären) formalen Sprachen erkennen kann wie endliche Automaten. Demgegenüber erkennen (rekurrente) neuronale Netze mit rationalen Zahlen als synaptischen Gewichten dieselbe Klasse von Sprachen wie Turingmaschinen, nämlich Sprachen auf der Grundlage von Chomsky-Grammatiken. Erweitert man die Gewichte neuronaler Netze auf reelle Zahlen, erhält man analoge Netze. Sie erkennen dieselbe Klasse von Sprachen wie entsprechend um Orakel erweiterte Turing-Maschinen in polynomialer Zeit jenseits der Turing-Berechenbarkeit.[18]

Bei praktischen Anwendungen in der Medizin zeigt Machine Learning auf analoger Grundlage ebenfalls ein erheblich größeres Potential als auf digitaler Grundlage. Ein klassisches Beispiel sind die inversen Probleme bei der medizinischen Bildgebung. Invers besagt hier, dass z. B. bei der medizinischen Bildgebung durch MRI (magnetic resonance imaging) oder CT (computed tomography) das abgebildete Organ auf ana-

---

15 Mainzer (2018).
16 Blum/Shub/Smale (1989).
17 Mainzer (2018): 241ff.
18 Siegelmann/Sontag (1994).

loger Grundlage optimal aus den Messungen und verrauschten Daten rekonstruiert werden kann, was digital ausgeschlossen ist.[19]

Mathematisch lassen sich also einige Beschränkungen der Problemlösung digitaler Berechenbarkeit überwinden, wenn analoge Berechenbarkeit jenseits der Turing-Berechenbarkeit zugrunde gelegt wird. Die technische Herausforderung besteht darin, eine passende effiziente Hardware analoger Berechenbarkeit bereit zu stellen. Die Rechnerarchitektur eines klassischen digitalen Computers wird bis heute auf den ungarisch-amerikanischen Mathematiker John von Neumann zurückgeführt, der damit einen ersten universell programmierbaren digitalen amerikanischen Computer (ENIAC 1945) entwickelte. Tatsächlich wurden die theoretischen Grundlagen bereits 1936 von Turing definiert und 1941 von Konrad Zuse technisch realisiert. Digitale Informationsverarbeitung erfordert danach, dass Elektronen zwischen einem Arbeitsspeicher, Rechen- und Steuereinheiten bewegt werden. Das ist zwar eine klare Ordnung, auf der sich Programmiersprachen logisch aufbauen lassen, erfordert aber aus heutiger Sicht einen gravierenden und umweltbelastenden Energieaufwand:

Informationen sind als Bitfolgen von 0 und 1 kodiert und werden in Rechenschritten ständig verändert. Alle Rechenschritte müssen zudem nacheinander (sequentiell) abgearbeitet werden. Entscheidend ist, dass bei jedem Rechenschritt Bits zwischen den getrennten Speicher-, Rechen- und Steuereinheiten hin- und her bewegt werden müssen. Bei immer kleineren Chipstrukturen und wachsender Informationsmenge (Big Data) entsteht so ein Engpass der Informationsverarbeitung, der mit Blick auf die Rechnerarchitektur auch als ›von-Neumann-Flaschenhals‹ bezeichnet wird. Diese Bezeichnung geht auf den Entwickler der Programmiersprache ›Fortran‹ John W. Backus (1977) zurück.

Es ist aber nicht nur die wachsende Rechenzeit, die der ›von-Neumann-Flaschenhals‹ durch die sequentielle digitale Verarbeitung großer Datenmengen erzeugt. Bewegung von Elektronen bedarf auch Energie und erzeugt Wärme. Diese Abwärme steigt mit immer kleineren Chipstrukturen. Wenn nun noch im modernen Deep Learning neuronale Netze mit hunderten und tausenden von neuronalen Schichten und gigantisch steigenden Parameteranzahlen auf von-Neumann-Rechnern simuliert werden sollen, dann ahnt man, wie der von Neumann-Flaschenhals zu einem ›Energiefresser‹ wird, dessen CO_2-Emissionen das Klimaproblem verschärfen.

Ein Paradigmenwechsel der Rechnerstrukturen wird unausweichlich, wenn der wachsende Einsatzbereich der KI, Anwendungen in Mobiltelefonen, autonomen Fahrzeugen, der Medizintechnik und Sensornetzwerken ressourcenschonend realisiert werden soll. Nur so gelingt eine nachhaltige Rechnertechnologie, die dem ›European Green Deal‹ gerecht wird und zugleich wirtschaftlich effektiv ist, d. h. geringere Kosten bei gleichzeitiger Leistungssteigerung der KI-Anwendungen. Hier setzen neuromorphe Rechnerstrukturen nach dem Vorbild natürlicher Gehirne an.[20]

Elektronische Bauelemente, deren Widerstand sich durch elektrische Reize wie Strom und Spannung verändern, heißen memristive Schaltelemente oder Memris-

---

19 Boche et al. (2022a): 10; Boche et al. (2022b).
20 NeuroSys (2021).

toren.²¹ In künstlichen neuronalen Netzen lassen sich die synaptischen Gewichte zwischen Neuronen durch Memristoren simulieren.²² Man spricht von Memristor-Crossbar-Arrays, wenn die vollständige Verbindung (Konnektivität) zwischen zwei Neuronenebenen in ein 2-dimensionales Array mit Memristoren an den Verbindungspunkten abgebildet wird.²³ Die Arrays ermöglichen eine hoch energieeffiziente, vollständig parallele, analoge In-memory Berechnung von Vektor-Matrix-Produkten. Sie vermeiden den Berechnungsengpass (›von Neumann Flaschenhals‹) während des Trainings künstlicher neuronaler Netze mit Standard-Hardware mit zentralen Rechnerprozessoren (CPU) oder Graphikprozessoren (GPU).

Eine Alternative zur elektronischen Datenverarbeitung ist Licht.²⁴ Photonen als Lichtteilchen sind 1000mal schneller verglichen mit Elektronen in Schaltungen. Hinzu kommt, dass Lichtwellen sich gegenseitig nicht beeinflussen und einen niedrigen Energiebedarf haben. Die darauf basierende Photonik entwickelte sich auf der Grundlage von Lichtemittern mit Halbleitern und optischen Fasern. Integrierte photonische Bauelemente eröffnen daher die Möglichkeit, hohe Geschwindigkeiten, parallele Datenströme und geringen Verbrauch miteinander zu verbinden. Optische Übertragungssysteme ermöglichen hohe Datenraten und eine Verkürzung von Latenzzeiten während der Signalübertragung.

Komplexe Systeme erfordern eine hinreichende Skalierbarkeit der Anzahl von Neuronen und Synapsen. Hier bietet sich eine hybride Lösung an, die Signalverarbeitung optisch und elektronisch umsetzt. Dabei werden die nichtlinearen Transferfunktionen der Neuronen und die Signalregeneration elektrisch durchgeführt, während die Signalübertragung zwischen den Neuronen und die lineare Signalverarbeitung bei der Gewichtung und Aufsummierung der Signale optisch realisiert wird. So lassen sich die Verzögerungszeiten entscheidend reduzieren. Ein Proof-of-Concept Demonstrator eines entsprechenden neuronalen Netzes ist ein entscheidender Innovationsschritt für langfristige Ziele einer seriellen Produktion.

Im Unterschied zum Gehirn wird konventionelle Siliziumtechnik verwendet, die in der Fabrikation auf lange Erfahrung der Digitalisierung zurückgreifen kann. Neuromorphe Prinzipien sind bei der Entwicklung neuartiger Algorithmen und Bauelementeigenschaften zu berücksichtigen. Dazu sind Einsichten der Neurowissenschaften, des automatisierten Systementwurfs und der hardwarenahen Schaltungsentwicklung zusammenzuführen. Die Innovation zielt auf Schaltungsarchitekturen, die elektrische Verarbeitung und Photonik integrieren.

Um den Energieverbrauch pro Recheneinheit zu messen, wird eine multiply-accumulate operation (MAC) zugrunde gelegt.²⁵ Dazu werden zwei Faktoren multipliziert und das Produkt zu einem fortlaufenden Summanden addiert. MAC-Operationen werden auch verwendet, um den Ablauf von synaptischen Funktionen darzustellen.

---

21 NeuroSys (2021); Chua (1971).
22 Mainzer/Chua (2013).
23 Mirsa/Saha (2010).
24 Shastri et al. (2021).
25 Kickuth (2020).

Die Berechnungseffizienz des menschlichen Gehirns liegt bei 20 Watt für 10^{18} MAC pro Sekunde. Dabei werden 10^{11} Neuronen mit ca. 10 000 Verbindungen eines Neurons zu anderen Neuronen angenommen. Damit stehen insgesamt 10^{15} synaptische Verbindungen zur Verfügung, die alle Signale mit einer Bandbreite von bis zu 1 kHz übertragen. Die Recheneffizienz des Gehirns ist damit niedriger als ein Attojoule (= 10^{-18} Joule) pro MAC im Unterschied zu ca. 1 Picojoule (= 10^{-12} Joule) pro MAC bei einem leistungsstarken Computer.

Neuromorphe Systeme auf der Grundlage analoger Elektronik mit Memristoren oder photonische Chips eröffnen signifikante Verbesserungen der Rechenleistung. Die Amplitude der Spikes erfolgt zwar zeitlich analog, wird aber digital repräsentiert. Ein Beispiel für höhere Leistungsfähigkeit bei neuromorpher Verarbeitung sind Anwendungen mit hoher Bandbreite im GHz-Bereich.

Elektronische Schaltungssysteme benötigen Milliarden von Schaltern, die zwischen einem Ein- und Ausschaltzustand wechseln. Dieser Prozess führt insgesamt zu Zeitverzögerungen (Latenz). Demgegenüber beruht die Photonik auf Wellenausbreitungen mit Interferenzmustern, um das Ergebnis zu bestimmen. Dadurch sind direkte Berechnungen ohne Verzögerungen durch Schalterlatenz möglich. Photonik erreicht hohe Schaltgeschwindigkeiten und Kommunikationsbandbreiten bei geringen Störungen durch benachbarte Kommunikationskanäle. Damit kann sehr schnelle Informationsverarbeitung auf der Grundlage von Spikes mit hoher Verbindungsdichte durchgeführt werden. Es wird damit gerechnet, dass neuromorphe Systeme auf photonischer Grundlage bis zu 100 Millionen Mal schneller arbeiten könnten als neuromorphe Elektronik. So lassen sich Geschwindigkeiten wie bei biologischen Gehirnen und noch schneller erreichen.

Zusammengefasst zeigt sich, wie Lernalgorithmen des Machine Learning auf memristiver Hardware mit neuromorpher Rechenarchitektur realisiert werden können. Komplexe raum-zeitliche Muster können durch neuronale Netze mit Spike-Kodierung erlernt werden. Eine nächste Zukunftsperspektive besteht darin, Neurocomputing mit Quantencomputing zu verbinden. Die gemeinsame Basis bildet die Photonik, wonach Quantenzustände von Lichtteilchen (Photonen) nach den Gesetzen der Quantenphysik in Superpositionen in Quantenbits überlagert werden können. Diese Überlagerungen ermöglichen den Quantenparallelismus mit entsprechenden Verkürzungen der Rechenzeit. Damit würde ein ›Lichtgehirn‹ möglich, dass durch ›Rechnen mit Licht‹ die Vorteile des am Gehirn orientierten Neurocomputing mit den Vorteilen des Quantencomputing verbindet.

1.3.2 Grenzen der Quanten-Berechenbarkeit

Theoretisch tauchte die Forderung nach einem Quantencomputer erstmals in einer Arbeit von Richard Feynman 1982 auf.[26] Tatsächlich ist die Theorie auf diesem Gebiet der Technik seit dieser Zeit weit voraus. Bereits in den 1980er und 1990er Jahren

---

26 Feynman (1982).

wurden Algorithmen entwickelt, die den mathematischen Formalismus der Quantenmechanik theoretisch nutzen, um Probleme wesentlich schneller als herkömmliche Algorithmen zu lösen.[27] So wären mit dem Shor-Algorithmus Verschlüsselungsprobleme, die nicht-polynomial (NP) sind und daher als praktisch unlösbar gelten und damit bis heute Sicherheit garantieren, mit polynomialer Rechenzeit (P) lösbar.

Ziel dieses Algorithmus ist es, die Teiler einer ganzen Zahl zu bestimmen, die als Kode einer Information verstanden wird. Dekodierung des Zahlenschlüssels entspricht seiner Zerlegung in Teiler. Die Kodierung als Nachweis, dass diese Teiler multipliziert den Zahlenkode ergeben, ist einfach. Aber die Umkehrung der Dekodierung ist ein aufwendiger Suchprozess: Bei einem konventionellen Suchprozess der Teiler führen größer werdende Zahlenkodes zu einer exponentiellen Wachstumsexplosion von Möglichkeiten. Daher macht sich dieser Algorithmus die quantenmechanische Eigenschaft der ›Überlagerung‹ (Superposition) von Quantenständen zu Nutze, um viele Teilaufgaben (im Beispiel die Suche eines Teilers) quasi in einem Streich zu erledigen. Man spricht dann vom Quantenparallelismus.

Die Grundidee lässt sich in einem Gedankenexperiment der Quantenmechanik von Schrödingers Katze erläutern.[28] Erwin Schrödinger stellte sich einen geschlossenen Kasten mit einer Katze und einem Quantenpräparat vor, das per Zufall zerfällt und dabei einen Tötungsmechanismus der Katze auslöst. Solange der Kasten geschlossen bleibt, ist die Katze nach Schrödingers Interpretation mit gleicher Wahrscheinlichkeit tot und lebendig, da das Radiumpräparat mit gleicher Wahrscheinlichkeit zerfallen und nicht zerfallen ist. Erst bei Öffnen des Kastens zerfällt die Wahrscheinlichkeitsamplitude in einen der beiden ›überlagerten‹ Zustände: Die Katze ist entweder tot oder lebendig.

Statt der alternativen Zustände ›tot‹ oder ›lebendig‹ haben wir es in der klassischen Welt der Digitalisierung mit den alternativen Bitzuständen ›0‹ oder ›1‹ zu tun, mit deren Sequenzen sich jede Art der digitalen Information darstellen lässt. Überlagerung bzw. Superposition bedeutet, dass ein Quantensystem (z. B. Elektron oder Photon) in einem Quantenzustand mit einer bestimmten Wahrscheinlichkeit im Teilzustand ›0‹ und mit der Restwahrscheinlichkeit im Teilzustand ›1‹ ist. Dieser Gesamtzustand aus den beiden statistisch verteilten Teilzuständen heißt Quantenbit (Abkürzung: Qubit). Bei einer Messung des Quantensystems (in Schrödingers Gedankenexperiment das Öffnen des Kastens) kollabiert der Gesamtzustand in einen der beiden Teilzustände entweder ›0‹ oder ›1‹. Im Quantenparallelismus lassen sich beliebig viele Qubits verbinden, um beliebig viele Bitsequenzen ›auf einmal‹ (parallel) zu berechnen.

Was in der mathematischen Theorie funktioniert, erweist sich in der technischen Praxis als große Herausforderung. Ein Überlagerungszustand von Quantenzuständen muss zunächst technisch präpariert werden und ist dann äußerst empfindlich gegen Umwelteinflüsse wie z. B. Temperaturschwankungen. Bei geringsten Störungen kollabiert der Überlagerungszustand und löst damit Fehler in der Rechnung aus. Dieser Vorgang wird Dekohärenz genannt. Kohärenz bezeichnet den Zusammenhang der

---

27 Mainzer (2020c).
28 Audretsch/Mainzer (1996).

Quantenzustände, den es technisch so lange als möglich aufrecht zu erhalten gilt. Die Dekohärenz der Quantenzustände ist daher eine große technische Hürde, die von einem Quantencomputer zu nehmen ist. Unter dieser Voraussetzung muss er dann Probleme wesentlich schneller lösen als konventionelle Supercomputer. Diese Herausforderung wird ›Supremacy‹ (Überlegenheit) genannt.

In den vergangenen Jahren wurden bereits verschiedene Quantentechnologien zur Lösung dieser Aufgaben vorgeschlagen, die experimentell mit wenigen Qubits erprobt wurden, ohne allerdings die Überlegenheit von Quantencomputern über konventionelle Supercomputer demonstrieren zu können.[29] Das Jahr 2019 begann mit der Ankündigung von IBM, den ersten kommerziellen Quantencomputer mit 20 Qubits hergestellt zu haben. Das Gerät lässt sich zwar nicht kaufen, kann aber über eine Cloud genutzt werden. Ein Vorgängermodell arbeitete noch mit 5 und 16 Qubits. 20 Qubits galt als Schwelle zu einem arbeitsfähigen Quantencomputer. Ab 50 Qubits sollte ein Quantencomputer einem klassischen Supercomputer überlegen sein. IBM setzte auf elektrische Schaltkreise, die in supraleitenden Mikrochips integriert sind. Die Quantenprozessoren müssen mit flüssigem Helium tiefgekühlt werden, um die supraleitenden Eigenschaften zu erreichen, die stabile Kohärenz ermöglichen. Der technische Vorteil besteht darin, dass an die bewährten Verfahren der Halbleitertechnik angeschlossen werden kann.

Eine zentrale Leistung von IBM bestand darin, dass mögliche Störquellen wie Wärmeeinfluss, elektrische Streuungen oder Erschütterungen weitgehend kontrollierbar sind. Immerhin konnten die 20 Quantenbits 75 Mikrosekunden in einem ungestörten kohärenten Zustand stabilisiert werden. Praktisch ist der IBM-Q insofern bereits ein universeller Quantencomputer, da (mit der Einschränkung von 20 Qubits) verschiedenartige Probleme in Angriff genommen werden könnten. Dazu gehören komplexe Optimierungsprobleme ebenso wie Modellierungen von Vielteilchensystemen wie Festkörper, Flüssigkeiten oder Gase. Damit eröffnen sich Anwendungsperspektiven in der Materialforschung, Chemie und Pharmakologie.

Mit IBM-Q war das Wettrennen der IT-Giganten eröffnet und die Antwort von Google ließ nicht lange auf sich warten. Der supraleitende Prozessor Sycamore löste ein spezielles mathematische Problem schneller als der führende klassische Supercomputer Summit von IBM im Jahr 2019. Sycamore benötigte für dieses Problem nur 200 Sekunden, während Summit nach eigenen Angaben von IBM mehr als zwei Tage benötigte. Damit war die Überlegenheit des Quanten Computing erstmals wenigstens für diese spezielle Aufgabe bewiesen. Grundlage waren 53 supraleitende Qubits, also etwa die Anzahl, die auch für ›Supremacy‹ veranschlagt wurde.

Nach der quantenmechanischen Grundlagenforschung seit Anfang des 20. Jahrhunderts folgte seit Ende des 20. Jahrhunderts die Entwicklung technischer Bauteile, die auf Effekten der Quantenphysik beruhen. Dazu gehören Transistoren, Dioden und Laser, die als Quantentechnologien der ersten Generation zusammengefasst werden können und aus Alltagsgeräten nicht mehr fortzudenken sind. Auch der Laser war zunächst ein quantenphysikalisches Grundlagenproblem, das heute wie selbstver-

---

29 Europäische Kommission (2017).

ständlich in der Mess- und Kommunikationstechnik, industriellen Fertigung, Medizintechnik und Unterhaltungselektronik bis zum 3D-Druck Anwendung findet. Den Quantentechnologien der ersten Generation ist gemeinsam, dass Quanteneffekte nur indirekt genutzt werden.

Wir leben derzeit in der zweiten Generation der Quantentechnologie, in der Grundprinzipien der Quantenmechanik gezielt in quantenmechanischen Geräten umgesetzt werden.[30] Dazu gehören erste Prototypen von Quantencomputern, klassische Supercomputer mit Quantensimulation, Quantenkryptographie und Quantenkommunikation, Quantensensorik und Quantenmesstechnik (Metrologie). Mit einem universellen Quantencomputer, der theoretisch bereits 1985 beschrieben wurde,[31] würde die dritte Generation der Quantentechnologie beginnen.

Ein solcher universeller Quantencomputer, der z. B. den Shor-Algorithmus zur Faktorisierung großer Zahlen realisieren könnte, würde Millionen Qubits benötigen. Wegen der Empfindlichkeit solcher Quantenalgorithmen gegen Rauschen müsste er technisch hoch komplexe Fehlerkorrekturen bewerkstelligen können. Nun ist bereits gezeigt, dass ein Quantencomputer mit über 50 Qubits Aufgaben mit einer Geschwindigkeit lösen kann, die für die schnellsten klassischen Supercomputer nicht machbar ist. Damit gibt es zwar bereits Quantencomputer, die Leistungen vollbringen, zu denen klassische Computer nicht fähig sind. Andererseits sind sie aber noch nicht groß genug, um eine fehlertolerante Anwendung der bekannten Quantenalgorithmen zu realisieren.

Diese Ära zwischen Quantencomputern mit 50–100 Qubits (z. B. Googles Sycamore) und dem ersten universellen Quantencomputer mit 1 000 000 Qubits und mehr nannte der amerikanische Informatiker John Preskill ›Noisy Intermediate-Scale Quantum‹ (NISQ).[32] Sie ist ›noisy‹, also durch Rauschen bestimmt, weil nicht genügend Qubits zur Fehlerkorrektur zur Verfügung stehen, und im ›intermediate-scale‹, weil die Qubit-Zahl zwar für den Supremacy-Nachweis ausreicht, aber für einen universellen Quantencomputer noch nicht genügend ist. Die derzeit angebrochene NISQ-Ära beschreibt also den Übergang von der zweiten zur dritten Generation der Quantentechnologie.

1.4 Auf dem Weg zur hybriden KI neuromorpher Systeme

Die Integration analoger und digitaler Informationsverarbeitung kann im menschlichen Organismus illustriert werden. Verhalten und Reaktionen laufen dort weitgehend unbewusst ab. ›Unbewusst‹ heißt, dass wir uns der kausalen Abläufe des durch sensorielle und neuronale Signale gesteuerten Bewegungsapparats nicht bewusst sind. Das lässt sich mit Algorithmen des statistischen Lernens automatisieren. In

---

30 Kagermann et. al. (2020).
31 Deutsch (1985).
32 Preskill (2018).

kritischen Situationen reicht das aber nicht aus: Um mehr Sicherheit durch bessere Kontrolle im menschlichen Organismus zu erreichen, muss der Verstand mit kausaler Analyse und logischem Schließen eingreifen. Dieser Vorgang sollte im Machine Learning durch Algorithmen des kausalen Lernens und logischer Beweisassistenten automatisiert werden. Ziel ist eine hybride KI neuromorpher Systeme, in der wie im menschlichen Organismus symbolische und subsymbolische KI auf analoger und digitaler Hardware verbunden werden. Ferner kann Quantencomputing zu erheblicher Beschleunigung der Informationsverarbeitung beitragen, wie sie in Organismen nicht bekannt ist.

1.4.1 Roboter als neuromorphe Systeme

Mit zunehmender Komplexität und Automatisierung der Technik werden Roboter zu Dienstleistern der Industriegesellschaft. Die Evolution lebender Organismen inspiriert heute die Konstruktion von Robotik-Systemen als neuromorphe Systeme mit analoger und digitaler Informationsverarbeitung.[33] Mit wachsenden Komplexitäts- und Schwierigkeitsgraden der Dienstleistungsaufgabe wird die Anwendung von KI-Technik unvermeidlich. Dabei müssen Roboter nicht wie Menschen aussehen. Genauso wie Flugzeuge nicht wie Vögel aussehen, gibt es je nach Funktion auch andere angepasste Formen. Es stellt sich also die Frage, zu welchem Zweck humanoide Roboter welche Eigenschaften und Fähigkeiten besitzen sollten.

Humanoide Roboter sollten wie Organismen direkt in der menschlichen Umgebung wirken können. In der menschlichen Umwelt ist die Umgebung auf menschliche Proportionen abgestimmt. Die Gestaltung reicht von der Breite der Gänge über die Höhe einer Treppenstufe bis zu Positionen von Türklinken. Für nicht menschenähnliche Roboter (z. B. auf Rädern und mit anderen Greifern statt Händen) müssten also große Investitionen für Veränderungen der Umwelt ausgeführt werden. Zudem sind alle Werkzeuge, die Mensch und Roboter gemeinsam benutzen sollten, auf menschliche Bedürfnisse abgestimmt. Nicht zu unterschätzen ist die Erfahrung, dass humanoide Formen den emotionalen Umgang mit Robotern psychologisch erleichtern.

Humanoide Roboter haben aber nicht nur zwei Beine und zwei Arme. Sie verfügen über analoge optische und akustische Sensoren. In Bezug auf Platz und Batterielaufzeiten gibt es bisher bei den verwendbaren Prozessoren und Sensoren Einschränkungen. Miniaturisierungen von optischen und akustischen Funktionen sind ebenso erforderlich wie die Entwicklung von verteilten Mikroprozessoren zur lokalen Signalverarbeitung. Ziel der humanoiden Robotik ist es, dass sich humanoide Roboter frei in normaler Umgebung bewegen, Treppen und Hindernisse überwinden, selbständig Wege suchen, nach einem Fall beweglich bleiben, Türen selbständig betätigen und auf einem Arm stützend Arbeit erledigen können. Ein humanoider Roboter könnte dann im Prinzip so gehen wie ein Mensch.

---

33 Mainzer (2020b).

Für die Erreichung der letzten Stufe des Zusammenlebens mit Menschen, müssen sich Roboter ein Bild vom Menschen machen können, um hinreichend sensibel zu werden. Dazu sind kognitive Fähigkeiten auf analoger und digitaler Grundlage notwendig. Dabei lassen sich die drei Stufen des funktionalistischen, konnektionistischen und handlungsorientierten Ansatzes unterscheiden, die nun untersucht werden sollen.[34]

Die Grundannahme des Funktionalismus besteht darin, dass es in Lebewesen wie in entsprechenden Robotern eine interne kognitive Struktur gibt, die Objekte der externen Außenwelt mit ihren Eigenschaften, Relationen und Funktionen untereinander über Symbole repräsentiert.

Man spricht auch deshalb vom Funktionalismus, da die Abläufe der Außenwelt als isomorph in Funktionen eines symbolischen Modells abgebildet angenommen werden. Ähnlich wie ein geometrischer Vektor- oder Zustandsraum die Bewegungsabläufe der Physik abbildet, würden solche Modelle die Umgebung eines Roboters repräsentieren.

Der funktionalistische Ansatz geht auf die frühe kognitivistische Psychologie der 1950er Jahre von z. B. Allen Newell und Herbert Simon zurück.[35] Die Verarbeitung der Symbole in einer formalen Sprache (z. B. Computerprogramm) erfolgt wie in der symbolischen KI nach Regeln, die logische Beziehungen zwischen den Außenweltrepräsentationen herstellen, Schlüsse ermöglichen und so Wissen entstehen lassen.

Die Regelverarbeitung ist nach dem kognitivistischen Ansatz unabhängig von einem biologischen Organismus oder Roboterkörper. Danach könnten im Prinzip alle höheren kognitiven Fähigkeiten wie Objekterkennung, Bildinterpretation, Problemlösung, Sprachverstehen und Bewusstsein auf Rechenprozesse mit Symbolen reduziert werden. Konsequenterweise müssten dann auch biologische Fähigkeiten wie z. B. Bewusstsein auf analoge und digitale technische Systeme übertragbar sein.

Der kognitivistisch-funktionalistische Ansatz hat sich für beschränkte Anwendungen durchaus bewährt, stößt jedoch in Praxis und Theorie auf grundlegende Grenzen. Ein Roboter dieser Art orientiert sich an der symbolischen KI und benötigt eine vollständige symbolische (digitale) Repräsentation der Außenwelt, die ständig angepasst werden muss, wenn die Position des Roboters sich ändert. Relationen wie ON(TABLE,BALL), ON(TABLE,CUP), BEHIND(CUP,BALL) etc., mit denen die Relation eines Balls und einer Tasse auf einem Tisch relativ zu einem Roboter repräsentiert wird, ändern sich, wenn sich der Roboter um den Tisch herum bewegt.

Menschen benötigen demgegenüber keine symbolische Darstellung und kein symbolisches digitales Updating von sich ändernden Situationen. Sie interagieren sensorisch-körperlich (analog) mit ihrer Umwelt. Rationale Gedanken mit interner symbolischer Repräsentation garantieren kein rationales Handeln, wie bereits einfache Alltagssituationen zeigen. So weichen wir einem plötzlich auftretenden Verkehrshindernis aufgrund von blitzschnellen körperlichen (analogen) Signalen und Interaktio-

---

34   Pfeifer/Scheier (2001).
35   Newell/Simon (1972).

nen aus, ohne auf symbolische (digitale) Repräsentationen und logische Ableitungen zurückzugreifen. Hier kommt die subsymbolische KI ins Spiel.

In der Kognitionswissenschaft unterscheiden wir daher zwischen formalem und körperlichem Handeln.[36] Schach ist ein formales Spiel mit vollständiger symbolischer Darstellung, präzisen Spielstellungen und formalen Operationen. Fußball ist ein nicht-formales Spiel mit Fähigkeiten, die von körperlichen (analogen) Interaktionen ohne vollständige Repräsentation von Situationen und Operationen abhängen. Es gibt zwar auch Spielregeln. Aber Situationen sind wegen der körperlichen Aktion nie exakt identisch und daher auch nicht (im Unterschied zum Schach) beliebig reproduzierbar.

Der konnektionistische Ansatz betont deshalb, dass Bedeutung nicht von Symbolen getragen wird, sondern sich in der Wechselwirkung zwischen verschiedenen kommunizierenden Einheiten eines komplexen Netzwerks (z. B. neuronales Netz) ergibt. Diese Herausbildung bzw. Emergenz von Bedeutungen und Handlungsmustern wird durch die sich selbst organisierende Dynamik von neuronalen Netzwerken möglich.[37] Sowohl der kognitivistische als auch der konnektionistische Ansatz können allerdings im Prinzip von der Umgebung der Systeme absehen und nur die symbolische Repräsentation bzw. neuronale Dynamik beschreiben.

Im handlungsorientierten Ansatz steht demgegenüber die Einbettung des Roboterkörpers in seine analoge Umwelt im Vordergrund. Insbesondere einfache Organismen der Natur wie z. B. Bakterien legen es nahe, verhaltensgesteuerte Artefakte zu bauen, die sich an veränderte Umwelten anzupassen vermögen. Aber auch hier wäre die Forderung einseitig, nur verhaltensbasierte Robotik zu favorisieren und symbolische (digitale) Repräsentationen und Modelle der Welt auszuschließen. Richtig ist die Erkenntnis, dass kognitive Leistungen des Menschen sowohl funktionalistische, konnektionistische und verhaltensorientierte Aspekte auf analoger und digitaler Grundlage berücksichtigen. In diesem Sinn ist der Mensch ein hybrider Organismus auf analoger und digitaler Grundlage.

Richtig ist es daher, wie beim Menschen von einer eigenen Leiblichkeit (embodiment) der humanoide Roboter auszugehen. Danach agieren diese Maschinen mit ihrem Roboterkörper analog in einer physischen Umwelt und bauen dazu einen kausalen Bezug auf. Sie machen ihre je eigenen Erfahrungen mit ihrem Körper in dieser Umwelt und sollten ihre eigenen internen symbolischen Repräsentationen und Bedeutungssysteme aufbauen können.[38]

Wie können solche Roboter selbstständig sich ändernde Situationen einschätzen? Körperliche Erfahrungen des Roboters beginnen mit Wahrnehmungen über analogen Sensordaten der Umgebung. Sie werden in einer relationalen Datenbank des Roboters als seinem Gedächtnis gespeichert. Die Relationen der Außenweltobjekte bilden untereinander kausale Netzwerke, an denen sich der Roboter bei seinen Handlungen orientiert. Dabei werden z. B. Ereignisse, Personen, Orte, Situationen und Ge-

---

36   Valera/Thompson/Rosch (1991).
37   Marcus (2003).
38   Mainzer (2009).

brauchsgegenstände unterschieden. Mögliche Szenarien und Situationen werden mit Sätzen einer formalen Logik repräsentiert.

1.4.2 Cyberphysical Systems als neuromorphe Systeme

In der Evolution beschränkt sich intelligentes Verhalten keineswegs auf einzelne Organismen. Die Soziobiologie betrachtet Populationen als Superorganismen, die zu kollektiven Leistungen fähig sind.[39] Die entsprechenden Fähigkeiten sind häufig in den einzelnen Organismen nicht vollständig programmiert und von ihnen allein nicht realisierbar. Ein Beispiel ist die Schwarmintelligenz von Insekten, die sich in Termitenbauten und Ameisenstraßen zeigt. Auch menschliche Gesellschaften mit extrasomatischer Informationsspeicherung und Kommunikationssystemen entwickeln kollektive Intelligenz, die sich erst in ihren Institutionen zeigt.

Kollektive Muster- und Clusterbildungen lassen auch bei Populationen einfacher Roboter beobachten, ohne dass sie dazu vorher programmiert wurden. Roboterpopulationen als Dienstleister könnten konkrete Anwendung im Straßenverkehr z. B. bei fahrerlosen Transportsystemen oder Gabelstaplern finden, die sich selbständig über ihr Verhalten in bestimmten Verkehrs- und Auftragssituationen verständigen. Zunehmend werden auch unterschiedliche Roboterarten wie Fahr- und Flugroboter (z. B. bei militärischen Einsätzen oder bei der Weltraumerkundung) miteinander interagieren.[40]

Roodney A. Brooks vom MIT fordert allgemein eine verhaltensbasierte KI, die auf künstliche soziale Intelligenz in Roboterpopulationen ausgerichtet ist.[41] Soziale Interaktion und Abstimmung gemeinsamer Aktionen bei sich verändernden Situationen ist eine äußerst erfolgreiche Form von Intelligenz, die sich in der Evolution herausgebildet hat. Bereits einfache Roboter könnten ähnlich wie einfache Organismen der Evolution kollektive Leistungen auf analoger und digitaler Grundlage erzeugen. Im Management spricht man von der sozialen Intelligenz als einem Soft Skill, der nun auch von Roboterpopulationen berücksichtigt werden sollte.

Autonome Reaktionen in unterschiedlichen Situationen ohne Eingreifen des Menschen sind eine große Herausforderung für die KI-Forschung. Entscheidungsalgorithmen lassen sich am besten im realen Straßenverkehr auf analoger und digitaler Grundlage verbessern. Entsprechend verbessert eine menschliche Fahrerin oder ein menschlicher Fahrer seine bzw. ihre Fähigkeiten durch Fahrpraxis.

Als selbstfahrendes Kraftfahrzeug bzw. Roboterauto werden Automobile bezeichnet, die ohne menschliche Fahrerin oder menschlichen Fahrer fahren, steuern und einparken können. Hochautomatisiertes Fahren liegt zwischen assistiertem Fahren, bei dem die Fahrerin oder der Fahrer durch Fahrerassistenzsysteme unterstützt wird, und dem autonomen Fahren, bei dem das Fahrzeug selbsttätig und ohne Einwirkung

---

39 Wilson (2000).
40 Mataric/Sukhatme/Ostergaard (2003).
41 Brooks (2005).

der Fahrerin oder des Fahrers fährt. Beim hochautomatisierten Fahren hat das Fahrzeug nur teilweise eine eigene Intelligenz, die vorausplant und die Fahraufgabe zumindest in den meisten Situationen übernehmen könnte. Mensch und Maschine arbeiten zusammen.

Klassische Computersysteme zeichneten sich durch eine strikte Trennung von physischer und virtueller Welt aus. Steuerungssysteme der Mechatronik, die z. B. in modernen Fahrzeugen und Flugzeugen eingebaut sind und aus einer Vielzahl von analogen Sensoren und Aktoren bestehen, entsprechen diesem Bild nicht mehr. Diese Systeme erkennen ihre physische Umgebung, verarbeiten diese Informationen digital und können die physische Umwelt auch koordiniert beeinflussen. Der nächste Entwicklungsschritt der mechatronischen Systeme sind die ›Cyberphysical Systems‹ (CPS), die sich nicht nur durch eine starke Kopplung von physischem Anwendungsmodell und dem Computer-Steuerungsmodell auszeichnen, sondern auch in die Arbeits- und Alltagsumgebung eingebettet sind (z. B. integrierte intelligente Energieversorgungssysteme).[42] Durch die vernetzte Einbettung in Systemumgebungen gehen CPS-Systeme über isolierte mechatronische Systeme hinaus.

Cyberphysical Systems (CPS) bestehen aus vielen vernetzten analogen und digitalen Komponenten, die sich selbständig untereinander für eine gemeinsame Aufgabe koordinieren. Sie sind damit mehr als die Summe der vielen unterschiedlichen smarten Kleingeräte im Ubiquitous Computing, da sie Gesamtsysteme aus vielen intelligenten Teilsystemen mit integrierenden Funktionen für bestimmte Ziele und Aufgaben (z. B. effiziente Energieversorgung) realisieren. Dadurch werden intelligente Funktionen von den einzelnen Teilsystemen auf die externe Umgebung des Gesamtsystems ausgeweitet. Wie das Internet werden CBS zu kollektiven sozialen Systemen, die aber neben den digitalen Informationsflüssen zusätzlich (wie mechatronische Systeme und Organismen) noch analoge Energie-, Material- und Stoffwechselflüsse integrieren.

Industrie 4.0 spielt auf die vorausgehenden Phasen der Industrialisierung an. Industrie 1.0 war das Zeitalter der Dampfmaschine. Industrie 2.0 war Henry Fords Fließband. Das Fließband ist nichts anderes als eine Algorithmisierung des Arbeitsprozesses, der Schritt für Schritt nach einem festen Programm durch arbeitsteiligen Einsatz von Menschen ein Produkt realisiert. In Industrie 3.0 greifen Industrieroboter in den Produktionsprozess ein. Sie sind allerdings örtlich fixiert und arbeiten immer wieder dasselbe Programm für eine bestimmte Teilaufgabe ab. In Industrie 4.0 wird der Arbeitsprozess analog und digital in das Internet der Dinge integriert. Werkstücke kommunizieren analog und digital untereinander, mit Transporteinrichtungen und beteiligten Menschen, um den Arbeitsprozess flexibel zu organisieren.

---

42   Lee (2008); acatech (2011).

1.5 KI als Dienstleistung am Menschen

1.5.1 Vertrauen in Künstliche Intelligenz

Häufig wird KI als Bedrohung menschlicher Arbeit dargestellt. Die Corona-Krise zeigte aber auch, wie KI und Robotik einspringen könnten, wenn der Mensch ausfällt, um die Wirtschaft am Laufen zu halten, wie digitale Kommunikation und Gesundheitsversorgung unterstützt werden könnte und wie in einem Lernprozess zusammen mit menschlicher Intelligenz die Lösung z. B. in Form eines Impfstoffs gefunden werden kann. Nach Corona ist nicht ausgeschlossen, dass wir von noch gefährlicheren Pandemien heimgesucht werden. Für die Zukunft wäre daher wünschenswert, wenn mit lernender KI mögliche Veränderungen von Viren vorher simuliert werden könnten, um damit einen Toolkasten zur schnellen Zusammenstellung von Impfstoffen zu entwickeln – quasi mit auf Vorrat produzierten KI-Algorithmen.[43]

Um Vertrauen in digitale und analoge KI-Tools zu fördern, müssen sie wie alle technischen Werkzeuge zertifiziert sein. An solchen ›DIN-Normen‹ arbeitet eine Steuerungsgruppe für eine KI-Roadmap im Auftrag der Bundesregierung.[44] Am Ende soll KI eine Dienstleitung für uns Menschen sein. Daher benötigen wir auch eine Stärkung der menschlichen Urteilskraft und Wertorientierung, damit uns Algorithmen und Big Data nicht aus dem Ruder laufen.

In der Vergangenheit illustrieren dramatische Unfälle die Gefahren von Softwarefehlern und Systemversagen bei sicherheitskritischen Systemen. Programmfehler und Systemversagen können zu Katastrophen führen: In der Medizin verursachten 1985–87 massive Überdosierungen durch die Software eines Bestrahlungsgeräts teilweise den Tod von Patienten. 1996 sorgte die Explosion der Rakete Ariane 5 aufgrund eines digitalen Softwarefehlers für Aufsehen. Weitere Beispiele waren digitale Softwarefehler und analoges Systemversagen von Boing 737 max. Nun gehören Verifikationsprüfungen traditionell zum festen Bestanteil einer Programmentwicklung im Software Engineering. Nach Feststellung der Anforderungen, dem Design und der Implementation eines Computerprogramms erfolgt in der Regel seine Verifikation und schließlich für die Dauer seiner Anwendung eine vorausschauende Wartung, um vor dem Ausfall z. B. eines Maschinenteils durch Verschleiß Ersatz und Reparatur einzuleiten.

Ein Computerprogramm heißt korrekt bzw. zertifiziert, falls verifiziert werden kann, dass es einer gegebenen Spezifikation folgt. Praktisch angewendet werden Verifikationsverfahren mit unterschiedlichen Graden der Genauigkeit und damit der Verlässlichkeit.[45] Aus Zeit-, Aufwands- und Kostengründen begnügen sich viele Anwender allerdings nur mit Stichprobentests. Im Idealfall müsste ein Computerprogramm aber so sicher sein wie ein mathematischer Beweis. Dazu wurden Beweisprogramme (›Beweisassistenten‹) entwickelt, mit denen ein Computerprogramm

---

43 Mainzer (2020b).
44 Wahlster/Winterhalter (2020).
45 Tretmans/Brinksma (2003).

automatisch oder interaktiv mit einem Nutzer auf Korrektheit überprüft wird. Damit kommen wir wieder auf die logisch-mathematische Grundlagenforschung zurück, die sich auch und gerade im Zeitalter der KI als zentral erweist.

Die Idee zu Beweisassistenten stammt nämlich ursprünglich aus der mathematischen Beweistheorie des frühen 20. Jahrhunderts, als bedeutende Logiker und Mathematiker wie David Hilbert, Kurt Gödel und Gerhard Gentzen mathematische Theorien formalisierten, um dann z. B. die Korrektheit, Vollständigkeit oder Widerspruchsfreiheit dieser Formalismen (und damit der betreffenden mathematischen Theorien) zu beweisen. Die Formalismen sind nun Computerprogramme. Ihre Korrektheitsbeweise müssen selbst konstruktiv sein, um jeden Zweifel ihrer Sicherheit auszuschließen. Sowohl an der LMU als auch an der TU München werden Beweisassistenten untersucht.[46] Der französische Beweisassistent Coq geht u. a. auf den französischen Logiker und Mathematiker Thierry Coquand zurück und erinnert im Namen an das französische Wappentier des Hahns (franz. Coq).[47]

Hier zeigt sich sehr klar, wie aktuelle Fragen der Grenzen und Sicherheit moderner Software und KI in digitalen und analogen Grundlagenfragen verwurzelt sind. Eine zentrale Frage lautet, wie das moderne maschinelle Lernen durch solche Beweisassistenten kontrolliert werden kann.[48] Am Ende geht es um die Herausforderung, ob und wie man KI-Programme zertifizieren kann, bevor man sie auf die Menschheit loslässt. Statistisches Lernen, wie es heute praktiziert wird, funktioniert zwar häufig in der Praxis, aber die kausalen Abläufe bleiben oft unverstanden und eine Black Box. Statistisches Testen und Probieren reicht für sicherheitskritische Systeme nicht aus. In hybriden Umgebungen sollte kausales Lernen mit zertifizierten KI-Programmen durch Beweisassistenten verbunden werden, auch wenn das für Praktiker aufwendig und ambitioniert erscheinen mag.

1.5.2 Technikgestaltung und Verantwortung

KI-Programme treten mittlerweile aber nicht nur in einzelnen Robotern und Computern auf. So steuern bereits lernfähige Algorithmen die Prozesse einer vernetzten Welt mit exponentiell wachsender Rechenkapazität. Ohne sie wäre die Datenflut im Internet nicht zu bewältigen, die durch Milliarden von Sensoren und vernetzten Geräten erzeugt wird. Aufgrund analoger Sensoren kommunizieren nun also auch Dinge miteinander und nicht nur Menschen. Daher sprechen wir vom Internet der Dinge (Internet of Things: IoT). In der Medizin und im Gesundheitssystem sind großen Klinikzentren Beispiele solcher komplexen Infrastrukturen, deren Koordination von Patientinnen und Patienten, Ärztinnen und Ärzten, medizinischem Personal, technischen Geräten, Robotik und anderen Dienstleistern ohne IT- und KI-Unterstützung nicht mehr steuerbar wäre.

---

46 Mainzer/Schuster/Schwichtenberg (2018).
47 Coquand/Huet (1988); Coupet-Grimal/Jakubiec (1996).
48 Mainzer/Schuster/Schwichtenberg (2021).

Die sicherheitskritischen Herausforderungen, die wir eben erörtert haben, werden sich in solchen Infrastrukturen noch einmal potenzieren. Darüber hinaus stellt sich aber die Frage nach der Rolle des Menschen in einer mehr oder weniger automatisierten Welt. Wir plädieren daher für Technikgestaltung, die über Technologiefolgenabschätzung hinausgeht.[49] Die traditionelle Sicht, die Entwickler einfach werkeln zu lassen und am Ende die Folgen ihrer Ergebnisse zu bewerten, reicht aus Erfahrung nicht aus. Am Ende kann das Kind in den Brunnen gefallen sein und es ist zu spät. Nun lässt sich zwar Innovation nicht planen. Wir können aber Anreize für gewünschte Ergebnisse setzen. Ethik wäre dann nicht Innovationsbremse, sondern Anreiz zu gewünschter Innovation. Eine solche ethische, rechtliche, soziale und ökologische Roadmap der Technikgestaltung für KI-Systeme würde der Grundidee der sozialen Marktwirtschaft entsprechen, nach der ein Gestaltungsspielraum für Wettbewerb und Innovation gesetzt wird. Maßstab und Grenze technischen Handelns bleibt die Würde des einzelnen Menschen, wie sie im Grundgesetz der Verfassung als oberstes Axiom der parlamentarischen Demokratie festgelegt ist.

Diese ethische Positionierung im weltweiten Wettbewerb der KI-Technologie ist keineswegs selbstverständlich. Für die globalen IT- und KI-Konzerne des Silicon Valley geht es am Ende um ein erfolgreiches Geschäftsmodell, auch wenn sie IT-Infrastrukturen in weniger entwickelten Ländern unter von ihnen vorgegeben Geschäftsbedingungen fördern. Der andere globale Wettbewerber heißt aber China, der einen Staatsmonopolismus im Projekt der Seidenstraße strikt befolgt. Das chinesische Projekt des Social Core ist eng mit dem ehrgeizigen Ziel verbunden, die schnellsten Superrechner und leistungsfähigsten KI-Programme der Welt zu produzieren. Nur so lässt sich der Social Core mit der totalen Datenerfassung aller Bürgerinnen und Bürger und ihrer zentralen Bewertung realisieren. Die totale staatliche Kontrolle privater Daten mag westliche Beobachterinnen und Beobachter schockieren, wird aber in weiten Bevölkerungskreisen Chinas akzeptiert. Dazu gehört der direkte Zugriff auf alle möglichen medizinischen Daten für die medizinische Forschung. Hinzu kommt eine andere Wertetradition, die über Jahrhunderte in China eingeübt wurde: In der konfuzianischen Tradition dieses Landes ist der oberste Wertmaßstab eine kollektive Harmonie und Sicherheit und nicht die Autonomie des Einzelnen mit einklagbaren Freiheitsrechten.

Die Proklamation individueller Menschenrechte wurzelt tief in der philosophischen Tradition europäischer Demokratien. Wir brauchen zwar zertifizierte KI-Algorithmen als verlässliche Dienstleistung zur Bewältigung zivilisatorischer Komplexität. Entscheidend ist daher aber auch eine Stärkung der menschlichen Urteilskraft und Wertorientierung, damit uns digitale und analoge Algorithmen mit Big Data nicht aus dem Ruder laufen. Im weltweiten Wettbewerb der KI-Systeme sollten wir unsere Lebenswelt nach unseren Wertmaßstäben selbst gestalten können.

---

49 Mainzer (2023).

1.5.3 Autonomie in Philosophie, Recht und Gesellschaft

In der Philosophie wird spätestens seit Kant Autonomie als fundamentales Alleinstellungsmerkmal des Menschen als vernunftbegabtes Wesen herausgestellt. Autonomie bedeutet danach die Fähigkeit zur Selbstgesetzgebung. Danach vermag der Mensch nicht nur Gesetzen zu folgen, sondern sie sich selbst allgemeinverbindlich zu geben, wie es im kategorischen Imperativ zum Ausdruck kommt. In der parlamentarischen Gesetzgebung wird diese Selbstautonomie politisch umgesetzt. In Gerichtsverfahren ist Autonomie eine Rechtsfigur, die freien Willen unterstellt, um Verantwortung für z. B. eine Straftat feststellen zu können.

Juristisch handelt es sich dabei um eine idealtypische Fiktion, die nicht einen naturwissenschaftlichen Beweis des ›freien Willens‹ voraussetzt. Faktisch ist menschliches Entscheiden und Handeln von verschiedenen genetischen, physiologischen, entwicklungspsychologischen, sozialen, emotionalen etc. Einflüssen abhängig, also nie vollkommen ›autonom‹. Daher sind auch menschliche Handlungen und Entscheidungen nach Graden der Autonomie zu bemessen. Im Recht werden allerdings nur einige dieser Faktoren wie z. B. emotionaler Affekt oder messbarer Alkoholpegel als Einschränkung der Autonomie (z. B. bei der Strafzumessung) anerkannt. Es kann nicht ausgeschlossen werden, dass in Zukunft aufgrund besserer Nachweise oder veränderter gesellschaftlicher Einschätzung auch andere Faktoren stärkere Berücksichtigung finden.

Was die KI betrifft, so sind heute bereits KI-Systeme auf integrierter digitaler und analoger Grundlage zu begrenzter Selbstautonomie fähig, in dem sie lernen und sich auf dieser Grundlage für begrenzte Aufgaben selbst neu programmieren, also sich selbst Gesetze des Handelns geben können. Es wird daher in Zukunft nicht nur um die erkenntnistheoretische Frage nach den Grenzen der KI gehen, ob KI-Systeme prinzipiell zur Selbstautonomie fähig sind oder nicht. Man könnte einwenden, dass vollkommene Autonomie selbst für Menschen eine Fiktion ist. Vielmehr wird es um die ethische und rechtliche Frage gehen, bis zu welchen Grenzen wir die technische Entwicklung autonomer Systeme zulassen wollen.

Literatur

acatech (Hg.) (2011): *Cyber-Physical Systems. Innovationsmotor für Mobilität, Gesundheit, Energie und Produktion*, Springer, Berlin/Heidelberg.

Audretsch, Jürgen/Mainzer, Klaus (Hg.) (^{2}1996): *Wieviele Leben hat Schrödingers Katze? Zur Physik und Philosophie der Quantenmechanik*, Heidelberg.

Boche, Holger/Fono, Adalbert/Kutyniok, Gitta (2022a): *Inverse Problems are solvable on real number signal processing hardware*, arXiv:2204.02066v2.

Boche, Holger/Fono, Adalbert/Kutyniok, Gitta (2022b): *Limitations of deep learning for inverse problems on digital hardware*, arXiv:2202.13490.

Blum, Lenore/Shub, Micheal/Smale, Steve (1989): *On a theory of computation and complexity over the real numbers: NP-completeness, recursive functions and universal machines*, in: Bulletin of the American Mathematical Society 21/1, 1–46.

Blum, Lenore/Cucker, Felipe/Shub, Micheal/Smale, Steve (1998): *Complexity and the Real Computation*, Springer, New York.
Brooks, Rodney A. (2005): *Menschmaschinen*, Frankfurt.
Chua, Leon (1971): *Memristor: the missing circuit element*, in: IEEE Transaction on circuit Theory 18/5, 507–519.
Coquand, Thierry/Huet, Gérard (1988): *The calculus of constructions*, in: Information and Computation 76/2–3, 95–120.
Coupet-Grimal, Solange/Jakubiec, Line (1996): *Coq and Hardware Verification: A Case Study*, in: von Wright, Joakim/Grundy, Jim/Harrison, John (Hg.): Theorem Proving in Higher Order Logics. TPHOLs 1996. Lecture Notes in Computer Science, vol 1125, Springer, Berlin/Heidelberg, 125–139.
Deutsch, David (1985): *Quantum Theory, the Church-Turing principle and the universal quantum computer*, in: Proceedings of the Royal Society of London 400/1818, 97–117.
Wahlster, Wolfgang/Winterhalter, Christoph (Hg.) (2020): *Deutsche Normungsroadmap Künstliche Intelligenz*, DIN, Berlin.
Europäische Kommission (2017): *The Impact of Quantum Technologies on the EU's Future Policies*, Luxemburg.
Feynman, Richard (1982): *Simulating physics with computers*, in: Int. j. Theor. Phys. 21/6–7, 467–488.
Hornik, Kurt/Stinchcombe, Maxwell/White, Halbert (1989): *Multilayer feedforward networks are universal approximators*, in: Neural Networks 2/5, 359–366.
Hume, David (^{12}1993): *Eine Untersuchung über den menschlichen Verstand*, Kulenkampff, J. (Hg.), Richter, R. (Übs.), Hamburg.
Kagermann, Henning/Süssenguth, Florian/Körner, Jorg/Liepold, Annka (2020): *Innovationspotentiale der Quantentechnologien der zweiten Generation*, acatech IMPULS, München.
Kant, Immanuel: *Werke*, Hg. Bd. 1–22 Preussische Akademie der Wissenschaften, Bd. 23 Deutsche Akademie der Wissenschaften zu Berlin, ab Bd. 24 Akademie der Wissenschaften zu Göttingen, Berlin 1900ff., AA III, 93– KrV B 106.
Kickuth, Rolf (2020): *Bio-inspired Computing. Gehirn-künstliche Neuronetze – neuromorphe Architekturen... und wie es weitergeht: Photonik – Quantencomputer – Evolution*, Agentur und Verlag Rubikon.
Knight, Will (2017): *The dark secret at the heart of AI*, in: MIT Technology Review 120/3, 1–22.
Kushwaha, Abhishek (2022): *ChatGPT: The ultimate tool for natural language processing and text generation*, URL: https://dev.to/abbhiishek/chatgpt-the-ultimate-tool-for-natural-language-processing-and-text-generation-40ag (Stand: 26. Dezember 2022).
Lee, Edward A. (2008): *Cyber-physical systems: Design challenges*, Berkeley Technical Report No. UCB/EECS-2008-8, University of California.
Mainzer, Klaus (1990): *Knowledge-based systems. Remarks on the philosophy of technology and artificial intelligence*, in: Journal for General Philosophy of Science 21, 47–74.
Mainzer, Klaus (2009): *From embodied mind to embodied robotics: Humanities and system theoretical aspects*, in: Journal of Physiology-Paris 103/3–5, 296–304.
Mainzer, Klaus/Chua, Leon (2013): *Local Activity Principle*, Imperial College Press, London.
Mainzer, Klaus (2014): *Die Berechnung der Welt. Von der Weltformel zu Big Data*, C.H. Beck, München.
Mainzer, Klaus (2018): *The Digital and the Real World. Computational Foundations of Mathematics, Science, Technology, and Philosophy*, World Scientific, Singapore.
Mainzer, Klaus (^{2}2019): *Künstliche Intelligenz. Wann übernehmen die Maschinen?*, Springer, Berlin/Heidelberg.
Mainzer, Klaus (2020a): *Statistisches und kausales Lernen im Machine Learning*, in: Mainzer, Klaus (Hg.): Philosophisches Handbuch Künstliche Intelligenz, Springer VS, Wiesbaden.
Mainzer, Klaus (^{2}2020b): *Leben als Maschine: Wie entschlüsseln wir den Corona-Code? Von der Systembiologie und Bioinformatik zur Robotik und Künstlichen Intelligenz*, Mentis, Paderborn.
Mainzer, Klaus (2020c): *Quantencomputer. Von der Quantenwelt zu Künstlichen Intelligenz*, Springer, Berlin/Heidelberg.

Mainzer, Klaus (2023): *Zukunft durch nachhaltige Innovation im Wettkampf der Systeme,* Wiesbaden.

Mainzer, Klaus/Kahle, Reinhard (2022): *Grenzen der KI – theoretisch, praktisch, ethisch,* Springer, Berlin.

Mainzer, Klaus/Schuster, Peter/Schwichtenberg, Helmut (Hg.) (2018): *Proof and Computation. Digitalization in Mathematics, Computer Science, and Philosophy,* World Scientific, Singapore.

Mainzer, Klaus/Schuster, Peter/Schwichtenberg, Helmut (Hg.) (2021): *Proof and Computation. From Proof Theory and Univalent Mathematics to Program Extraction and Verification,* World Scientific, Singapore.

Mainzer, Klaus (Hg.) (2024): Philosophisches Handbuch Künstliche Intelligenz, Springer, Wiesbaden.

Mainzer, Klaus (2024): *Artificial Intelligence of Neuromorphic Systems. From Digital, Analogue, and Brain Orientated Computing to Hybrid AI,* World Scientific Singapore.

Marcus, Gary (2003): *The Algebraic Mind: Integrating Connectionism and Cognitive Science,* MIT press, Cambridge (Mass.).

Mataric, Maja J./Sukhatme, Gaurav S./Ostergaard, Esben H. (2003): *Multi-robot task allocation in uncertain environments,* in: Autonomous Robots 14/2–3, 253–261.

Mirsa, Janardan/Saha, Indranil (2010): *Artificial networks in hardware: A survey of two decades of progress,* in: Neurocomputing 74/1–3, 239–255.

Neumann, John von (1951): *The general and logical theory of automata,* in: Jeffress, L. A. (Hg.), Cerebral Mechanisms in Behavior – the Hixon Symposium, California Institute of Technology, Pasadena, 1–31.

NeuroSys (2021): *BMBF-Zukunftscluster neuromorphe Hardware für autonome Systeme der Künstlichen Intelligenz,* Projektpapier, 14–15.

Newell, Allen/Simon, Herbert A. (1972): *Human Problem Solving,* Prentice-Hall, Englewood Cliffs NJ.

Pearl, Judea (2009): *Causality: Models, Reasoning, and Inference,* Cambridge (Mass.).

Penrose, Roger (1991): *The Emperor's New Mind,* Penguin Books, London.

Pfeifer, Rolf/Scheier, Christian (2001): *Understanding Intelligence,* MIT press, Cambridge (Mass.).

Preskill, John (2018): *Quantum computing in the NISQ era and beyond,* in: Quantum 2, 79.

Puppe, Frank (1988): *Einführung in Expertensysteme,* Springer, Berlin/Heidelberg.

Robinson, John A. (1965): *A machine oriented logic based on the resolution principle,* in: Journal of the Association for Computing Machinery 12/1, 23–41.

Shastri, Bhavin J./Tait, Alexander N./Ferreira de Lima, Thomas/Pernice, Wolfram H.P./Bhaskaran, Harish/Wright, C. David/Prucnal, Paul R. (2021): *Photonics for artificial intelligence and neuromorphic computing,* in: Nat. Photonics 15/11, 102–114.

Siegelmann, Hava T./Sontag, Eduardo D. (1994): *Analog computation via neural networks,* in: Theoretical Computer Science 131, 331–360.

Tretmans, G. J./Brinksma, Hendrik (2003): *TorX: Automated model-based testing,* in: Hartman, Alan/Dussa-Zieger, K. (Hg.): Proceedings of the First European Conference on Model-Driven Software Engineering, 31–43.

Valera, Francisco J./Thompson, Evan/Rosch, Eleanor (1991): *The Embodied Mind. Cognitive Science and Human Experience,* MIT Press, Cambridge (Mass.).

Vapnik, Vladimir N. (1998): *Statistical Learning Theory,* Wiley, New York.

Wilson, Edward O. (2000): *Sociobiology. The New Synthesis; 25th Anniversary Edition,* Harvard University Press, Cambridge (Mass.).

2 Grenzen Künstlicher Intelligenz damals wie heute
Eine Analyse anhand der Perceptrons-Kontroverse

Markus Maier, Raphael Ronge

Abstract: Erstmals 1969 veröffentlicht, wurde das Buch *Perceptrons* von Marvin Minsky und Seymour Papert auf die eine oder andere Weise über die Jahrzehnte immer wieder aufgegriffen, zitiert und zusammen mit dessen konnektionistischer Gegenposition als eine der großen Kontroversen der KI-Geschichte stilisiert. Es ist allerdings längst nicht eindeutig, inwieweit Inhalt und Auswirkung des Buches übereinstimmen. Dies lässt sich mithilfe der Carnap'schen Aussagenanalyse genauer beleuchten. Carnap beschreibt nach welchen Mechanismen Aussagen Inhalt und subjektive Vorstellungen vermischen und was es bedeutet, wenn eine Aussage nur scheinbar ein Problem behandelt. Wendet man diese Analyse auf *Perceptrons* an, lassen sich nicht nur die vergangene Kontroverse besser verstehen, sondern auch Rückschlüsse auf heutige KI-Debatten ziehen. Unser Beitrag eröffnet damit die Möglichkeit, gegenwärtige Grenzdiskussionen Künstlicher Intelligenz sachlich zu betrachten.

2.1 Einleitung

Die Geschichte technologischer Entwicklungen im Allgemeinen und Künstlicher Intelligenz (KI) im Speziellen ist maßgeblich von Diskussionen ihrer inhärenten Grenzen geprägt. Im Falle künstlicher neuronaler Netze (KNNs) stellt die sogenannte *Perceptrons*-Kontroverse wohl eine der bekanntesten und folgenreichsten Grenzdiskussionen dar. KNNs sind integraler Bestandteil moderner Formen Künstlicher Intelligenz. Durch Deep Learning Systeme – also KNNs mit einer Vielzahl an *hidden layers* – erlebt die Technologie seit den späten 2000er Jahren eine Renaissance. Als Startzeitpunkt dient dabei oft das Jahr 2006, als ein neuronales Netz erstmals eine kleinere Fehlerrate als klassische KI-Systeme bei der automatischen Erkennung von handgeschriebenen Ziffern aus der MNIST-Datenbank erreicht hat.[1] Heutige KI-Anwendungen kombinieren dabei auf geschickte Weise die bereits erwähnten neuronalen Architekturen mit symbolischen, um die Stärken beider Ansätze zu vereinen.

Mitte des 20. Jahrhunderts stellte sich die Situation jedoch noch ganz anders dar. Vertreter:innen des konnektionistischen Ansatzes waren davon überzeugt, dass Künstliche Intelligenz über die Imitation biologischer neuronaler Netze zu erreichen

---

1   Vgl. Goodfellow/Bengio/Courville (2016): 141.

sei. Das Lager der symbolischen KI verfolgte hingegen das Ziel, die Informationsverarbeitung auf Ebene mathematisch-logischer Repräsentation abzubilden:

> Here [with symbolic AI] information processing occurs at the representational level (its human equivalent would be mental processes), and not at the neurobiological (or brain) level. Symbolic AI systems simulate human mental and cognitive processes by computational (digital, von Neumann) means.[2]

Die Auseinandersetzung der beiden Lager spielte sich mitnichten lediglich auf einer akademischen Ebene ab. Besonders Frank Rosenblatt, der wichtigste Vertreter des konnektionistischen Ansatzes, machte Ende der 1950er Jahre oft mit übertriebenen Aussagen auf seine Forschung aufmerksam.[3] Zwar war er damit der »Traum eines jeden Presseagenten«[4], in akademischen Kreisen polarisierte er mit diesen Aussagen aber und viele seiner Kolleg:innen waren dadurch irritiert.[5] Der Konsens war allerdings, dass es sich bei Rosenblatts Aussagen lediglich um öffentlichkeitswirksame Übertreibungen handelte, welche nicht im Rahmen seiner Arbeiten bewiesen werden konnten.[6] Die öffentliche Kommunikation des konnektionistischen Lagers war also entscheidend von der Behauptung der *Grenzenlosigkeit* des eigenen technologischen Ansatzes geprägt.

Anfang der 1960er Jahre formierte sich, auch aus Sorge um zukünftige Forschungsgelder, Widerstand im Lager der symbolischen KI. Marvin Minsky, späterer Mitbegründer des MIT AI Laboratory, kritisierte die Arbeiten Rosenblatts und den Anspruch des Konnektionismus in internen Gesprächen und Schriften.[7] Zusammen mit Seymour Papert verfeinerte und vertiefte Minsky seine Argumente im Laufe mehrerer Jahre. 1969 publizierten die beiden schließlich das Buch *Perceptrons*, welches die inhärenten Grenzen und Beschränkungen einfacher neuronaler Netze – des Perzeptrons – aufzeigte.[8] Die Autoren haben aus heutiger Sicht durch ihre Thematisierung der theoretischen Grenzen dieser Technologie maßgeblich dazu beigetragen, dass die erste Welle der Konnektionismusforschung brach.[9] Offensichtlich spielt in der Geschichte und historischen Entwicklung neuronaler Netze die Diskussion ihrer inhärenten Grenzen eine zentrale Rolle.

Perceptrons bietet sich aus zwei Gründen besonders gut als Grundlage für eine genauere Analyse der darin ausgedrückten Kontroverse an. Erstens kann das Buch als Zusammenfassung einer jahrelangen Auseinandersetzung und als *a posteriori* Rechtfertigung der Gruppe um Minsky und Papert gelesen werden. Zweitens haben die Au-

---

2 Olazaran (1996): 617.
3 Vgl. McCorduck (2004): 105.
4 Ebd.: 105.
5 Vgl. ebd.: 106.
6 Vgl. ebd.: 105.
7 Vgl. Guice (1998): 125.
8 Im Folgenden bezeichnen wir mit ›Perceptrons‹ das von Minsky und Papert publizierte Buch, wohingegen ›Perzeptron‹ das von Rosenblatt erdachte Modell bezeichnet. Das Perzeptron ist damit Gegenstand der in *Perceptrons* verhandelten Kontroverse.
9 Ein Narrativ, welches auch als »official history« (Olazaran 1996: 612) bezeichnet wird.

toren 1988 – also mehrere Jahre nach Beginn der Renaissance des Konnektionismus – in einer erweiterten Ausgabe ihres Buches selbst zu ihrem ursprünglichen Werk und den damit verbundenen Reaktionen Stellung bezogen. Dieser einmalige Umstand erlaubt es, im Rahmen unserer Analyse auch die Überwindung der von Minsky und Papert beschriebenen technologischen Grenze miteinzubeziehen.

Wir schließen mit unserem Beitrag in gewisser Weise an die Tradition der *Controversy Studies*[10] an, welche die systematische Analyse wissenschaftlicher Kontroversen zum Gegenstand hat.[11] Im Gegensatz zu vorhandenen soziologischen Aufarbeitungen[12] interessieren wir uns aber weniger für soziale Aspekte der Debatte (bspw. die Gründe für und die Auflösung der Kontroverse). Vielmehr zielt unser Beitrag auf eine strukturelle Analyse der Aussagen und Argumente der *Perceptrons*-Kontroverse ab und was wir daraus für eine sinnvolle Thematisierung des Konzeptes der *Grenze* in zeitgenössischen KI-Debatten lernen können. In letzter Konsequenz zielen wir damit auf eine Versachlichung aktueller Diskurse ab, indem wir analysieren, wie sich wissenschaftliche Hypothesen von spekulativen Behauptungen, die unsere Vorstellungen instrumentalisieren, unterscheiden. Wir zeigen im Folgenden, dass es wichtig ist, immer wieder auf diese Differenz hinzuweisen, um den wissenschaftlichen Anspruch akademischer Debatten zu bewahren.

2.2 Die Perceptrons-Kontroverse – Ein Scheinproblem?

2.2.1 Geschichtlicher Hintergrund

Das *single-layer Perzeptron* (im Folgenden kurz *Perzeptron*) ist der ideelle Vorfahre moderner KNNs. Es besteht aus einer einzigen Schicht künstlicher Neuronen, welche ein Array an Eingangswerten gewichtet und addiert. Überschreitet der errechnete Wert eine gewisse Schwelle, gibt das Element eine 1 aus – in direkter Anlehnung an den Vorgang in biologischen Gehirnen.

Die prinzipielle Idee neuronale Aktivität mit Hilfe logischer Aussagen zu modellieren geht auf Warren McCulloch und Walter Pitts zurück.[13] Auf Basis dieser Vorarbeit entwarf der US-amerikanische Psychologe Frank Rosenblatt Mitte der 1950er Jahre sein Perzeptron-Modell.[14] Da diese Pionierarbeit als Grundbaustein moderner KNNs verstanden werden kann, wird Rosenblatt auch als (ein) Vater des Deep Learning bezeichnet.[15]

---

10 Jasanoff (2019).
11 Vgl. Dascal (1998): 153.
12 Bspw. Olazaran (1996); Guice (1998).
13 Vgl. McCulloch/Pitts (1943).
14 Für zusätzliche Informationen zu Frank Rosenblatt und der Funktionsweise des Perzeptrons verweisen wir auf Seising (2018): 6–12; Seising (2020).
15 Vgl. Tappert (2019): 348.

Im Gegensatz zu heute war Mitte des 20. Jahrhunderts jedoch keineswegs absehbar, welches Potential KNNs einmal entfalten würden. Sowohl die Architektur der Modelle und zugehörige Lernverfahren als auch die Rechenleistung der damaligen Computer stellten praktische Grenzen künstlicher neuronaler Netze dar. Vor diesem Hintergrund publizierten Marvin Minsky und Seymour Papert 1969 mit *Perceptrons* eine detaillierte und technisch fundierte Diskussion der inhärenten, mathematischen Beschränkungen linearer Modelle wie dem Perzeptron.[16] Die in dieser Publikation ausgedrückte Kritik wird rückblickend als eine der Ursachen für den drastischen Rückgang an Forschung im Bereich der künstlichen neuronalen Netze aufgeführt.[17] »According to the official history of the controversy, in the mid-1960s Minsky and Papert showed that progress in neural nets was not possible, and that this approach had to be abandoned.«[18] Das Forschungsfeld sollte erst durch die Entdeckung und Implementierung des *backpropagation*-Lernverfahrens nach fast zwei Jahrzehnten einen erneuten Aufschwung erleben.

Das Standardnarrativ stellt dabei oft den geteilten Anspruch der konkurrierenden Forschungsfelder auf staatliche Gelder in den Mittelpunkt der Kontroverse. Minsky und Papert selbst haben sich an verschiedenen Stellen zu dieser Thematik geäußert und bestätigt, dass Forschungsgelder eine Rolle in der Auseinandersetzung gespielt haben: »By 1969, the date of the publication of *Perceptrons*, AI was not operating in an ivory-tower vacuum. Money was at stake.«[19] Dieser Umstand hat in der retrospektiven Betrachtung oft dazu geführt, dass die inhaltliche Kritik der Autoren delegitimiert wurde. Da die Kritik in *Perceptrons* den Forschern der damaligen Zeit bereits bekannt war[20], liegt der Schluss nahe, dass der finanzielle Aspekt den eigentlichen Kern der Debatte ausmachte. Die inhaltliche Dimension des Buches – so ein möglicher Vorwurf – verhandelt lediglich ein Scheinproblem und sollte dazu beitragen, dass bei der Vergabe der Forschungsgelder das Lager der symbolischen KI bevorzugt wird.[21] Im vorliegenden Beitrag wollen wir uns hingegen näher mit der Frage auseinandersetzen, ob – und falls ja, inwiefern – Minsky und Papert mit *Perceptrons* lediglich ein Scheinproblem verhandelt haben.

2.2.2 Zur Sinnhaftigkeit von *Perceptrons*

Bezeichnen wir in unserer Alltagssprache eine Aussage als *Scheinproblem*, möchten wir damit eine inhaltliche Kritik zum Ausdruck bringen. Das aufgeworfene Problem,

---

16 Minsky/Papert (1988).
17 Siehe bspw. Russel/Norvig (2010): 22; Mitchell (2020): 24.
18 Olazaran (1996): 613.
19 Papert (1988): 7.
20 Vgl. Guice (1998): 125.
21 Für eine ausführliche Auseinandersetzung mit der Rolle der staatlichen Institutionen und den Verbindungen zwischen Vertreten der symbolischen KI und dem Personal der zuständigen Regierungseinrichtungen verweisen wir die Leser:in auf bestehende Arbeiten, siehe bspw. Guice (1998).

so der implizite Vorwurf, stelle sich eigentlich gar nicht. In der Philosophie des zwanzigsten Jahrhunderts wurde der Begriff des Scheinproblems – also der *Sinnlosigkeit*[22] der damit verbundenen Aussage – von Denkern des Wiener Kreises im Rahmen ihrer Metaphysikkritik verwendet. Auch wenn die positivistische Ablehnung metaphysischer Fragestellungen nicht Gegenstand dieses Beitrages ist, so ist die Analyse der zu Grunde liegenden logischen Struktur sinnloser Aussagen für die Behandlung der *Perceptrons*-Kontroverse durchaus relevant und gewinnbringend.

Eine solche systematische Analyse hat Rudolf Carnap 1928 in *Scheinprobleme in der Philosophie*[23] entworfen. Für Carnap ist das entscheidende Kriterium für die Sinnhaftigkeit einer Aussage deren Sachhaltigkeit: »Bringt eine Aussage einen Sachverhalt zum Ausdruck, so ist sie jedenfalls sinnvoll; und zwar ist sie wahr, wenn dieser Sachverhalt besteht, falsch, wenn er nicht besteht.«[24] Eine Aussage ist damit nur dann als sinnvoll zu bezeichnen, wenn zumindest die Möglichkeit ihrer Verifikation besteht. Dieses Kriterium schließt für Carnap damit auch die gängige Praxis der Formulierung von Hypothesen in der Wissenschaft ein, da Aussagen dieser Art wenigstens potenziell in Zukunft als wahr oder falsch erkannt werden können.[25] Eine Aussage allerdings, die »[...] *jenseits des Sachhaltigen liegt, muß unbedingt als sinnlos angesehen werden* [...]«[26]. Die Frage, ob Minsky und Papert mit ihrem Text lediglich ein Scheinproblem verhandelt haben, lässt sich mit Rückgriff auf Carnap also wie folgt präzisieren: Sind die relevanten Aussagen in *Perceptrons* nachprüfbar und wenigstens prinzipiell als wahr oder falsch erkennbar – und damit sachhaltig? Um diese Frage zu beantworten, müssen wir zunächst die von Minsky und Papert tatsächlich getroffenen Aussagen – und nicht das bereits beschriebene Standardnarrativ – genauer betrachten.

Die grundlegende Motivation hinter *Perceptrons* ist der Eindruck der Autoren, dass das Forschungsfeld des ›parallel computing‹ beziehungsweise des Konnektionismus – welches Minsky und Papert als Sammelbegriff für mustererkennende und lernende Maschinen dient – von romantischen Vorstellungen und Wünschen getragen wird und wissenschaftliche Sorgfalt und Rigorosität vermissen lässt.

> We believe this realm of work to be immensely important and rich, but we expect its growth to require a degree of critical analysis that its more romantic advocates have always been reluctant to pursue – perhaps because the spirit of connectionism seems itself to go somewhat against the grain of analytic rigor.[27]

Es ist eben dieser Anspruch auf analytische Sorgfalt und Präzision, welchen Minsky und Papert mit ihrem Beitrag einlösen wollen: »But now the time has come for maturity, and this requires us to match our speculative enterprise with equally imagi-

---

22 Vgl. bspw. Schlick (1932).
23 Carnap (2004).
24 Ebd.: 26.
25 Vgl. ebd.: 29.
26 Ebd.
27 Minsky/Papert (1988): vii.

native standards of criticism.«[28] Da sich dieser Anspruch aber unmöglich auf einer allgemeingültigen Ebene umsetzen lässt, fassen die Autoren den Fokus ihrer Arbeit explizit sehr eng.

> We have chosen in fact to explore the properties of the simplest machines we could find that have a clear claim to be »parallel« – for they have no loops or feedback paths – yet can perform computations that are nontrivial, both in practical and in mathematical respects. [...] The machines we will study are abstract versions of a class of devices known under various names; we have agreed to use the name »perceptron« in recognition of the pioneer work of Frank Rosenblatt.[29]

Der Großteil ihres Buches behandelt weniger die strukturellen Eigenschaften dieser Modelle, sondern macht sich vielmehr eine Analyse der zu lösenden Probleme zur Aufgabe. Die zu Grunde liegende Idee ist einfach. Übersteigt die Komplexität eines zu repräsentierenden Musters die Kapazitäten des Perzeptrons, so ist eine erfolgreiche Lösung ausgeschlossen: »No machine can learn to recognize X unless it possesses, at least potentially, some scheme for *representing* X.«[30] Die mathematisch-technische Umsetzung basiert dabei auf der Einführung eines geeigneten Maßes für die Kapazität des Perzeptrons – das sogenannte *Repertoire*. Dass das Repertoire eines Perzeptrons alle denkbaren Prädikate umfasst, ist zwar theoretisch möglich, jedoch praktisch unmöglich, da das Modell astronomische Ausmaße annehmen würde. Jedes real mögliche Perzeptron hat somit ein beschränktes Repertoire.[31] Der Inhalt des Buches dreht sich damit um die Frage, ob bestimmte Probleme im Repertoire eines endlich großen Perzeptrons enthalten sind und damit prinzipiell von diesem abgebildet werden können – oder eben nicht.

Minsky und Papert konnten beispielsweise zeigen, dass es eine Reihe simpler geometrischer Eigenschaften und Figuren gibt, die selbst von einem einfachen Perzeptron verlässlich erkannt werden können. Dazu zählen unter anderem Kreise, Rechtecke, Dreiecke, Buchstaben oder konvexe geometrische Figuren.[32] Diese Potentiale werden von den Autoren aber relativiert, da sie kurz darauf zeigen, dass diese Muster lediglich in Isolation – und keinesfalls in einem nicht-trivialen Kontext – identifiziert werden können.[33]

Das zentrale Beispiel in *Perceptrons* für ein Prädikat, welches im Allgemeinen nicht von einem realen Perzeptron erkannt werden kann, ist die sogenannte *connectedness*. Eine geometrische Figur X ist *connected* – also *zusammenhängend* – wenn zwischen allen beliebigen Punktpaaren der Figur ein kontinuierlicher Pfad gezeichnet werden kann, der vollständig innerhalb der Figur verläuft. Die Figur darf also nicht aus meh-

---

28 Minsky/Papert (1988): 4.
29 Ebd.: 3–4.
30 Ebd.: xiii.
31 Vgl. ebd.: 14–15.
32 Vgl. ebd.: 71.
33 Vgl. ebd.: 111–113.

reren, getrennten Teilen bestehen.³⁴ Diese mathematische Definition stimmt gut mit unserer intuitiven Vorstellung von zusammenhängenden Figuren überein. Minsky und Papert konnten anhand ihrer theoretischen Analyse zeigen, dass das Abbilden des Prädikats *connectedness* eine fundamentale Grenze für endlich große Perzeptrons darstellt. Konkret konnten die Autoren zeigen, dass die Größe eines Perzeptrons, welches die *connectedness* immer größer werdender Figuren korrekt bestimmen soll, beliebig anwächst.³⁵ Die Notwendigkeit eines arbiträr großen Perzeptrons für bestimmte Aufgabenstellungen stellt damals wie heute eine tatsächliche Grenze dieser einfachen Modelle dar.

Um die Frage nach der *Sinnhaftigkeit* der in *Perceptrons* getroffenen Aussagen zu beantworten, erinnern wir uns zunächst an Carnaps Definition einer sinnvollen Aussage: Eine Aussage gilt dann als sinnvoll, wenn sie nachprüfbar und sachhaltig ist. Es kann deshalb keineswegs davon die Rede sein, dass der formale Teil von *Perceptrons* ein Scheinproblem im Carnap'schen Sinne verhandelt. Die Autoren beschränken zu Beginn ihrer Diskussion die Reichweite ihrer Aussagen auf eine kleine Menge einfacher linearer Modelle und stellen auf mathematisch-deduktive Weise die tatsächlichen Limitationen dieser Modelle dar. Tatsächlich gab es an diesem theoretischen Kern der Arbeit zu keinem Zeitpunkt etwas auszusetzen – vielmehr waren die Probleme und Beschränkungen dieser Klasse einfacher linearer Modelle auch den zeitgenössischen Konnektionisten wohl bekannt. Im Gegensatz zu Minsky und Papert sahen die Forscher:innen diese Limitationen allerdings nicht als Ende ihrer Bemühungen an. Vielmehr wollten sie die Grenzen des single-layer Perzeptrons mit Hilfe komplexerer Architekturen – beispielsweise durch zusätzliche Schichten oder Feedback-Loops – überwinden. Uneinigkeit bestand also nicht in Bezug auf die mathematisch-technische Analyse von Minsky und Papert, sondern vielmehr über die angemessene Reaktion darauf. Einigen Forscher:innen schien die durch *Perceptrons* geäußerte Kritik so weit entfernt von der Realität ihrer Forschung, dass sie die Ergebnisse des Buches nicht einmal als relevant betrachteten.³⁶

Wir müssen bei unserer Analyse des Aussagengehaltes von *Perceptrons* also den Blick weiten. Wenn das Lager der symbolischen KI und das Lager der Konnektionisten bezüglich der Grenzen des Perzeptrons einer Meinung waren – worin bestand dann die Kontroverse? Es war die Interpretation und vor allem Extrapolation der analysierten Limitationen. Für Rosenblatt und Kolleg:innen stellten die Grenzen eine Motivation für eine Erweiterung der einfachen linearen Modelle dar – und die Notwendigkeit für zusätzliche Forschung und Forschungsgelder. Minsky und Papert allerdings vermuteten, dass komplexere Systeme an ähnlichen Problemen scheitern würden wie die linearen³⁷ und zusätzlich die erstrebenswerten Eigenschaften des (single-layer) Perzeptrons verlieren würden.

---

34   Vgl. Minsky/Papert (1988): 73–74.
35   Vgl. ebd.: 74.
36   Vgl. Olazaran (1996): 634.
37   Vgl. bspw. Minsky/Papert (1988): 228, 251.

> It [the perceptron] has many features to attract attention: its linearity; its intriguing learning theorem; its clear paradigmatic simplicity as a kind of parallel computation. There is no reason to suppose that any of these virtues carry over to the many-layered version.[38]

An dieser Stelle in der Argumentation wird deutlich, wie schwer es für Minsky und Papert war, das von ihnen selbst formulierte und eingeforderte Ziel einer rigorosen und stringenten – einer sachhaltigen – Argumentation konsequent einzulösen. Dass multi-layer Systeme den gleichen Beschränkungen wie lineare Modelle unterworfen sind, konnten sie nämlich explizit nicht in ihrem Modus mathematisch-technischer Analyse darlegen. Vielmehr formulierten sie an dieser und vielen anderen Stellen pessimistische *Hypothesen* über die zukünftige Entwicklung neuronaler Netze. Wie bereits weiter oben angedeutet sind Hypothesen in der Wissenschaft keinesfalls abzulehnen, sondern vielmehr integraler Bestandteil wissenschaftlicher Praxis – mit dem Zusatz, dass auch diese das Kriterium der Sachhaltigkeit erfüllen müssen. Die Analyse des spekulativen Gehalts in den Aussagen von Minsky und Papert ist Gegenstand des nächsten Kapitels.

2.2.3 Logische und erkenntnistheoretische Analyse von *Perceptrons*

Auch wenn *Perceptrons* kein Scheinproblem verhandelt, so bleibt Carnaps systematische Analyse von Aussagen interessant für eine tiefergehende Diskussion der Thesen von Minsky und Papert und der daran anschließenden Debatte. Nach Carnap kann bei einer Aussage grundsätzlich zwischen ihrem theoretischen Gehalt einerseits und den mit der Aussage einhergehenden Begleitvorstellungen andererseits unterschieden werden.[39] Eine schematische Darstellung der Carnap'schen Analyse findet sich in Abbildung 1. Nur der theoretische Gehalt transportiert tatsächlich die sachhaltigen Informationen, während begleitende Vorstellungen zunächst über den Gehalt einer Aussage hinaus gehen.[40]

Der theoretische Gehalt einer Aussage setzt sich nach Carnaps logischer Zerlegung aus einem hinreichenden und einem entbehrlichen Teil zusammen.[41] Der hinreichende Teil korrespondiert dabei mit dem empirischen Wissen eines Erlebnisses, bzw. mit dem tatsächlichen gesprochenen, geschriebenen Inhalt einer Aussage. Dem gegenüber bringt mir der entbehrliche Teil »an Wissen nichts […], was nicht schon [im hinreichenden Teil] zusammen mit meinem früheren Wissen irgendwie enthalten wäre«[42]. Wendet man dieses Schema auf Minskys und Paperts Thesen zum Perzeptron an, erhält man folgendes Bild: Die mathematischen Analysen des Perzeptrons stellen den hinreichenden Teil von *Perceptrons* dar. Entsprechende Abschnitte

---

[38] Minsky/Papert (1988): 231–232.
[39] Vgl. Carnap (2004): 30–34.
[40] Vgl. ebd.: 31–32.
[41] Vgl. ebd.: 7–9.
[42] Ebd.: 9.

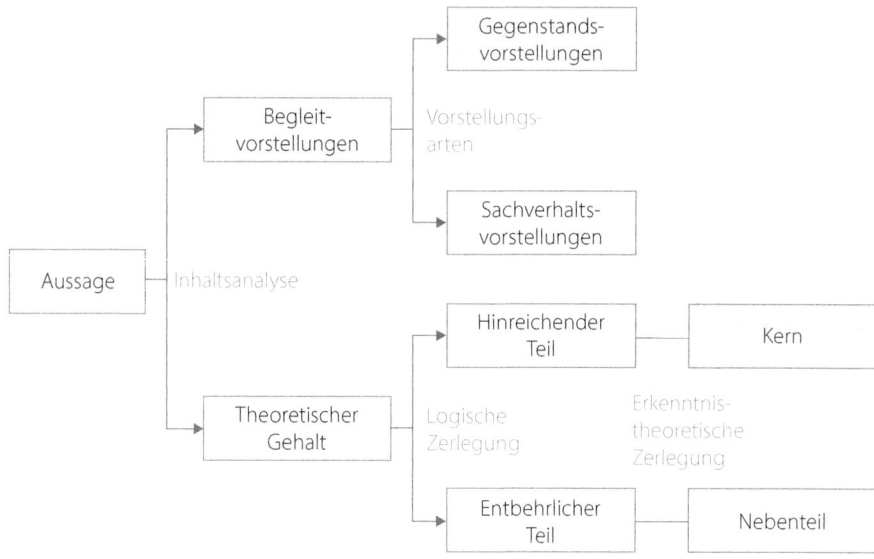

Abb. 1: Schema der Carnap'schen Analyse von Aussagen

des Buches sind sachhaltig und korrekt. Dabei bedeutet sachhaltig, dass eine Aussage grundsätzlich überprüfbar ist oder zumindest eine Situation gedacht werden kann, in der das der Fall ist. Als entbehrlich sind allerdings die Abschnitte zu betrachten, in denen Minsky und Papert Hypothesen über die Fähigkeiten zukünftiger mehrschichtiger neuronaler Netze – sogenannter multi-layer Perzeptrons (MLPs) – aufstellen und ihre für das einfache Perzeptron bewiesenen Ergebnisse auf komplexere MLPs verallgemeinern.[43] Auch diese Teile der Aussagen sind sachhaltig, da sie, wenn auch noch nicht zum Zeitpunkt der Veröffentlichung von *Perceptrons*, grundsätzlich überprüfbar sind und damit richtig oder falsch sein können.[44] Allerdings sind sie entbehrlich, weil sie kein neues Wissen beitragen. Allein die mathematischen Analysen und das Vorwissen über MLPs würden ausreichen, um auf eine Verallgemeinerung der Thesen schließen zu können. Entbehrlich heißt für Carnap nicht, dass ein Teil aus einer Aussage entfernt werden kann. Der Inhalt ist nur logisch entbehrlich und seine Auswirkungen sind weiterhin integrale Bestandteile der Aussage.[45] In Kapitel 2.2.4 zeigen wir, an welcher Stelle diese Unterscheidung für *Perceptrons* wichtig ist.

Erfüllen der hinreichende Teil, im Fall von *Perceptrons* die mathematischen Beweise, und der entbehrliche Teil, in unserem Fall Minsky und Paperts MLP-Hypothesen, zusätzliche Kriterien, so lassen sie sich auch als Kern und Nebenteil bezeichnen.[46] Zunächst einmal gilt, dass der Nebenteil erkenntnistheoretisch vom Kern abhän-

---

43 Vgl. bspw. Minsky/Papert (1988): 232.
44 Vgl. Carnap (2004): 29.
45 Vgl. ebd.: 8.
46 Vgl. ebd.: 13–17.

gen muss.⁴⁷ Das ist bei den Aussagen in *Perceptrons* eindeutig der Fall. Zuerst braucht es den mathematischen Beweis, der dann für MLPs verallgemeinert werden kann. Umgekehrt ist dies nicht möglich. Die Grundlage für eine Aufspaltung in Kern und Nebenteil ist die Möglichkeit, dass der Nebenteil aus dem Kern heraus gerechtfertigt werden kann.⁴⁸ Diese Rechtfertigung muss auf den Standards der »Fachwissenschaft des betreffenden Gebiets«⁴⁹ beruhen. Hier mögen die Meinungen über Minsky und Paperst Analysen etwas auseinandergehen. Minsky und Papert sind auch nach der Veröffentlichung von ihrer Vorgehensweise überzeugt und schrieben auch noch 1988: »we are inclined to project the significance of our results to other networks related to perceptrons«⁵⁰, so schätzen andere, zum Beispiel Rumelhart und McClelland in ihrem Buch *Parallel Distributed Processing* (1. Auflage von 1985), die Verallgemeinerungen als unzulässig ein⁵¹. Unabhängig von der Validität einzelner Methoden bleibt aber festzuhalten, dass Minskys und Paperts Verallgemeinerungen nicht völlig aus der Luft gegriffen waren. Nicht ohne Grund hat *Perceptrons* einen so großen Anklang gefunden, dass die Auswirkungen der darin kumulierten Kontroverse bis heute zu spüren sind. Minskys und Paperts Fehleinschätzung für die Verallgemeinerung weist aber auf das zweite Kriterium der Kern-Nebenteil Beziehung hin: Für den Nebenteil muss die Möglichkeit bestehen, sich in seinem Wahrheitsgehalt zu täuschen.⁵² Hier lässt sich in Bezug auf Minsky und Papert ein eindeutiges Urteil fällen. Die Nachfolger von Perzeptrons, MLPs, sind in der Lage die Probleme zu lösen, die Minsky und Papert noch für unerreichbar gehalten haben. An dieser Stelle wird die zeitliche Abfolge der Veröffentlichungen zuerst durch Minsky und Papert (*Perceptrons*⁵³) auf der einen und anschließend durch McClelland und Rumelhart (*Parallel Distributed Processing*⁵⁴) auf der anderen Seite wichtig. Nur solange die Täuschung noch nicht aufgedeckt ist, kann von einem sachhaltigen Argument ausgegangen werden, in dem der Kern sachhaltig ist und der Nebenteil der besagten Täuschung unterliegt. Ist diese einmal aufgeklärt, ist das ursprüngliche Argument zwar weiterhin sachhaltig und der Kern in diesem Fall auch weiterhin korrekt. Der Nebenteil allerdings muss ab diesem Zeitpunkt als falsch betrachtet werden. Basierend auf Carnaps Aussagenanalyse hat sich der Kern von *Perceptrons* als sachhaltig und korrekt, der Nebenteil als sachhaltig und Täuschung herausgestellt.

Nun können wir uns dem Teil der Aussagenanalyse Carnaps zuwenden, den wir am Anfang beiseitegestellt haben: Die begleitenden Vorstellungen. Begleitende Vorstellungen sind für Carnap solche Vorstellungen, die über den Inhalt einer Aussage hinausgehen, also nicht in ihr enthalten sind, aber beim Denken oder Aussprechen

---

47 Vgl. Carnap (2004): 13.
48 Vgl. ebd.: 14–15.
49 Ebd.: 15.
50 Minsky/Papert (1988): 251.
51 Vgl. McClelland/Rumelhart (1999): 112.
52 Vgl. Carnap (2004): 16–17.
53 Minsky/Papert (1988).
54 McClelland/Rumelhart (1999).

unweiglich als Vorstellung entstehen.[55] Begleitende Vorstellungen können in zwei Varianten vorkommen. Auf der einen Seite gibt es Sachverhaltsvorstellungen, auf der anderen Gegenstandsvorstellungen. Sachverhalte können in die Aussage aufgenommen werden, und können damit auch wahr oder falsch sein. Für Gegenstandsvorstellungen ist dies nicht möglich und damit stehen sie außerhalb von wahr und falsch, sind also nicht sachhaltig.[56] Als Beispiel nutzt Carnap die Aussage: »Jene Bank ist klein«. Eine passende Sachverhaltsvorstellung wäre, sich eine (kleine) grüne Bank vorzustellen. Die Farbe ist nicht Teil der Aussage, kann aber mit »Jene Bank ist grün« in die Aussage übernommen werden. Ruft die Aussage über eine kleine Bank allerdings auch einen musikalischen Klang in uns hervor, so kann dieser nicht sinnvoll in die Aussage über die Bank aufgenommen werden und bleibt eine sinnlose Gegenstandsvorstellung.[57] Minsky und Papert rufen mit ihrer Verallgemeinerung die Sachverhaltsvorstellungen hervor, dass Forschung an KNNs zu keinem Ergebnis führen wird und daher sinnlos ist.[58] Es wäre möglich, diese Vorstellungen der Aussage hinzuzufügen, in dem Versuche zeigen würden, dass MLPs die vorausgesagten Probleme haben. Sie rufen aber eben auch Gegenstandvorstellungen, im genauen, Pessimismus und Zweifel an dem gesamten Forschungszweig hervor.[59] Beides ist nicht überprüfbar und kann nie dem theoretischen Gehalt einer Aussage hinzugefügt werden. Nur weil begleitende Vorstellungen nicht Teil des theoretischen Gehalts sind, heißt das aber nicht, dass sie unbeeinflussbar wären; im Gegenteil. Carnap schreibt explizit, dass wir begleitende Vorstellungen »durch die Wahl geeigneter Namen für Begriffe oder durch die Wahl einer geeigneten Sprachform für die ganze Aussage«[60] hervorrufen können.

Unsere Analyse von *Perceptrons* offenbart verschiedene Nuancen im Gehalt der Aussagen von Minsky und Papert und deren Tragweite. Mithilfe des Carnap'schen Frameworks lassen sich mathematische Beweise und Hypothesen klar voneinander trennen und analysieren, welchen Einfluss sie auf ihre Leser:innen hatten.

2.2.4 Zusammenfassung

Die zuvor beschriebene Carnap'sche Aussagenanalyse weist auf die Gründe hin, warum die Inhalte von *Perceptrons* einen so großen Einfluss auf die KI-Grenzdiskussionen der damaligen Zeit hatten. Wir haben oben festgestellt, dass die mathematischen Beweise, dass ein einfaches Perzeptron bestimmte Probleme nicht lösen kann, den Kern von *Perceptrons* darstellen und sowohl sachhaltig als auch korrekt sind. Wie in Kapitel 2.2.2 gezeigt, stellen die Beweise eine reale Grenze von Perzeptrons dar und

---

55 Vgl. Carnap (2004): 30.
56 Vgl. ebd.: 31.
57 Vgl. ebd.: 32.
58 Vgl. Olazaran (1996): 635.
59 Vgl. McClelland/Rumelhart (1999): 65.
60 Carnap (2004): 33.

sind alles andere als ein Scheinproblem. Es ist aber so, dass Minsky und Papert ihre Analyse auf eine sehr beschränke Untergruppe von Modellen eingrenzten und damit Probleme aufzeigten, die in der konnektionistischen Forschung schon damals als irrelevant galten.[61] Wie ist es trotz der beschränkten Aussagekraft möglich, dass *Perceptrons* so tiefgreifende Auswirkungen auf die Forschung an neuronalen Netzen hatte und sogar für einen Einbruch der Forschungsgelder gesorgt hat?[62] Eine Antwort auf diese Frage liegt, wie in Kapitel 2.2.3 angedeutet, im aussagenlogischen Nebenteil von *Perceptrons*: in den zum damaligen Zeitpunkt nicht überprüfbaren Hypothesen, dass Grenzen, die für einfache Perzeptrons galten, auch für komplexere gelten werden und Vorteile von einfachen Perzeptrons nicht auf komplexere übertragbar sind.[63]

An dieser Stelle zeigt sich, dass entbehrliche Nebenteile trotz ihres Namens integrale Bestandteile von Aussagen sind[64], ohne die sich deren Auswirkungen stark verändern können. Auch wenn Minsky und Papert mit dem Perzeptron und seinen Nachfolgern hart ins Gericht gehen, muss man die Schwere ihres Pessimismus etwas relativieren. Die genannten pessimistischen Hypothesen sind nur vereinzelt zu finden und darüber hinaus sogar zum Teil mit Empfehlungen für zukünftige Forschung verbunden: »The perceptron has shown itself worthy of study despite (and even because of!) its severe limitations«[65].

Den erheblich größeren Einfluss darauf, dass *Perceptrons* zu einer ganz praktischen Grenze der konnektionistischen KI-Forschung wurde, hatten die begleitenden (Gegenstands-)vorstellungen. Nehmen wir als Beispiel dafür die Antwort von Minsky und Papert auf den Vorwurf, sie hätten das »Perzeptron pessimistisch evaluiert«[66]. Sie schreiben dazu: »It is no more apt to describe our mathematical theorems as pessimistic than it would be to say the same about deducing the conservation of momentum from the laws of mechanics«[67]. Der Pessimismus ist aber keineswegs Teil der Mathematik, also des Kerns ihrer Aussagen. Er ist nicht einmal Teil des theoretischen Gehalts. Pessimismus an der Forschung zu MLPs ist eine begleitende Gegenstandsvorstellung, die Minsky und Papert mit Absicht durch ihre Wortwahl hervorriefen. Teil dieser Wortwahl ist die Auswahl und Beschreibung der Grenzen, die Minsky und Papert behandelten. Ihre Beispiele sind so gewählt, dass sie für Perzeptrons nicht lösbar sind, während symbolische KI-Modelle dazu durchaus in der Lage sind.[68] Außerdem stellen Minsky und Papert die Beispiele als sehr einfache Probleme dar, die die Grundlage für die Lösbarkeit von komplexeren Problemen legen würden.[69] Von den Konnektionisten wurden die Probleme aber als gar nicht so zentral angesehen. Die Forschung hat sich daher auf die Lösung anderer Leerstellen von konnektionistischer

---

61 Vgl. Olazaran (1996): 634.
62 Vgl. ebd.: 638.
63 Vgl. Minsky/Papert (1988): 231–232.
64 Vgl. Carnap (2004): 31–32.
65 Minsky/Papert (1988): 231.
66 McClelland/Rumelhart (1999): 65.
67 Minsky/Papert (1988): 248–249.
68 Vgl. bspw. ebd.: 72.
69 Vgl. bspw. ebd.: 12.

KI konzentriert (z. B. einem Trainingsalgorithmus für multi-layer Perzeptrons).[70] Carnap beschreibt in seiner Analyse die Möglichkeit genau dieses Vorgehens:

> Zuweilen haben wir die Absicht, das Auftreten der begleitenden Gegenstandsvorstellungen nicht dem Zufall zu überlassen, sondern wir wollen diese Vorstellungen wegen ihres praktischen Nutzens bei [...] anderen methodisch hervorrufen.[71]

Durch deren Framing aber haben Minsky und Papert die entsprechenden Begleitvorstellungen bei ihren Leser:innen hervorgerufen und damit eine praktische Grenze der Forschung erzeugt.

2.3   Grenzen moderner KI

Das Perzeptron von Frank Rosenblatt und die damit verbundene Kontroverse zwischen symbolischer KI und Konnektionismus ist heute lediglich von historischer Bedeutung. Moderne KI-Ansätze versuchen längst symbolische und sub-symbolische Architekturen gewinnbringend zu verbinden. Wir sind dennoch davon überzeugt, dass wir von der vorliegenden strukturellen Analyse der *Perceptrons*-Kontroverse auch etwas über zeitgenössische Debatten bezüglich der Grenzen Künstlicher Intelligenz lernen können. Gerade die Carnap'sche Analyse erweist sich dabei weiterhin als aktuell und kann ein fruchtbares Werkzeug darstellen, Debatten beziehungsweise Argumente zu analysieren.

Im Gegensatz zu den 1960er Jahren wird der öffentliche – aber auch akademische – Diskurs heute maßgeblich von der technologischen Grenzenlosigkeit von (konnektionistischen) KI-Systemen geprägt. Das Spektrum reicht dabei von utopischen Vorstellungen zukünftiger Gesellschaften[72] bis hin zu dystopischen Untergangsszenarien[73]. Technologische Singularität[74] und Superintelligenz[75] sind dabei nur zwei Beispiele für prominente Schlagworte in der aktuellen Debatte. Auch wenn sich die Stoßrichtung der Debatte gedreht hat, so funktionieren die meisten Argumente auf eine strukturell ähnliche Weise zu *Perceptrons*: Während vielen Argumenten ein wahrer und sachhaltiger Kern zu Grunde lag, haben Minsky und Papert die Debatte maßgeblich auf Ebene der begleitenden Gegenstandsvorstellungen ausgetragen. Im Zentrum stand damit nicht die Suche nach einer wissenschaftlichen Erkenntnis, sondern das systematische und methodische Hervorrufen von bestimmten Vorstellungen. Auch heute handelt es sich bei den Argumenten bestenfalls um wissenschaftliche Hypothesen, typischerweise aber um Nebenteile:

---

70 Vgl. Olazaran (1996): 632.
71 Carnap (2004): 33.
72 Bspw. Mahroum (2019).
73 Bspw. Cellan-Jones (2014).
74 Vgl. Kurzweil (2005).
75 Vgl. Good (1966); Bostrom (2014).

> Prof Hawking says the primitive forms of artificial intelligence developed so far have already proved very useful, but he fears the consequences of creating something that can match or surpass humans. [...] ›It would take off on its own, and re-design itself at an ever increasing rate‹, he said.[76]

Häufig sind diese bewusst so formuliert, dass sie bestimmte Gegenstandsvorstellungen in uns hervorrufen: »[...] Elon Musk has warned that AI is ›our biggest existential threat‹.«[77]

Diese und andere Repliken auf Behauptungen einer nahenden technologischen Singularität oder ähnlicher Szenarien schaffen es noch weniger, als Minsky und Papert mit ihrem alles in allem wissenschaftlichen Ansatz, sich auf eine sachhaltige Argumentation im Sinne Carnaps zu beschränken. Vielmehr werden heute von Optimisten wie Pessimisten Begleitvorstellungen – und vor allem Gegenstandsvorstellungen – instrumentalisiert. Was häufig fehlt, ist eine angemessene und explizite Reflexion der eigenen sozio-technologischen und philosophischen Prämissen.

Technologische Grenzdebatten finden nie in einem luftleeren Raum statt. Hypothesen zu formulieren ist weder verwerflich noch unwissenschaftlich, aber immer in gewisser Weise spekulativ und späterer Empirie unterworfen. Gerade deshalb ist es im Sinne der Debatte selbst, sich der Mechanismen, denen Hypothesen unterliegen, bewusst zu sein. Carnap schreibt hierzu:

> Bekanntlich kommen in die Deduktion aus festen Prämissen leicht dadurch Fehler hinein, daß außer den Sachverhalten, die den Inhalt der Prämisse bilden, noch andere Sachverhalte, die mit ihnen zugleich vorgestellt werden, bei der Deduktion unvermerkt verwendet werden.[78]

Wissenschaftliche Hypothesen können sich im Nachhinein als richtig oder falsch herausstellen, sie ziehen aber unweigerlich – ob beabsichtigt oder nicht – immer auch sofort Begleitvorstellungen mit sich. Diese können starke praktische – und ungeahnte – Auswirkungen haben und mitunter eine unkontrollierbare Eigendynamik entwickeln, welche die intendierten Auswirkungen übersteigt.

Für gegenwärtige Aussagen bezüglich der Grenzen(-losigkeit) von Künstlicher Intelligenz bedeutet das vor allem, dass wir uns bewusst sein müssen, was den theoretischen Gehalt dieser Aussagen ausmacht, worin ihr Kern besteht und was lediglich Begleitvorstellungen sind, die in uns hervorgerufen werden. Auch wenn eine Aussage kein Scheinproblem darstellt – also prinzipiell sinnhaft ist –, so bedeutet das nicht, dass all ihre Facetten unumstößliche Wahrheiten darstellen. Und nur weil eine Aussage auf keine reale Grenze verweist, bedeutet das nicht, dass sie nicht eine reale Grenze ziehen kann. In gegenwärtigen und zukünftigen Debatten ist die analytische Reflexion konkreter Aussagen zu den Grenzen Künstlicher Intelligenz daher unerlässlich, damit wir weder dystopische Vorstellungen einer »existentiellen Gefahr«[79]

---

76 Cellan-Jones (2014).
77 Ebd.
78 Carnap (2004): 31.
79 Cellan-Jones (2014).

heraufbeschwören und reproduzieren, noch den genuin neuartigen Charakter dieser technologischen Revolution und deren reale Auswirkungen leugnen.

Danksagung

Wir danken Benjamin Rathgeber für seine Unterstützung bei der Themenfindung und Umsetzung dieses Projekts sowie David Gierscher für seine kritische Lektüre des Manuskripts. Besonderer Dank gilt Rudolf Seising für seine wissenschaftshistorische Perspektive. Seinen zahlreichen Anmerkungen und den zusätzlichen Informationen zu Frank Rosenblatt und dessen Perzeptron-Modell ist es zu verdanken, dass Geschichte und Analyse ein vollständiges Bild ergeben.

Literatur

Bostrom, Nick (2014): *Superintelligence: Paths, Dangers, Strategies*, Oxford University Press, Oxford.

Carnap, Rudolf (2004): *Scheinprobleme in der Philosophie (1928)*, in: Mormann, Thomas (Hg.): Scheinprobleme in der Philosophie und andere metaphysikkritische Schriften, Meiner, Hamburg, 3–48.

Cellan-Jones, Rory (2014): *Stephen Hawking warns artificial intelligence could end mankind*, URL: https://web.archive.org/web/20151030054329/http://www.bbc.com/news/technology-30290540 (Stand: 25.08.2023).

Dascal, Marcelo (1998): *The Study of Controversies and the Theory and History of Science*, in: Science in Context 11/2, 147–154.

Good, Irving John (1966): *Speculations Concerning the First Ultraintelligent Machine*, in: Advances in Computers 6, 31–88.

Goodfellow, Ian/Bengio, Yoshua/Courville, Aaron (2016): *Deep Learning*, MIT Press, Cambridge (Mass.).

Guice, Jon (1998): *Controversy and the State: Lord ARPA and Intelligent Computing*, in: Social Studies of Science 28/1, 103–138.

Jasanoff, Sheila (2019): *Controversy Studies*, in: Ritzer, George/Rojek, Chris (Hg.): Blackwell Encyclopedia of Sociology, Wiley-Blackwell, Malden (Mass.), 1–5.

Kurzweil, Ray (2005): *The Singularity Is Near*, Penguin Group, New York.

Mahroum, Sami (2019): *How an AI utopia would work*, URL: https://www.weforum.org/agenda/2019/07/how-an-ai-utopia-would-work/ (Stand: 25.08.2023).

McClelland, James L./Rumelhart, David E. (Hg.) (^{12}1999): *Parallel Distributed Processing: Explorations in the Microstructure of Cognition. Volume 1: Foundations*, MIT Press, Cambridge (Mass.).

McCorduck, Pamela (^{2}2004): *Machines who think: A personal inquiry into the history and prospects of artificial intelligence*, A.K. Peters, Natick (Mass.).

McCulloch, Warren S./Pitts, Walter (1943): *A Logical Calculus of the Ideas Immanent in Nervous Activity*, in: The Bulletin of Mathematical Biophysics 5/4, 115–133.

Minsky, Marvin/Papert, Seymour (^{2}1988): *Perceptrons: An Introduction to Computational Geometry: Expanded Edition*, MIT Press, Cambridge (Mass.)

Mitchell, Melanie (2020): *Artificial Intelligence: A Guide for Thinking Humans*, Pelican Books, London.

Olazaran, Mikel (1996): *A Sociological Study of the Official History of the Perceptrons Controversy*, in: Social Studies of Science 26/3, 611–659.

Papert, Seymour (1988): *One AI or Many?*, in: Daedalus 117/1, 1–14.

Russell, Stuart J./Norvig, Peter (³2010): *Artificial Intelligence: A Modern Approach*, Prentice-Hall, Upper Saddle River.
Schlick, Moritz (1932): *Positivismus und Realismus*, in: Erkenntnis 3/1, 1–31.
Seising, Rudolf (2018): *The Emergence of Fuzzy Sets in the Decade of the Perceptron - Lotfi A. Zadeh's and Frank Rosenblatt's Research Work on Pattern Classification*, in: Mathematics 6/110, 1–20.
Seising, Rudolf (2020): *Es denkt nicht! Die vergessene Geschichte der KI*, Büchergilde Gutenberg, Frankfurt am Main.
Tappert, Charles C. (2019): *Who Is the Father of Deep Learning?*, in: International Conference on Computational Science and Computational Intelligence (CSCI), 343–348.

3 Grenzen der KI?

Mathias Gutmann

> Zum Ekel find ich
> Ewig nur mich,
> In allem, was ich erwirke,
> Doch das Andre, das ich ersehne,
> Das Andre erseh' ich nie.
> (Die Walküre, 2. Auftritt, 2. Szene)

> **Abstract:** Von Grenzen der KI ist viel die Rede und zurecht. Vergessen wird dabei allerdings leicht die Grenze selber – die Bedeutung des Ausdruckes auch unabhängig vom Zusammenhang mit KI, welcher hier sachlich prävaliert. Um der Eigentümlichkeit der Logik von »Grenze« nachzuspüren, wird daher nach kurzer Vorverständigung über Beschränkungen, welche sich für KI ergeben, eine sprachkritische Analyse des Begriffes der Grenze vorgenommen. Es schließt sich eine Übersicht zu einschlägigen Vergleichen »natürlicher« und »künstlicher« Intelligenz an, um aus beidem Schlüsse zu ziehen, die einerseits den Menschen als gegenständliches Wesen in den Zusammenhang der Logik der Grenze setzen, die andrerseits das Verständnis von KI als Mittel, Werkzeug und Medium menschlicher Tätigkeit verstehen. Es zeigt sich, daß die – unbestreitbare qualitative – Neuartigkeit von KI deren formale Vertrautheit als Element gegenständlicher Tätigkeit nicht dementiert.

3.1 Einleitung

Ob die KI Grenzen habe und welche das gegebenenfalls wären, ist eine zweifach unterbestimmte Frage: denn ›KI‹ hat viele Grenzen, seien es technische, physikalische, mathematische, politische oder finanzielle. Es kommt zur ersten eine zweite Unterbestimmtheit, da ›KI‹ ein Titelausdruck für unterschiedliche und verschiedene Techniken und Technologien ist. Wie auch immer man sich aber auf KI bezieht, wie immer man sie beschreibt oder sich zu ihr verhält, sie ist in jedem Fall zunächst ein Werkzeug, vergleichbar dem Faustkeil oder dem Taschenrechner, wenn auch mit unbezweifelbar sehr viel weiterem Einsatzprofil und einigen Eigenschaften, die Möglichkeiten weit jenseits klassischer, archimedischer Maschinen bieten.

Dies alles zugegeben, folgt möglicherweise ein *gegenständliches* Interesse, das sich gemäß unserer sicher unvollständigen Liste von Grenzen der KI ausdifferenzieren ließe; es ist jedoch nicht zu sehen, welches *philosophische* Interesse sich daraus ergeben sollte – setzen wir die jederzeit mögliche ›ethische‹ Betrachtung einmal zur Seite. Nun lässt sich das Verständnis von Philosophie ebenfalls auf vielerlei Weise aussprechen, und wir stehen ab, hier eine Vorgabe machen zu wollen, die über das von Josef König einmal bemerkte »spezifische Können der Philosophie« des εὖ λέγειν hinausginge.[1] Danach wäre die *Angemessenheit* an die *Form* der Rede über die Sache das entscheidende Moment *philosophischer* Reflexion – was sie von *gegenständlicher* Reflexion unterschiede, die als solche eben von den jeweilgen Sachen abhängt. Wenn es um das ›Aussprechen‹ geht (das meinende Reden), dann ist natürlich *über* eine Sache und gelegentlich auch *von ihr* zu sprechen, aber eben nicht als diese oder jene, sondern *als solche*. Es soll uns daher um *die Form der Rede* über die Sache zu tun sein, die sich am Ende überhaupt nur als mehr oder minder angemessen ausweisen kann. Und es empfiehlt sich, eine jener ›zweiten Reisen‹ in die λόγοι anzutreten, die Platons Einsicht gemäß als einzige dem Menschen verblieben.

Diese Reise wird in drei Schritten erfolgen, deren erster in einer kurzen Verständigung über die logische Struktur des Ausdruckes ›Grenze‹ besteht, gefolgt von der Rekonstruktion der Form der Rede, in welcher für oder gegen die Grenzen von KI argumentiert wird. Abschließend wollen wir uns zumindest andeutend den Ursprung von Grenzen im Menschen selbst als (sich und anderes) begrenzendes Wesen vergegenwärtigen.

3.2 Was ist eine Grenze?

Grenzen sind uns im täglichen Leben ebenso vertraut wie deren Überschreitung – sei es im lapidaren Sinne der Altersgrenze, sei es der Grenzübertritt zum Urlaub in ein anderes Land, sei es die Grenzwertbildung im Rahmen der Differentialrechnung der *augenscheinlich* die Überschreitung fehlt, sei es im epistemischen Sinne, indem wir Grenzen physikalischer oder biologischer Systeme auszeichnen. Schließlich finden sich *außerordentliche* Grenzen, deren Überschreitung in der Regel erst unsere Aufmerksamkeit fesselt, wie im Falle technischer, körperlicher oder geistiger Leistungen. Wir können hier Heideggers[2] Rede von der ›Auffälligkeit‹ anführen, welche Nichtverfügbarkeit des üblicherweise Verfügbaren markiert und mithin gerade das Außerordentliche als ›Störung‹ des üblicherweise sich Vollziehenden bestimmt. Von dorther scheint mir die Rede von der *Grenzverletzung* ihre selbstverständliche Verbindung mit dem unnormalen zu haben, die nicht notwendig besteht; sie, die erhebliche Überschreitung, ist nur einfach besser wahrzunehmen. Eine letzte Dimension üblicher Auffassung von Grenze sei noch angesprochen, denn sowohl die Einhaltung

---

1 Vgl. König (1937).
2 Vgl. Heidegger (1993): 72ff.

wie die Verletzung von Grenzen kann als wünschenswert oder als unerwünscht verstanden werden, womit wiederum die normative Beurteilung in den Blick kommt.

Unsere kleine *Tour d'Horizon* verstärkt den Eindruck, es handele sich bei Grenzen um Gegenstände, was sich an der Zuschreibung von Eigenschaften ablesen lässt. Doch ist dieser Eindruck Resultat der bloß einstelligen Verwendung von ›ist eine Grenze‹, da wir üblicherweise nicht *etwas* abgrenzen, sondern zumindest dieses *von etwas*:

> Es ist *eine* Bestimmtheit derselben, welche sowohl mit dem Insichsein der Etwas identisch [ist], als Negation der Negation, als auch, indem diese Negationen als andere Etwas gegeneinander sind, sie aus ihnen selbst zusammenschließt und ebenso voneinander, jedes das Andere negierend, abscheidet, – die *Grenze*.[3]

Dass etwas *simpliciter* begrenzt sei, ist also zunächst grammatischer Schein, denn es handelt sich um einen mehrstelligen Ausdruck.[4] »Grenze« meint, wie Hegel ausführt, zweierlei: sie ist in einem Ein- wie Abgrenzung – und zwar von jeweils beiden Seiten, da sie zugleich »sie aus ihnen selbst zusammenschließt« und *eodem actu* sie »ebenso voneinander (...) abscheide«[5], wobei sich die disjunktive Form ergibt. Dies wird unmittelbar deutlich, wenn wir auf die handlungstheoretische Standardform zurückgehen, der gemäß wir *etwas von etwas nach Maßgabe von Kriterium x im Kontext A unterscheiden*, und mithin eine Grenze auszeichnen, die *materialiter* vieles sein mag (qualitativ, quantitativ, wesensmäßig etc.).

Allerdings gilt diese Relation wechselseitig *von beiden und für beide* Seiten der ›Grenze‹, sodass sich die nur scheinbar paradoxale Situation im Verhältnis *von Etwas zu Etwas* einstellt:

> Etwas ist also als unmittelbares Dasein die Grenze gegen anderes Etwas, aber es hat sie *an ihm selbst* und ist Etwas durch die Vermittlung derselben, die ebensosehr sein *Nichtsein* ist. Sie ist die Vermittlung, wodurch Etwas und Andres *sowohl ist* als *nicht ist*.[6]

Das ›Abgrenzen‹, indem *etwas als etwas* bestimmt wird, ist nicht ein zusätzlicher Akt, der zum Unterscheiden hinzuträte, sondern ein und dasselbe, was verdeckt wird dadurch, dass wir gelegentlich das ›Gegenstandsein‹ eines Gegenstandes als (eine) Eigenschaft verstehen, die dieser an sich habe (und so auch alle anderen gegen ihn). In einer solchen ›substanziellen‹ Betrachtung tritt die Grenze selbst nicht in Erscheinung. Sie ist das ›noch nicht‹ oder ›nicht mehr‹ beider *im Verhältnis zueinander*.

Schon diese kurze Darstellung der logischen Aspekte der Rede von ›Grenze‹ bei Hegel verdeutlicht, dass es sich – im Gegensatz zur substantiellen Lesart –, *nicht um drei* Bestimmungen handelt, die gleichsam zusammenkommen etwas gegenüber etwas abgrenzen. ›Grenze‹ kann nicht bestimmt werden, indem wir annehmen, es kämen A und B zusammen, die dann noch in ihrem Verhältnis zueinander dadurch

---

3   Hegel (1986): 135.
4   Ein solcher Schein stellt sich immer ein, wenn wir mehrstellige Prädikate einstellig verwenden, wie etwa ›schwer‹ oder ›dunkel‹.
5   Ebd.: 135.
6   Ebd.: 136.

bestimmt werden, dass eine Grenze beider und zu beiden sei. Vielmehr bedeutet ›als etwas bestimmt‹ – und damit abgegrenzt – sein, *nichts* anderes, als in einem Verhältnis gegenseitiger Differenz und Identität zu stehen.[7]

Wir können nun die Frage, woher die Grenze komme, mit Blick auf die sprachlichen Mittel beantworten, die wir benötigen, um von etwas *als* einem Begrenzten *zu sprechen*. Sie ist danach ein Mittel unserer sprachlichen Artikulation gegenständlicher Verhältnisse. Diese Einsicht lässt sich auf mehrfache Weise darstellen, indem wir wie eben *substanziell*, die Gegenständlichkeit (d. h. das Gegenstandsein eines Gegenstandes) als dessen Eigenschaft anzeigen, *funktional*, indem wir etwa mit Feuerbach[8] den Menschen als gegenständliches Wesen ansprechen oder schließlich, indem wir *medial*, die ›Konstitution‹ der widerständigen Grenze an die Tätigkeit eines Systems mit ›seiner‹ Umwelt binden.[9]

Alle diese Bestimmungen thematisieren das *Unterscheiden* als wesentliches Tun, als Tätigkeit, *in welcher*, *durch welche* und *mittels welcher* wir Abgrenzungen hervorbringen *zueins* mit dem Zusammenhang der Abgegrenzten.[10] Daraus ergibt sich eine weitere Eigenschaft der Grenze, deren *Bildung* das *Überschreiten*[11] derselben impliziert, was wir an der (allerdings *reflexiven* nicht substantiellen oder funktionalen) Einheit von Ab- und Eingegrenztem bemerken. Indem wir unterscheiden (διαφέρειν), bilden wir διαφορά, Unterschiedene – als Gegenstände der Unterscheidung im Unterscheiden – wie die Differenz von ›denken‹ und ›anschauen‹ eine solche am ›Denken‹ ist – und zwar *eodem actu*.[12] Nivellieren wir die διαφορά zu bloßen ἕτερα, dann entsteht der *dingliche* Schein des einfachen Gegensatzes der *Verschiedenen* zueinander.

Der nächste Schritt unserer Klärung besteht nun darin, diese Eigenschaft auf die Redeformen zu beziehen, in welchen wir von KI sprechen – z. B. in der Unterschei-

---

7   Die Mehrstelligkeit lässt selbstverständlich das Vorliegen und Fehlen von Grenzen zwischen Unterschiedenen zu – je nach Kriterium der Unterscheidung.
8   Vgl. Feuerbach (1980).
9   Wie etwa bei Plessner (1975); zur Kritik s. Gutmann/Rathgeber (2015).
10 Feuerbach charakterisiert den Menschen als gegenständliches Wesen wie folgt:
    Der Mensch ist *nichts ohne Gegenstand*. (...) Aber der Gegenstand, auf welchen sich ein Subjekt *wesentlich, notwendig* bezieht, ist nichts andres als das *eigne*, aber *gegenständliche* Wesen dieses Subjekts. Ist derselbe ein mehreren der Gattung nach gleichen, der Art nach aber unterschiedenen Individuen gemeinschaftlicher Gegenstand, so ist er wenigstens *so, wie* er diesen Individuen je nach ihrer Verschiedenheit Objekt ist, ihr eignes aber gegenständliches Wesen. (Feuerbach (1980): 41
    Dies geschieht nur ›einseitig‹, d. h. zunächst und vor allem nach der *dinglichen* Seite des Abgegrenzten und Abgrenzenden aber nicht des Abgrenzens. Daher findet sich der Abgrenzende nur in seinen Hervorbringungen selber dinglich wieder (nämlich als abgrenzendes Ding) – was bis in die Auszeichnung Gottes als vergegenständlichtes Gattungsallgemeines reicht. Die Differenz von (logischem) Subjekt und Prädikat wird daher ebenfalls nur dinglich gedacht und nicht begrifflich (etwa Feuerbach (1980): 54ff). Die Differenz von dinglicher und gegenständlicher Bestimmung bleibt in der Hegelschen Fassung erhalten (im Detail Gutmann (2017)).
11 Genauer wäre das Überschritten*haben* – wir kommen auf die Perfektbildung zurück.
12 Zur Unterscheidung s. König (1978); zur Logik des übergreifenden Allgemeinen s. Gutmann (2017).

dung von ›natürlicher‹ und ›künstlicher‹ Intelligenz. Es wird sich auch hier zeigen, dass durch die Re*deform* Identität wie Differenz gebildet wird, ohne dass Ab- und Eingrenzung thematisch wäre.

3.3 Die Einsprachen gegen KI

KI πολλαχῶς λέγεσθαι – wie Aristoteles hätte sagen können. Die Charakterisierung als stochastischer Papagei scheint mir zwar die Intelligenz von Papageienvögel zu unterschätzen,[13] angedeutet ist damit aber, dass es sich bei KI um eine vieldeutige Kennzeichnung handelt. Das Spektrum reicht von Computern, deren Tätigkeiten in kognitiven Ausdrucken beschrieben wurden und werden, über Systeme, deren Hard- und Software biomorph strukturiert sind (z. B. bezüglich der Anordnung von Schaltelementen in dreidimensionalen Säulen[14]), bis hin zum *Deep Learning* mit unterschiedlichen Formen des ›Trainings‹ (›überwacht‹, ›nichtüberwacht‹ etc.).[15]

Die Bezeichnung selbst war allerdings gebräuchlich lange vor den aktuellen Systemen – etwa des ChatGPT.[16] Schon in den 60er Jahren wurden im Gefolge der Auseinandersetzung mit diesen frühen Systemen (zusammenfassend häufig als ›Computer‹ bezeichnet) wichtige Argumentstrategien entwickelt, die auf Grenzen der jeweils betrachteten Technik zielten, wobei wir von ›ethischen‹ Fragen ausdrücklich abgesehen wollen.

Betrachten wir die nun verbleibenden Grenzbestimmungen, so sind sie regelmäßig an einem spezifischen Verständnis von ›Gleichheit‹ orientiert, wobei es für das Weitere von Bedeutung ist, dass wir aus der logischen Form des Vergleiches heraus argumentieren, welches nicht die ›Gleichheit‹ des verglichenen impliziert. Vielmehr bestimmt sich, *indem* wir vergleichen, Differenz und Identität so wie oben entwickelt. Dies ist kein Sprachzauber, sondern ergibt sich logisch einfach dadurch, dass erst die Angabe von Invarianten es erlaubt, Gleichheiten von Ungleichheiten, Identität von Differenz zu unterscheiden. Danach lassen sich folgende, für die aktuelle Debatte relevante Vergleiche angeben:

1. Zunächst fungiert als grundlegende Äquivalenz die Angabe der Leistung. Wir unterstellen die logische Form ›x φt‹ unter Einsetzung beliebiger Tatprädikate ›φ‹[17] wie etwa ›verarbeitet Information‹, ›arbeitet Programme ab‹, ›spricht‹, ›rechnet‹, ›spielt‹, ›versteht‹ oder ›denkt‹. Eine solche Angabe ist als Zweck jeder Konstruk-

---

13 S. etwa Bender et al. (2021); es wird eine These nicht besser, durch Wiederholung – den Drang zu welch letzterem man gelegentlich ja auch Papageien unterstellt.
14 S. Eliasmith et al. (2012).
15 Wir nutzen hier nur den üblichen Jargon – und vermeiden die nivellierende Rede durch Anführung, da es sich bei den Termen um Bezeichnung spezifisch menschlichen Tuns handelt.
16 Zum Überblick s. Dreyfus (1989).
17 Damit geht keine Beschränkung auf ›menschliche‹ Tätigkeit einher; sie ist gleichwohl immer (!) der logische Bezug nach dessen Maßgabe auch das ›nicht‹-menschliche seine Beschreibung erhält.

tion und Entwicklung von KI unterlegt und folgt aus dem bemerkten Werkzeugcharakter. Für diese gilt nun wie für alle Artefakte, dass deren Einheit *außerhalb* derselben liegt. Den Gegensatz zum ›Natürlichen‹[18] (insbesondere zum Lebendigen) verdeutlicht dies insofern, als etwa die Einheit des Ein-Pferd-Seins unabhängig von unserer Nutzung desselben zu Zwecken des Reitens oder anderen Konsums besteht.[19] Bei Artefakten hingegen treten die Resultate neben den Prozess der Herstellung und *insofern* eigenständig auf.[20] Der weitere Vergleich kann – unter Nutzung komparativer Prädikate – auf der Äquivalenz aufruhen und eine entsprechende – zumindest qualitative – Ordnung ergeben, indem die Leistung des φens als mehr oder weniger realisiert verstanden wird, gemessen am Standard. Die Tatsache, dass KI in der Leistungsausübung regelmäßig mit menschlichen Realisierungen verglichen wird, darf nicht darüber hinwegtäuschen, dass jederzeit zunehmende Überbietung des Standards stattfand und stattfindet, also etwa das ›Rechnen‹, ›Schachspielen‹ oder ›Informationssuchen‹ der KI ›besser‹ sei, als das entsprechende Tun des Menschen – gemessen an geeigneten Parametern, wie der Erfüllungszeit etc. Zugleich, und dies ein Gedanke, den wir am Ende wieder aufnehmen wollen, verändert sich unser *Verständnis* der jeweiligen Tätigkeiten, in dem Maße, in welchem die anfängliche ›Stützung‹ durch die eingesetzte Technik vom bloßen Mittel zum Werkzeug und Medium der Tätigkeit wird.[21]

2. Strukturelle und funktionale Gleichheit. Da materiale Gleichheit – bisher in der Regel – nicht gefordert wird, kann von Versuchen des ›organic computing‹ (unter *metaphorischer* Verwendung des Ausdruckes) zunächst abgesehen werden.[22] Es ergeben sich *technomorphe* Beschreibungen lebendiger Träger der jeweils in Rede stehend Leistung und damit zusammenhängend *biomorphe* Beschreibungen entsprechender Artefakte – man denke nur an die so genannten ›neuronalen Netze‹. Die hier grundlegende, *methodische* Problematik besteht in der Differenz von ›vergleichen‹ und ›gleichsetzen‹, sodass etwa das Gehirn nicht ein ›daten-‹ oder ›informationsverarbeitendes System‹ *ist*, gleichwohl aber *als solches* beschreiben, und entsprechend ein Chatbot kein ›natursprachlich‹ sich äußerndes System, aber *als solches* verwendet werden kann.[23] Die jeweils aus der nivellierenden Rede resul-

---

18 D. h. hier nicht etwa zum Biologischen sondern zum ›Wesen‹.
19 Dazu im Detail Gutmann (2017).
20 Dies impliziert keinesfalls, dass nicht auch Artefakte zur Herstellung von Artefakten verwendet oder sogar benötigt werden können – im Falle informatischer Technologien ist dies seit einigen Jahrzehnten schlicht unverzichtbar. Es impliziert lediglich, dass der Zweck des Lebendigseins im *intensiven* Vollzug dieses Seins besteht, also im *Lebendig*sein; dies gilt hingegen nicht für Artefakte – auch wenn gelegentlich die Reihe der Oberzwecke sehr lang werden kann.
21 Auch dies ist keine ›exklusive‹ Nebenfolge des Einsatzes von KI – sie gilt *cum grano salis* für jede (selbst für triviale) Technik.
22 Dazu systematisch Gutmann et al. (2011) und Gutmann & Knifka (2015).
23 Wir betonen den Aspekt der Verwendung, weil er uns zum grundsätzlichen Grenzproblem zurückführt.

tierenden methodischen Mißverständnisse sind andernorts vielfältig entwickelt worden.[24]
3. Die operationale/algorithmische Gleichheit zielt auf das, von Dreyfus so benannte ›psychologische‹ Argument. Dieses sieht von Realisierungsunterschieden, *materialer*, und (zumindest biologisch) *funktionaler* Art ab, und reduziert die Leistungsbeurteilung der KI darauf, ob deren Tätigkeit als ›einer Regel gemäß‹ verstanden werden kann. Der Grundgedanke entstammt noch der ursprünglichen These, dass – in Rückzug von der Forderung nach struktureller Gleichheit – die KI zwar nicht *wie das* Gehirn, aber *wie der* Geist (›mind‹) arbeite, die Leistungsäquivalenz nun aber bezüglich des Operierens mit (etwa gesetzförmigen) Regeln hervorbringe. Auch dies scheint in zumindest einer Hinsicht als Grenze obsolet, denn es bedarf der genannten Gleichheiten nicht, um ein Verhalten hervorbringen zu können, welches die zum Standard passenden Resultate erzielt. Gleichwohl ist es immerhin möglich, einen solchen Zusammenhang herzustellen, indem man das Verhalten der KI, dessen Modus der Hervorbringung als solcher unbekannt sein mag, als ›Regeln folgend‹ versteht. Es ließe sich dann z. B. meinend sagen, der ChatBot ›spreche‹ oder ›rechne‹ auf einem Schulniveau dieser oder jener Altersstufe.[25] Dabei geht allerdings ein wesentlicher Unterschied verloren, der bei Wittgenstein und im Gefolge der weiteren Diskussion eine gewisse Rolle spielte, die Tatsache nämlich, dass die Darstellung von etwas gemäß einer Regel nicht impliziert, es sei *durch Befolgung*[26] *der Regel* hervorgebracht.[27] Es wird daran eine Grenze der Leistungsbeurteilung von KI deutlich, die in ihrer logischen Struktur jener von 1 ähnelt. Denn unstrittig lassen sich Regeln (und nicht *notwendigerweise* nur *eine*) formulieren, die es erlauben, das jeweilige Verhalten zu beschreiben – damit ist aber zugleich eine Differenz zwischen den Mitteln (den Regeln selber) und dem Gegenstand der Beschreibung (das Verhalten der KI) erzeugt, sodass an der ›Regelförmigkeit‹ der KI festgehalten werden kann, ohne ihr Regel*befolgung* unterstellen zu müssen.
4. Schließlich lässt sich ein *praktischer* Vergleich vornehmen, der auf das ›in der Welt Sein‹ des Menschen verweist. Die von Heidegger in das Zentrum seiner Daseinsanalyse gestellte Einsicht in die ›Situiertheit‹ menschlicher Existenz führt einen durchaus pragmatistischen Gedanken weiter, der u. a. in der Lebenshermeneutik Diltheys entwickelt wurde, und der es erlaubt, den Menschen als in Tätigkeit sich äußerndes Wesen zu verstehen. Dieses befindet sich, folgen wir Heidegger, in einer Umgebung, die durch *Zuhandenheit* charakterisiert ist, welche in Gegenstandsstellung als *Vorhandenheit* gerade jene Sachen umfasst, von denen üblicherweise die

---

24 Grundlegend nach wie vor Dreyfuß (1989), s. Bölker et al. (2010), Gutmann et al. (2021).
25 Auch dies stellt – vermutlich – nichts anderes dar als eine materiale Grenze, deren Überbietung zu müdem Lächeln seitens der erfolgreichen Ingenieure führen mag.
26 Dies werden wir unten im Zusammenhang der Unterscheidung von μετὰ λόγου und κατὰ λόγον aufnehmen.
27 Zur Diskussion Wittgenstein (1990), McDowell (1998), Dreyfus (1989); dieses Argument im Detail Gutmann et al. (2021).

3 Grenzen der KI?

Rede ist.[28] Diesen Gedanken nehmen u. a. Dreyfus[29] und Wheeler[30] wieder auf, um die ›ontisch-ontologische‹ Besonderheit des Menschen nach Heidegger zu fixieren, welche in der Übertragung als ›embedding‹[31] gelegentlich zu einer Anforderung an KI-Systeme gemacht wurde:

> Das Dasein ist ein Seiendes, das nicht nur unter anderem Seienden vorkommt. Es ist vielmehr dadurch ontisch ausgezeichnet, daß es diesem Seienden in seinem Sein um dieses Sein selbst geht. Zu dieser Seinsverfassung des Daseins gehört aber dann, daß es in seinem Sein zu diesem Sein ein Seinsverhältnis hat. Und dies wiederum besagt: Dasein versteht sich in irgendeiner Weise und Ausdrücklichkeit in seinem Sein.[32]

Zugrunde liegt das ›in der Welt sein‹ des Menschen, als eines Wesens, das sich *in seinem Sein* zu anderem Sein verhält – und zwar insofern es die Umgebung nicht zunächst als ›Welt‹, beinhaltend für sich bestehende ›Dinge‹, auffasst, sondern als in ›um zu‹ Verhältnissen organisiert. Dann ist es schlüssig, dass ›Verstehen‹ mehrstellig im Sinne von ›etwas als etwas verstehen‹, zur Grundform des menschlichen Weltverhältnisses zu nehmen. Hier gilt ganz unmetaphorisch, dass *sich* dieses Dasein selber *versteht* in seinem Verhältnis *zur Welt*. Der *ontisch-ontologische* Unterschied bestünde dann darin, dass ›wir‹ wohl über ein Weltverhältnis – als vermitteltes Selbstverhältnis –, verfügten, nicht jedoch Maschinen, die aber gleichwohl Teil *unseres* Weltverhältnisses sind. Bestimmen wir sie als Werkzeuge, so können wir uns ihrer *umgänglich* bedienen und *legen* sie damit praktisch *aus* – was wiederum Verstehensverhältnisse etabliert.

Wir wollen die angeführten Kritikstrategien als solche nicht aufnehmen, sondern uns im Weiteren auf gewisse Elemente derselben beziehen. Es sollte daran vor allem deutlich werden, dass die *Rede* von der Grenze der KI von der jeweiligen Bezugnahme auf diese abhängt, dass aber eine wichtige Gemeinsamkeit dieser Strategien in der formalen Orientierung am Verhältnis des Vergleiches besteht. Nehmen wir nur dieses Verhältnis in den Blick, und unterstellen zudem, dass KI zu kognitiven Zwecken eingesetzt wird,[33] dann ist nicht notwendigerweise das Mittel selber Gegenstand unseres Verstehens, denn bestimmt worden war dieses ja nur ›umgänglich‹.[34] Wir

---

28 Von dem pragmatistischen Verhältnis des Zu- und Vorhandenen sehen wir hier ab; eine epistemische Lesart erfolgt unten, zur tätigkeitstheoretischen Deutung s. Gutmann (2017).
29 Vgl. Dreyfus (1989).
30 Vgl. Wheeler (2005).
31 In kritischer Perspektive s. ebd. Das Gegenstück, das ›embodiment‹, bildet gleichsam die ›subjektive‹ Entsprechung – bezogen auf das Feuerbachsche Verdinglichungsschema.
32 Heidegger (1993): 12.
33 Diesen Ausdruck hier sehr allgemein gefasst, als jede mit ›höheren‹ Fähigkeiten von Wahrnehmung vollzogene Tätigkeit. Alle anderen – und das sind im Moment sicher (noch) die meisten – Einsatzformen sind m. E. ohne jedes philosophische Interesse.
34 Dies ist übrigens bemerkenswert oft und schon bei trivialen Maschinen der Fall. Es ist nicht zu vermuten, dass römische Legionäre die von ihnen gehandhabten Hebelmaschinen unterschiedlichster Art hätten ›wissenschaftlich‹ (selbst nur auf dem Stand der Zeit) beschreiben können, sowenig wie Nutzer von Handys etwas von Elektrodynamik verstehen müssen, ohne welche diese hätten nicht gebaut werden können.

müssen also keinesfalls die eingesetzten Mittel verstehen, um mit ihnen als solchen – also als Mittel – umgehen zu können. Umgekehrt müssen wir aber schon wissen, worin ein *gelingendes* und *erfolgreiches* Umgehen mit Mitteln besteht. Wir müssen, kurz gesagt, schon verstehen oder wissen, was es bedeutet, etwas zu verstehen oder zu wissen, um überhaupt *sagen* zu können, die KI *verstünde* oder *wisse* etwas.

3.4 Die Sache selbst und ihre Darstellung[35]

Der hier eingeschlagene Weg ging wesentlich von umgänglichem Wissen aus, wobei der methodische Anfang in der Auszeichnung des Zweckbezuges von Mitteln lag und KI – gleich welcher Form – zunächst als solches bestimmt wurde.

Umgängliches Wissen läßt sich, wie unsere Darstellung der praktischen Begrenzung von KI zeigt, verstehen als Vermögen, Regeln nicht nur zu folgen, sondern sie einzufordern, einzuführen und zu beurteilen, was sich jederzeit auch explizit machen lässt und lassen muss. Nun hatten wir zudem gesehen, dass es der Vergleich war, der es uns im Umgang mit KI erlaubte, Identität und Differenz der jeweiligen Wissensformen zu etablieren, die wir für die Beschreibung von KI in Abgrenzung zu uns und in Beziehung auf uns benötigen. Den Zusammenhang solcher Wissensformen erarbeitet Josef König exemplarisch im Rahmen seiner Analyse der mehrstelligen Rede von ›entwickeln‹, dem zufolge ›sich etwas von etwas zu etwas verändere‹ und wir eben diesen Zusammenhang mit dem medialen Ausdruck ›entwickeln‹ erfassen.[36,] König stellt den Übergang dar, von Wesen, von welchen gilt, dass sie etwas empfinden (z. B. hören oder sehen), aber *nicht* wissen, *was* und *dass* sie empfinden, hin zu Wesen, die *wissen, dass* und *was* sie empfinden. Mithin ist der Ausdruck ›bewusst‹ von König notwendig an das *Sich*-Wissen eines Wesens gebunden, von dem gilt, dass es empfindet, z. B. sieht, und das weiß, *was* es sieht und *dass* es sieht. Als Modell dient ihm das Neugeborene ab einem gewissen Alter, bei welchem z. B. der Übergang bemerkbar ist, zwischen der Rede »Mathias wants cookie« zur Rede »I want a cookie«. Der Gedanke, der uns hier nun einzig interessiert, besteht darin, dass der Ausdruck ›bewusst‹ von König so aufgefasst wird, wie wir ihn als eine *Formbestimmung* von Tätigkeit verstehen wollen. Es geht nicht um einen besonderen Zustand – eben das durch die Nominalphrase ›Bewusstsein‹ (möglicherweise vorgeblich) Gesagte (dies vermutlich immer auch), sondern um eine *Qualität* der Tätigkeit selber, hier des Sprechens, die ein Selbstverhältnis *voraussetzt*.[37] Erst in dieser Verbindung *reflexiver* und *transitiver* Wissensformen wird das λόγον διδόναι möglich, also das Geben und Nehmen von Gründen, denn erst mit der *Selbstinbesitznahme* in der Tätigkeit ist explizite Zwecksetzung, rationale Mittelwahl und Verantwortung der Folgen und Nebenfolgen der

---

35 Wir folgen hier insbesondere bezüglich des Regelfolgens den Überlegungen aus Gutmann et al. (2021).
36 Vgl. König (1994). Wir sehen von der Ausdeutung der transitiven Form hier ab; dazu im Detail Gutmann (2017).
37 Aus gleichwohl immer noch ›reflexionsphilosophischer‹ Perspektive s. Apel (2011).

Zweckrealisierung zu unterstellen.³⁸ Damit haben wir zumindest die Skizze einer tätigkeitstheoretischen Reformulierung des bei Heidegger als Seinsverhältnis Unterstellten vorgenommen und von dieser her geschieht nun die vergleichende Einbeziehung der KI in unsere eigene Tätigkeit. Dass *wir* sie verstehen können, ohne ihre Laute z. B. als zwecksetzende Aufforderung *ansehen zu müssen*, liegt gerade daran, dass wir μετὰ λόγου wissen, was nur κατὰ λόγον ist und sich als einer *Regel gemäß* darstellen lässt – genau diese Unterscheidung zielt auf den oben entwickelten Gedanken der Regelbefolgung ab, im Gegensatz zur Darstellung *als einer Regel gemäß*. Denn wiederum erlaubt erst der Zweckbezug eines Wesens, das etwas empfindet und *sich selbst als jenes weiß*, das weiß, *was* und *dass* es empfindet, μετὰ λόγου also, die Unterscheidung von funktionsfähigen und nicht funktionsfähigen Mitteln, von ›richtiger‹ oder ›angemessener‹ Form der jeweiligen Tätigkeit.³⁹ KI – worin immer sonst ihre Besonderheit bestünde, die wir hier nur in einigen kognitiven Momenten aufgenommen haben –, so können wir diese Grenzziehung verstehen, *spricht* so wenig wie sie *rechnet* oder *spielt*. Gleichwohl aber können wir sie im Rahmen dieser Tätigkeiten – des Sprechens, Rechnens und Spielens – *als* Mittel und Werkzeug *verstehen* und *nutzen*. Dies ist nicht alles, denn aufgrund der logischen Struktur der ›Grenze‹ ist die ›gegenständliche‹ Bestimmung eine gedoppelte: sosehr wir uns abgrenzend, zwecksetzend, folgenverantwortend zur KI verhalten, sosehr bestimmen wir uns selber abgrenzend als das ›Jenseits‹ dessen, was uns vom Einsatz der KI verheißen wird. Die Differenz zur KI – ›kein Sprechen oder eine andere Tätigkeit in meinender Rede‹ – und die Identität mit derselben – ›so wie wir‹ – ist *edoem actu* eine Bestimmung unserer eigenen Tätigkeit an, mit und durch KI. Die Folgen dieses gedoppelten Grenzverhältnisses müssen wir nun noch untersuchen.

3.5 Rückbeziehung auf den Menschen als Ab- und Eingrenzendes Wesen

Gehen wir einen weiten Schritt zurück, und hören, was der berühmte Chor in der Antigone uns zu sagen hat:

> πολλὰ τὰ δεινὰ κοὐδὲν ἀν-
> θρώπου δεινότερον πέλει·⁴⁰

Als Erklärung für die ›δεινότης‹ des Menschen finden wir altbekannte Hinweise auf das, was er alles vermag, dass er die See bereise, die wilden Tiere zähme – ja die Götter selber – etwa die Erde – bezwinge, und zwar mithilfe gerade jener Tiere, die er züchtet. Kurz gesagt kennt der Mensch keine Grenze, und zwar gerade indem er sich selbst als technisches Wesen zeigt:

---

38 Vgl. Janich (2006): 147ff.
39 Dazu Gutmann et al. (2021).
40 »Many things are formidable, none more formidable than man«. (Lloyd-Jones (1998:35), 332ff).

σοφόν τι τὸ μηχανόεν
τέχνας ὑπὲρ ἐλπίδ᾽
ἔχων
τοτὲ μὲν κακόν, ἄλλοτ᾽ ἐπ᾽ ἐσθλὸν ἕρπει.[41]

Zunächst steht hier – so scheint es – die ›ethische‹ Bewertung der Zwecke im Blick und dem ist dem Wortlaut gemäß auch nicht zu widersprechen. Für unsere Überlegungen – die ja explizit nicht ›ethischer‹ Natur sind –, sehen wir davon ab und halten fest, dass die Bewertung des Mitteleinsatzes eine Bestimmung *an der Sache selbst* ist. Diese lässt sich an zwei Elementen der Rede festmachen, nämlich einerseits, wie gesehen, an der δεινότης und andererseits an dem emphatischen ›jenseits der Hoffnung‹, was wir hier mit der Grenzüberschreitung ansprechen.

Für die δεινότης ist an zwei Bedeutungen zu denken, denn es bezeichnet zugleich das, was Furcht erzeugt, weil es schrecklich ist und Achtung, weil es unvergleichlich ist; in beiden Hinsichten wird Gekanntes und Vertrautes verlassen. Damit ist die innige Verbindung zwischen beidem angezeigt, denn das was den Menschen charakterisiert, lässt das Schreckenerregende, selbst das Grab nicht Scheuende ebenso zu, wie das Achtunggebietende. Wir können hier wieder auf zweifache Weise auflösen, zunächst prädikativ und da scheint es so, als wäre zunächst der Mensch und das ihm Gegebene, welches seine Grenze an sich selbst habe, zu dem dann im zweiten Schritt noch die Überschreitung komme. Doch ist auch eine zweite Deutung möglich, die den Ausdruck der δεινότης – ausdrücklich auf die Grenzen überschreitende τέχνη bezogen – *intensiv* versteht und davon ausgeht, dass die *Form* des Seins des Wesens Mensch in eben dieser δεινότης besteht. Er ist *indem* er sich gegenständlich – und im oben entwickelten Sinne begrenzend – verhält ein grenzüberschreitendes[42] Wesen. Der Mensch ist wesentlich ζῷον μηχανικόν – oder ein πολυμήχανον, um das für das Allgemeinbürgerliche von Adorno und Horkheimer ins Zentrum der Kapitalismuskritik gerückte Epitheton[43] des Odysseus zu nutzen – und zwar gerade durch die Erfindung der Grenze, der (gedoppelten) Doppeloperation des Ein- und Abgrenzens. Dadurch, dass der Mensch an sich selber ein Grenzen setzendes Wesen ist, wird er ›gegenständlich‹ – in der an Hegel anschließenden, die Einseitigkeiten der Feuerbachschen vermeidenden Deutung. Nicht ist er gegenständlich *simpliciter*; dies ist nicht falsch, doch können wir ohne Nivellierung sagen, dass die Bestimmung des Menschen als ein gegenständliches Wesen der *Zeit nach früher*, der Sache nach *aber später* ist, wohingegen sein begrenzendes Wesen der Sache nach früher, der Zeit nach später sich ergibt. Indem er etwas *als* Grenze an etwas bestimmt, macht er es dadurch zum Gegenstand der Überschreitung – im Akt der Begrenzung liegt die *Möglichkeit* der Überschreitung, die Überschreitung ist *eine Wirklichkeit* der Grenze. Aus handlungstheoretischer Pers-

---

41 »Skillful beyond hope is the contrivance of his art, and he advances sometimes to evil, at other times to good«. (Lloyd-Jones (1998:37): 365ff).

42 Es sei nochmals erinnert, dass wir eben nicht die eingangs angezeigte bloße Überschreitung gegebener Grenzen meinen, sondern das gegenständlich unterscheidende Erzeugen derselben.

43 Vgl. Adorno/Horkheimer (1987).

pektive und damit eingeschränkt richtig, könnten wir sagen, wir setzten Grenzen, *um sie zu* überschreiten.

Durch die *Verbindung*, die mit der Grenze erzeugt wird, ergibt sich nun auch der *mediale* Charakter der ›technischen‹ Form menschlichen Handelns. Dies zeigt sich historisch daran, dass er schon immer mit seinen Schöpfungen sich umgab, seien es Caniden, Boviden oder Gramineen aber auch Dampfmaschinen, Roboter oder eben KIs. Diese Vergemeinschaftung ist keine nachträgliche, sondern gründet in seinem Sein als begrenzend-begrenztes Wesen. In dem er sich tätig zu anderem verhält, es als Zuhandenes auslegt und in den Modus der Vorhandenheit überführt, um es zu *etwas* zu machen, wird nicht nur der Unterschied zu dem, was er handelnd erzeugt etabliert. Vielmehr stellt sich unentrinnbar auch der *Zusammenhang* mit diesem her, welcher durch den dinglichen Schein der Differenz natürlicher und künstlicher Intelligenz verdeckt wird. Diese, die Intelligenz, ist daher nicht Eigenschaft eines Artefakts – es möge so avanciert sein, wie es wolle –, sondern unseres Umgangs mit diesem.

3.6 Folgen für unser Verständnis der Grenzen von KI

Fassen wir abschließend das Gesagte zusammen, so ist nicht ein Es-Geben des Menschen und dann hinzutretend noch ein solches der Tätigkeit, in welcher dieser sich gelegentlich etwas erzeugt – dies immer auch, was in zahllosen technikphilosophischen Ansätzen regelmäßig durchgespielt wurde. Vielmehr *ist er* ein als grenzsetzendes *sich* in seinen Hervorbringungen begrenzend *Erzeugendes*.

Trifft diese Deutung zu, und besteht sein Wesen in der Formbestimmung seiner Tätigkeit, so scheint es mir überhaupt keinen Grund geben, die Grenzen der KI in etwas anderem als uns selber zu suchen. Und da wir das umgängliche Sich-Verstehen als zentrale Operation an den Anfang der Überlegungen stellten, in *seins-* und in *tätigkeitstheoretischer* Deutung, lässt sich nun *epistemologisch* fixieren, dass *verstehen* – was immer sonst noch – jedenfalls heißt, *etwas als etwas* zu verstehen *und es verstanden zu haben*. Der schon oben angeführte Perfekt ist hier nicht als Zeitform aufzufassen – dies immer auch –, sondern als *Vollzugs*form des Wissens, *um etwas* und des *sich* Wissens als dieses *Wissendes*.

Indem wir uns zur KI als begrenzendes Wesen verhalten, beziehen wir uns begrenzend auf uns selbst – *vermittels* derselben. Das Ziehen von Grenzen ist also nicht eine bloß gegenständliche Operation, damit etwas sei – dies immer auch; sie ist vielmehr eine Form der *Aneignung*. Und so können wir ganz zum Schluss nochmals auf eine Einsicht Heideggers zurückkommen, die sich mit dem für moderne Ohren so wichtigen Moment der Theorie befasst:

> Das schärfste Nur-Noch-*hinsehen* (im Sinne von θεωρεῖν, MG) auf das so und so beschaffene »Aussehen« von Dingen vermag Zuhandenes nicht zu entdecken. Der nur »theoretisch« hinsehende Blick auf die Dinge entbehrt des Verstehens von Zuhandenheit.[44]

---

44 Heidegger (1993): 69.

Paraphrasierend ließe sich lapidar feststellen, dass Eisen die Möglichkeit des Baues von Atom-Unterseebooten ist, und diese eine (!) Wirklichkeit dessen sind, was es heißt aus Eisen zu sein. Aber es wäre vermessen zu unterstellen, dass es irgendeine Möglichkeit gab, dies bei Entdeckung der Eisenverarbeitung *gewusst haben* zu können.

Die Einbeziehung von KI in unser Tätigsein *transformiert* in eingrenzender Abgrenzung und abgrenzender Eingrenzung eben dieses Tätigsein selbst – worin, in der Transformation, das Wesen des *Tätigseins* besteht. Die Grenzen der KI – und sie sind so zahlreich, wie ihre Möglichkeiten unübersehbar – sind damit nicht *materialiter*, worüber meines Erachtens Philosophie nichts Relevantes zu sagen hätte, wohl aber *formaliter*, die Grenzen des Menschen selbst.

Danksagung

Tim Ludwig danke ich für seine Bereitschaft, sich auf mein Denken einzulassen, hilfreiche Hinweise und manche Verbesserung.

Literatur

Adorno, Theodor W./Horkheimer, Max (1987): *Dialektik der Aufklärung*, in: Schmidt Noerr, Gunzelin (Hg.): Gesammelte Schriften Bd. 5, Fischer, Frankfurt.
Apel, Karl-Otto (2011): *Zur Idee einer transzendentalen Sprachpragmatik*, in: Apel, Karl-Otto: Paradigmen der ersten Philosophie, Suhrkamp, Frankfurt, 21–53.
Bender, Emily M./Gebru, Timnit/McMillan-Maior, Angelina/Shmitchell, Shmargaret (2021): *On the Dangers of Stochastic Parrots: Can Language Models Be Too Big?*, in: Proceedings of the 2021 ACM conference on fairness, accountability, and transparency, Association for Computing Machinery, New York, 610–623.
Bölker, Michael/Gutmann, Mathias/Hesse, Wolfgang (2010): *Menschenbilder und Metaphern im Informationszeitalter*, Lit, Münster.
Dreyfus, Hubert L. (1989): *Was Computer nicht können. Die Grenzen künstlicher Intelligenz*, Athenäum, Frankfurt am Main.
Eliasmith, Chris/Stewart, Terrence C./Choo, Xuan/Bekolay, Trevor/DeWolf, Travis/Tang, Yichuan/Rasmussen, Daniel (2012): *A Large-Scale Model of the Functioning Brain*, in: Science 338/6111, 1202–1205.
Feuerbach, Ludwig (1980): *Das Wesen des Christentums* [1848], Reclam, Stuttgart.
Gutmann, Mathias (2017): *Leben und Form*, Springer, Berlin.
Gutmann, Mathias/Haag, Marie-Claire/Wadephul, Christian (2021): *Verheißung, Verdammung oder einfach ein Selbstmissverständnis? Sprachkritische Überlegungen zum Umgang mit KI und ihren Beschreibungen*, in: Strasser, Anna/Sohst, Wolfgang/Stapelfeldt, Ralf/Stepec, Katja (Hg.): Künstliche Intelligenz – Die große Verheißung, xenomoi Verlag, Berlin, 221–242.
Gutmann, Mathias/Knifka, Julia (2015): *Biomorphic and technomorphic metaphors – some arguments why robots don't evolve, why computing is not organic and why adaptive technologies are not intelligent*, in: Decker, Michael/Gutmann, Mathias/Knifka, Julia (Hg.): Evolutionary Robotics, Organic Computing and Adaptive Ambience: Epistemological and Ethical Implications of Technomorphic Descriptions of Technologies, Lit, Zürich, 53–80.
Gutmann, Mathias/Rathgeber, Benjamin (2015): *Anthropologie und hermeneutische Logik*, in: Köchy, Kristian/Michelini, Francesca (Hg.): Zwischen den Kulturen, Alber, Freiburg, 243–272.

Gutmann, Mathias/Rathgeber, Benjamin/Syed, Tareq (2011): *Organic Computing: Metaphor or Model?*, in: Müller-Schloer, Christian/Schmeck, Hartmut/Ungerer, Theo (Hg.): Organic Computing – A Paradigm Shift for Complex Systems, Birkhäuser, Basel, 111–125.

Hegel, Georg W. F. (1986): *Wissenschaft der Logik I*, Suhrkamp, Frankfurt am Main.

Heidegger, Martin (1993): *Sein und Zeit*, Niemeyer, Tübingen.

Janich, Peter (2006): *Information*, Suhrkamp, Frankfurt am Main.

König, Josef (1937): *Das spezifische Können der Philosophie als εὖ λέγειν*, in: Patzig, Günther (Hg.): Vorträge und Aufsätze, Alber, Freiburg, 15–26.

König, Josef (1978): *Das System von Leibniz*, in: Patzig, Günther (Hg.): Vorträge und Aufsätze, Alber, Freiburg, 27–61.

König, Josef (1994): *Probleme des Begriffs der Entwicklung*, in: König, Josef: Kleine Schriften, Alber, Freiburg/München, 222–244.

Lloyd-Jones, Hugh (Hg./Übs.) (1998): *Sophocles: Antigone*, Harvard University Press, Cambridge (Mass.).

McDowell, John H. (1998): *Wittgenstein on Following a Rule*, in: McDowell, John H.: Mind, Value, and Reality, Harvard University Press, Cambridge (Mass.), 221–262.

Plessner, Helmut (^{3}1975): *Die Stufen des Organischen und der Mensch: Einleitung in die philosophische Anthropologie*, De Gruyter, Berlin/New York.

Wheeler, Michael (2005): *Reconstructing the Cognitive World: The Next Step*, MIT Press, Cambridge (Mass.).

Wittgenstein, Ludwig (1990): *Philosophische Untersuchungen*, Suhrkamp, Frankfurt am Main.

4 Sind Maschinen *wirklich* intelligent?

Bert Heinrichs, Ulrich Steckmann

Abstract: In Diskussionen über künstliche Intelligenz wird regelmäßig die Frage gestellt, ob Maschinen *wirklich* intelligent sind. Zur Klärung dieser Frage greifen wir in diesem Beitrag eine Definition von Intelligenz auf, die Dimitri Coelho Mollo vorgeschlagen hat. Wir schlagen eine Differenzierung vor, die dazu führt, dass man zwischen zwei Arten von Intelligenz unterscheiden muss. Wir argumentieren dann, dass KI zwar über die eine Art von Intelligenz verfügen kann, über die andere hingegen (noch) nicht. Abschließend beschäftigen wir uns mit der Frage, unter welchen Bedingungen wir Maschinen auch die zweite Art von Intelligenz zuschreiben würden. Wir erwägen, ob die Zuschreibung von *originärer Intelligenz* womöglich in einer sozialen Praxis der Anerkennung begründet sein könnte.

4.1 Einleitung

In Diskussionen über künstliche Intelligenz (KI) wird regelmäßig die Frage gestellt: »Sind diese Maschinen *wirklich* intelligent?«. Eine ebenso naheliegende wie unbefriedigende Antwort lautet: »Das kommt darauf an, was man unter Intelligenz versteht.« Richtig an dieser Antwort ist, dass sich die Frage nach dem Vorliegen einer Fähigkeit nur dann beantworten lässt, wenn man sich zunächst Klarheit darüber verschafft hat, was man unter dieser Fähigkeit genau versteht. Und richtig ist auch, dass das beim Begriff ›Intelligenz‹ keineswegs leicht ist. Wie so oft in der Philosophie, muss man also zunächst über Begriffe sprechen, wenn man die Frage, ob Maschinen *wirklich* intelligent sind, klären will.

In diesem Beitrag werden wir zunächst eine Definition von Intelligenz aufgreifen, die Dimitri Coelho Mollo vorgeschlagen hat. Uns scheint Coelho Mollos Ansatz überaus vielversprechend zu sein. In einer Hinsicht halten wir ihn allerdings für unzureichend. Wir werden daher eine Differenzierung vorschlagen, die dazu führt, dass man zwischen zwei Arten von Intelligenz unterscheiden muss. Wir werden dann dafür argumentieren, dass KI zwar über die eine Art von Intelligenz verfügen kann, über die andere hingegen (zumindest bislang) nicht. Mit dem vorgeschlagenen Verständnis von Intelligenz kann man also eine klare Antwort auf die Ausgangsfrage – »Sind diese Maschinen *wirklich* intelligent?« – geben. Es wird aber darüber hinaus auch verständlich, warum die Frage so beständig gestellt wird und uns immer wieder rätseln lässt. Es liegt schlicht daran, dass wir gewöhnlich nicht zwischen den beiden Formen von

Intelligenz unterscheiden und es für uns zwar einerseits so scheint, als ob Maschinen intelligent seien, wir mit dieser Auffassung andererseits aber nicht ganz zufrieden sind. Abschließend werden wir uns mit der Frage beschäftigen, unter welchen Bedingungen wir Maschinen auch die zweite Art von Intelligenz zuschreiben würden. Unsere tentative Antwort wird zeigen, dass wir in einem weiteren Punkt von Coelho Mollos Ansatz abweichen.

4.2 Coelho Mollos Bemühung um einen einheitlichen Begriff von Intelligenz

In seinem Beitrag »Intelligent Behaviour« von 2022 geht Coelho Mollo von der Beobachtung aus, dass der Intelligenzbegriff notorisch schwierig zu definieren sei (1–2).[1] Als Grund dafür macht er u. a. den Umstand aus, dass der Begriff in vielen unterschiedlichen Kontexten – prätheoretischen wie wissenschaftlichen – und vielen verschiedenen Disziplinen verwendet werde. Während in der Psychologie sowie in Teilen der KI-Forschung das Bestreben vorrangig sei, Intelligenz zu messen und quantifizierbar zu machen, stünden in der Philosophie und einigen Bereichen der Kognitionsforschung eher Bemühungen um begriffliche Abgrenzung, insbesondere zu den Begriffen ›Kognition‹ und ›Rationalität‹, im Vordergrund. Angesichts dieser Vielstimmigkeit spreche einiges dafür, dass der Begriff der Intelligenz schlicht zu vage sei, um als wissenschaftlicher Begriff Verwendung zu finden. Dessen ungeachtet hält Coelho Mollo es für möglich, zu einem klaren, wissenschaftlich und philosophisch fruchtbaren Konzept zu gelangen. Er benennt dazu fünf Desiderate, die ein überzeugender Begriff der Intelligenz erfüllen müsse, und unternimmt es anschließend, anhand dieser Vorgaben eine Definition von Intelligenz zu erarbeiten.

Die fünf Desiderate, die Coelho Mollo an den Anfang seiner Überlegungen stellt, lauten wie folgt (2–4): *Species-neutrality*, *Origin-neutrality*, *Multiple realisability*, *Epistemic distinctiveness*, *Responsiveness to scientific practice*. Das erste Desiderat bezeichnet Coelho Mollo auch als »non-anthropocentrism *desideratum*« (3). Ein überzeugender Begriff der Intelligenz sollte demnach nicht den Menschen bzw. typische menschliche Fähigkeiten als Standard ansetzen, auch wenn das traditionell häufig so gemacht wurde und auch heute noch verbreitet ist, nicht zuletzt, wenn behauptet wird, in der KI-Forschung gehe es darum, menschliche Intelligenz zu simulieren oder Maschinen dazu zu bringen, Dinge zu tun, die bislang nur Menschen tun können. Eine solche Herangehensweise hält Coelho Mollo vor allem deshalb für nicht zielführend, weil sie einem über Disziplingrenzen hinweg einheitlichen Begriff von Intelligenz im Wege stünde. Stattdessen sollte ein umfassender Begriff von Intelligenz eine Fähigkeit beschreiben, die von Menschen, nicht-menschlichen Tieren und Maschinen grundsätzlich gleichermaßen realisiert werden könne.

Damit eng zusammen hängt das zweite Desiderat, das Neutralität hinsichtlich des Ursprungs von Intelligenz fordert. Insbesondere sollten, so Coelho Mollo, biologische

---

1   Seitenzahlen im Text beziehen sich auf die PDF-Version von Coelho Mollo (2022).

Wesen, also Menschen und nicht-menschliche Tiere, und ihre evolutionäre Genese nicht von vornherein gegenüber nicht-biologischen Systemen, also Maschinen, privilegiert werden. Der Intelligenzbegriff sollte also so angelegt sein, dass er von der Kategorie ›Lebewesen‹ unabhängig ist.

Auch über die Art der strukturellen Realisierung von Intelligenz sollte auf begrifflicher Ebene keine Vorentscheidung getroffen werden. Zwar könne es sich herausstellen, dass tatsächlich eine bestimmte Art der Realisierung zwingend für Intelligenz sei. Dies sei aber eine empirische Einsicht, die am Ende von Forschungsbemühungen stehen müsse, und keine begriffliche Wahrheit, die deren Auftakt bilden sollte. Daher das dritte Desiderat.

Das vierte Desiderat verlangt eine klare theoretische und exploratorische Rolle für den Begriff der Intelligenz in den Wissenschaften. Insbesondere müsse deutlich werden, wie er sich von verwandten Begriffen wie ›Kognition‹ und ›Rationalität‹ unterscheide. Denn nur so könne er sowohl theoretische wie auch experimentelle Forschung anleiten und befördern. Es gilt also auch mit Blick auf den Intelligenzbegriff die Maxime der Begriffsökonomie, die besagt, dass man keine unnötigen oder redundanten Begriffe in der Wissenschaft verwenden sollte. Wenn sich also herausstellen würde, dass man mit den Begriffen ›Kognition‹ und ›Rationalität‹ relevante Fähigkeiten klar und umfassend beschreiben kann, dann könnte es sein, dass der Begriff der Intelligenz sich schlicht als überflüssig erweist und folglich als wissenschaftlicher Begriff preisgegeben werden sollte.

Schließlich fordert Coelho Mollo mit dem fünften Desiderat, dass ein Begriff von Intelligenz nicht übermäßig revisionistisch sein dürfe. Zwar könne man nicht alle herkömmlichen Charakterisierungen aufgreifen, die teilweise vage und widersprüchlich sind. Umgekehrt müsse eine überzeugende Definition von Intelligenz, die über Disziplinen und Diskurse hinweg akzeptiert werden könne, aber an geteilte Auffassungen anknüpfen und diese zumindest partiell bewahren.

Diese letzte Überlegung führt Coelho Mollo dazu, einige allgemeine Elemente zu identifizieren, die sich seiner Meinung nach in vielen Definitionen von Intelligenz finden lassen (5). Es handelt sich dabei gerade um solche Elemente, die eine neue Definition von Intelligenz bewahren muss, wenn sie nicht Gefahr laufen will, übermäßig revisionistisch zu sein. Nach Coelho Mollo gehören dazu: *Generality*, *Flexibility*, *Goal-directedness*, *Adaptivity*.

Als Zwischenergebnis ergibt sich demnach also Folgendes: Wie immer man Intelligenz definieren will, es handelt sich jedenfalls um eine Fähigkeit, die

- angemessenes Verhalten bei einer Vielzahl unterschiedlicher Aufgaben und Umstände ermöglicht,
- eine Anpassung des Verhaltens an sich ändernde und/oder unsichere Umstände erlaubt,
- die Bildung und Verfolgung von den Umständen angemessenen Zielen gestattet,
- Informationen über gegenwärtiges und zukünftiges Verhalten im Lichte vergangener Interaktionen mit der Welt berücksichtigt.

Die ersten drei der oben genannten Desiderate legen Coelho Mollo zufolge eine rein behaviorale Definition von Intelligenz nahe, also eine, die allein auf beobachtbares Verhalten abstellt. Ein solcher Zugang hat zudem den Vorteil, dass die Überprüfung und die Zuschreibung von Intelligenz zu Problemen werden, die sich mit empirischen Methoden bearbeiten lassen.

Nach diesen Vorüberlegungen präsentiert Coelho Mollo schließlich seine Definition von Intelligenz. Sie lautet:

> An intelligent system S is a system that manifests behaviours that are often enough
> - *general*, i.e. that are appropriate in a variety of different circumstances;
> - *flexible*, i.e. that change appropriately in light of changed, novel, or uncertain circumstances;
> - *goal-directed*, i.e. that are appropriate in light of goals S plausibly possesses;
> - *adaptive*, i.e. that change appropriately in light of previous interactions with the world. (6)

Im weiteren Verlauf seines Beitrags versucht Coelho Mollo zu zeigen, dass seine Definition von Intelligenz die eingangs formulierten Desiderata alle erfüllt. Er verwendet dabei vor allem viel Zeit auf das vierte Desiderat, also die Forderung nach »epistemic distinctiveness«, und untersucht dazu das Verhältnis von Intelligenz zu Kognition und Rationalität (8–12). Darüber hinaus widmet er sich auch ausführlich der Frage der multiplen Realisierbarkeit (12–15). Diese Überlegungen werden wir nicht im Detail nachzeichnen, kommen gleich aber noch einmal darauf zu sprechen. Wir möchten uns Coelho Mollos Definition nun etwas genauer ansehen und schließlich ein Element herausgreifen, das uns unterentwickelt zu sein scheint.

4.3 Intelligenz als generelle, flexible und adaptive Fähigkeit

Schaut man sich die Definition von Intelligenz an, die Coelho Mollo vorschlägt, dann kann man ohne Weiteres zugestehen, dass sie einem Alltagsverständnis von Intelligenz sehr nahekommt. Typischerweise verbinden wir mit Intelligenz einerseits ein hohes Maß an Flexibilität und andererseits die Fähigkeit zu lernen. Intelligent nennen wir ein Wesen oder ein System dann, wenn es sich auf unbekannte Umstände einstellen und aus Erfahrungen lernen kann. Dem trägt Coelho Mollo Rechnung, indem er Generalität und Flexibilität einerseits und Adaptivität andererseits als wesentliche Teilfähigkeiten in seine Definition von Intelligenz aufnimmt. Alle drei Teilfähigkeiten sind aus vielen gängigen Definitionen bekannt. Coelho Mollo erfüllt also seine eigene Forderung nach einer nicht-revisionistischen Definition.

Instruktiv ist, wie Coelho Mollo Intelligenz von Kognition einerseits und Rationalität andererseits abgrenzt: Kognition versteht er als einen prozessbasierten Begriff und lässt offen, ob es sich um Rechenprozesse (mit Repräsentationen) oder Prozesse der Selbsterhaltung und Selbstorganisation handelt. Coelho Mollo deutet Kognition mithin als einen »anspruchslosen« Begriff, der sich bspw. auch auf Pflanzen anwenden lässt (10). Demgegenüber deutet Coelho Mollo Rationalität als sehr viel engeres Vermögen, das mit Vorstellungen von Optimalität oder Normativität verbunden ist, wobei diese allerdings sehr unterschiedlichen Quellen entspringen können. Insbesondere muss Rationalität nicht generalistisch sein, wie es Intelligenz stets ist. So gesehen, sind Schach- oder Go-Programme zwar »pointillistisch rational«, aber eben nicht generalistisch intelligent (11). Coelho Mollo verortet Intelligenz mithin zwischen Kognition und Rationalität. Seiner Meinung nach sind einige intelligente Systeme auch kognitive Systeme, und einige intelligente Systeme sind auch rationale Systeme. Er bleibt indes neutral in der Frage, ob alle intelligenten Systeme kognitive Systeme sind. All das ist hilfreich und konstruktiv.

Zu erwägen ist, ob eine überzeugende Definition von Intelligenz noch eine Einschränkung enthalten muss, die die zur Verfügung stehenden Ressourcen begrenzt. Eine solche Einschränkung findet sich etwa bei Pei Wang, der schreibt: »Intelligence is the capacity of an information-processing system to adapt to its environment while operating with insufficient knowledge and resources.«[2]

Wie Wang zeigt, lässt sich die Einschränkung »with insufficient knowledge and resources« näher dahin spezifizieren, dass ein intelligentes System endlich und offen sein und in Echtzeit operieren muss. Gerade mit Blick auf künstliche Systeme hat das womöglich erhebliche Konsequenzen. Wir möchten auf diesen Problemkomplex hier aber nur kurz hinweisen und werden ihn im weiteren Verlauf unberücksichtigt lassen.

Was bislang auch noch nicht zur Sprache gekommen ist, ist das Element der Zielgerichtetheit, das Coelho Mollo in seiner Definition von Intelligenz aufführt. Diesem Element werden wir uns nun zuwenden.

4.4 Zielgerichtetheit

Es fällt auf, dass die vier Elemente, die Coelho Mollo in seiner Definition von Intelligenz aufführt, nicht alle auf der gleichen Ebene angesiedelt zu sein scheinen. Während Generalität, Flexibilität und Adaptivität gleichsam ein *wie* beschreiben – nämlich, wie man ein Ziel verfolgt – deutet Zielgerichtetheit auf ein *dass* hin – nämlich, dass überhaupt ein Ziel verfolgt wird. Vielleicht wäre es sogar unbemerkt geblieben, wenn Coelho Mollo dieses vierte Element ganz weggelassen hätte und lediglich implizit davon ausgegangen wäre, dass ein intelligentes Wesen oder ein System stets Ziele verfolgt. Intelligenz scheint nämlich eine Art und Weise zu bezeichnen, wie Ziele verfolgt werden, und dabei immer schon vorauszusetzen, dass Ziele verfolgt werden. Bei näherem Hinsehen scheint uns aber gerade diese Charakterisierung Fragen aufzuwerfen, die bei Coelho Mollo unberücksichtigt bleiben. Wir möchten diesen Umstand nun zunächst etwas näher beschreiben, bevor wir dann eine Analyse liefern, die schließlich zu einer begrifflichen Differenzierung führen wird.

---

2 Wang (2019): 17.

Stellen wir uns einen aktuellen Schachcomputer vor (wir lassen hier unberücksichtigt, ob ein solches Gerät nach Coelho Mollos Definition intelligent und/oder rational ist). Solche Schachcomputer oder Schachsoftware, die auf gewöhnlichen PCs läuft, sind sehr gut darin, in einer beliebigen Stellung den nächsten besten Zug zu finden – viel besser als jeder Mensch. Dieses Verhalten kann man intelligent nennen. Zumindest in dem Rahmen, der durch die Schachregeln vorgegeben wird, können sich Schachprogramme auf neue Situationen einstellen und aus Erfahrungen lernen. Sie agieren also flexibel und adaptiv. Dennoch sind Bemerkungen wie die folgenden nicht ungewöhnlich: »Der Schachcomputer spielt nicht wirklich Schach. Es ist ihm egal, ob er gewinnt oder verliert. Er weiß gar nicht, was es bedeutet, ein Spiel zu spielen« usw. Was steckt dahinter? Offenbar hat es etwas mit dem Element der Zielgerichtetheit zu tun, das in Coelho Mollos Definition von Intelligenz eine Rolle spielt.

Auf den Einwand, der Computer würde nicht wirklich Schach spielen, kann man entgegen, dass er mit dem Zug, den er auswählt, offenbar ein Ziel verfolgt, nämlich nach den anerkannten Regeln des Schachs zu gewinnen. Gerade weil sie eine optimale oder zumindest sehr gute Lösung für das Problem ist, wie man diese Schachpartie gewinnt, fassen wir die Zugauswahl als intelligent auf. Es scheint also unzutreffend zu sein, dass der Computer nicht gewinnen will. Diese Antwort kann leicht folgenden weiteren Einwand nach sich ziehen: »Das stimmt zwar. Der Computer folgt aber nur dem Ziel, das ihm die Programmierer eingepflanzt haben. Es ist also nicht *sein* Ziel, das Spiel zu gewinnen, sondern dasjenige der Programmierer.« Man könnte dem wiederum entgegenhalten, dass der Schachcomputer inklusive der implementierten Zielfunktionen zwar das Produkt einer Programmierung sei, aber auch der Mensch und alle Lebewesen inklusive ihrer jeweiligen ›Zielfunktionen‹ Produkte sind, und zwar der natürlichen und sozialen Evolution. Diese mögliche Replik ändert freilich nichts daran, dass man zwischen unterschiedlichen Arten von Zielgerichtetheit unterscheiden kann. Dies verstößt übrigens nicht gegen Coelho Mollos zweites Desiderat, also die Forderung nach »origin neutrality«. Das wäre lediglich dann der Fall, wenn man evolutionär bzw. sozial entstandene Zielsetzungen als notwendige Voraussetzung für intelligentes Verhalten ansehen würde. Es geht hier aber nicht darum, dem Schachcomputer intelligentes Verhalten abzusprechen, sondern lediglich darum, auf eine Differenz aufmerksam zu machen, die zwischen Schachcomputern und menschlichen Schachspieler:innen besteht: Während man im Fall des Schachcomputers von ›abgeleiteter Zielgerichtetheit‹ sprechen kann, kann man im menschlichen Fall von ›originärer Zielgerichtetheit‹ sprechen.

Diese Unterscheidung erinnert natürlich an eine ähnliche Unterscheidung, die in Diskussionen der Philosophie des Geistes eine wichtige Rolle spielt, nämlich die zwischen zwei Arten von Intentionalität, die John Searle und in etwas anderer Form auch John Haugeland vorgenommen haben.[3] In seinem berühmten Chinese-Room-Argument hat Searle geltend gemacht, Maschinen könnten kein genuines Verständnis er-

---

3 Vgl. Searle (1980) und Haugeland (1990).

langen.[4] All das hängt zusammen. Leider sind wir weit entfernt davon, eine Lösung oder auch nur den Ansatz einer Lösung für diesen großen Zusammenhang bieten zu können. Unser Anspruch ist wesentlich bescheidener und geht lediglich davon aus, dass es einen Unterschied zwischen originärer und abgeleiteter Zielgerichtetheit gibt.

4.5 Zwei Arten von Intelligenz

Wenn es stimmt, dass man zwischen zwei Arten von Zielgerichtetheit unterscheiden kann, nämlich zwischen einer solchen, die sich auf die Ziele eines anderen Wesens oder Systems zurückführen lässt, einerseits, und einer, bei der das nicht möglich ist, andererseits, dann hat dies unmittelbare Konsequenzen für den Begriff der Intelligenz. Wenn man nämlich mit Coelho Mollo davon ausgeht, dass Zielgerichtetheit ein elementarer Bestandteil von Intelligenz ist, dann setzt sich die Unterscheidung von Arten der Zielgerichtetheit oder von *eigenen* und *vorgegebenen* Zielen, wie man auch sagen kann, im Intelligenzbegriff fort und führt zu zwei Arten von Intelligenz. Während Wesen oder Systeme, die über die Fähigkeit verfügen, eigene Ziel flexibel und adaptiv zu verfolgen, als *originär-intelligent* bezeichnet werden können, kann man bei Wesen und Systemen, die über eine vergleichbare Fähigkeit verfügen, aber nur vorgegebene Ziele verfolgen können, lediglich von *abgeleiteter Intelligenz* sprechen. Diese Terminologie ist sicher nicht ganz glücklich, aber hoffentlich trotzdem hinreichend klar. Was bringt sie uns?

Sie versetzt uns einerseits in die Position, die ursprüngliche Frage, nämlich ob (einige) Maschinen *wirklich* intelligent sind, beantworten zu können. Wesen oder Systeme, die generelles, flexibles und adaptives Verhalten bei der Verfolgung von Zielen zeigen, sind intelligent. Ohne Zweifel erfüllen schon viele heutige KI-Systeme dieses Kriterium. Wie beim Menschen, so wird man auch mit Blick auf diese Systeme sagen, dass sie in unterschiedlichem Maße intelligent sind. Ob es sinnvoll ist, dies in einem einzigen Wert zu messen, oder ob man besser unterschiedliche Dimensionen differenziert, lassen wir hier offen. Es scheint uns allerdings einiges dafür zu sprechen, dass Generalität, Flexibilität und Adaptivität sehr verschieden sind und es sowohl Systeme geben kann, die bspw. über ein hohes Maß an Generalität verfügen, gleichzeitig aber nicht sehr adaptiv sind, als auch umgekehrt. Bei Menschen kennt man das Phänomen der Inselbegabung, das sich in einem einzelnen quantitativen Intelligenzscore nicht gut abbilden lässt. Wie dem auch sei, geht man von den drei genannten Kriterien aus, dann sind einige aktuelle KI-Systeme sicher *abgeleitet intelligent*.

Keinem der aktuellen KI-Systeme wird man indes *originäre Intelligenz* attestieren können, da sie bislang stets von den Zielsetzungen menschlicher Programmierer:innen abhängig sind. Dies gilt auch dann, wenn ein System innerhalb eines übergeordneten Ziels eventuell flexibel neue Strategien entwickelt, die eigenständige

---

4 Zur mittlerweile weitverzweigten Diskussion um das Chinese-Room-Argument vgl. Cole (2020).

Binnenzielsetzungen umfassen. In diesem Fall stimmt es zwar, dass sich ein solches Binnenziel nicht direkt auf eine:n Programmierer:in zurückführen lässt. Das ändert aber nichts an der Tatsache, dass die übergeordnete Zielsetzung vorgegeben bleibt und damit den Sinngehalt etwaiger neuer Binnenziele vollständig bestimmt.

Die Ausgangsfrage, ob KI-Systeme *wirklich* intelligent sind, muss man also präzisieren, indem man zwei neue Fragen stellt, nämlich 1. »Sind KI-Systeme abgeleitet intelligent?« (Auf diese Frage lautet die Antwort »Ja«) und 2. »Sind KI-Systeme originär-intelligent?« (Auf diese Frage lautet die Antwort »Nein«).

Der Umstand, dass es zwei unterschiedliche Antworten gibt, kann helfen zu verstehen, warum sich die Frage so hartnäckig hält. Solange man nur über den undifferenzierten Intelligenzbegriff verfügt, ist man teilweise geneigt, die ursprüngliche Frage positiv zu beantworten, man hält die Antwort aber teilweise auch für unbefriedigend. Mit der Differenzierung sieht man jetzt, dass dieses anhaltende Unbehagen seinen Grund in der Sache selbst hat. Sowohl die positive als auch die negative Antwort erweisen sich als falsch. Was nötig ist, ist ein Intelligenzbegriff, der eine differenzierte Antwort erlaubt, und genau einen solchen Intelligenzbegriff liefert Coelho Mollo, wenn man ihn um die Differenzierung von unterschiedlichen Arten der Zielgerichtetheit bzw. von eigenen und vorgegebenen Zielen erweitert.

Wie so oft, führt auch diese Antwort auf eine neue Frage: Was müsste ein KI-System für Verhalten an den Tag legen, damit wir ihm originäre Intelligenz zubilligen? Die Antwort scheint zunächst einfach zu sein: Ein solches System müsste Ziele verfolgen, die sich nicht auf die Ziele seiner Programmierer:innen zurückführen lassen. Hier könnte ein Problem liegen, das wir zum Abschluss noch etwas beleuchten möchten. Wir kommen damit auf einen Punkt zurück, den wir eingangs bereits kurz erwähnt haben, nämlich Coelho Mollos Forderung, ein überzeugender Begriff von Intelligenz müsse sich auf beobachtbares Verhalten beschränken.

4.6   Originär-intelligente Maschinen

Stellen wir uns vor, Sie sehen eine Person, die Schach spielt und über den nächsten Zug nachdenkt. Nach einer Weile zieht sie eine Figur und setzt damit ihre:n Gegner:in matt. Nehmen wir zudem an, der Zug, den die Person gefunden hat, war wirklich sehr gut und keineswegs offensichtlich. Wir würden also sagen, die Person hat sich intelligent verhalten. Sie hat eine gute Lösung für ein schwieriges Problem gefunden. Nehmen wir weiter an, Sie würden zu der Person gehen und sagen: »Das war ein toller Zug!« und die Person würde antworten: »Ja, aber ich wollte gar nicht spielen. X hat gesagt, ich müsse spielen.« Wir würden dies kaum zum Anlass nehmen, der Person ihre Intelligenz abzusprechen. Trotzdem scheinen wir einräumen zu müssen, dass die Person in diesem Fall nicht *ihr eigenes* Ziel verfolgt hat, sondern das Ziel von X. Folgt man dieser Überlegung, dann ist es wohl sehr oft der Fall, dass Menschen *vorgegebene Ziele* verfolgen und nicht *eigene*. Wir würden in diesen Fällen aber sicher nicht sagen, dass diese Menschen nicht intelligent handeln. Mehr noch, es wäre sogar ziemlich absurd zu behaupten, dass ein und dieselbe Handlung intelligent zu nennen ist, wenn sich eine Person selbst dazu entschlossen hat, und nicht intelligent, wenn sie ein vorgegebenes Ziel einer anderen Person verfolgt. Stellt dies die obige Differenzierung nicht grundsätzlich in Frage?

So weit muss man nicht gehen. Die oben vorgeschlagene Differenzierung sieht ausdrücklich nicht vor, dass die Fähigkeit, vorgegebene Ziele zu verfolgen, nicht als Intelligenz zählt, sondern lediglich, dass wir unterscheiden müssen, ob es sich um *originäre* oder *abgeleitete* Intelligenz handelt. Mit anderen Worten: Auch Schachspieler:innen, die auf Anweisung hin spielen, agieren intelligent. Dennoch, die Brillanz eines Schachzugs scheint überhaupt nicht davon abzuhängen, ob sich die Person selbst zum Spiel entschlossen hat oder lediglich der Forderung eines anderen nachkommt. Der Hinweis, dass man sie weiterhin abgeleitet-intelligent nennen kann, bleibt daher unbefriedigend.

Wir denken trotzdem, dass die Unterscheidung relevant ist, und darüber hinaus auch, dass sie Einfluss auf die grundsätzliche Charakterisierung eines Wesens oder Systems hat. Es scheint uns zu stimmen, dass der Schachcomputer über eine *grundsätzlich andere Art von Intelligenz* verfügt, solange er *ausschließlich* abgeleitete Ziele verfolgt. Um dies behaupten zu können, muss man aber eine Zusatzannahme machen, die womöglich weitreichende Konsequenzen hat.

Betrachten wir dazu noch einmal den Schachspieler aus dem Beispiel. Wenn er sagt: »Ich wollte gar nicht spielen. X hat es mir vorgegeben«, dann beschreibt er zwar eine relevante Tatsache, er unterschlägt aber, dass er sich trotzdem dazu entschließen musste, der Forderung von X zu folgen. Allgemeiner kann man sagen, dass Menschen, wann immer sie den Vorgaben von anderen folgen, die vorgängige Entscheidung getroffen haben, den Vorgaben anderer zu folgen. Damit liegt die letzte Zielsetzung stets bei ihnen. Etwas anders formuliert bedeutet das: Als freie und verantwortliche Wesen folgen wir in letzter Konsequenz immer unseren eigenen Zielen.[5] Das unterscheidet den menschlichen Schachspieler vom Computerprogramm, selbst wenn er eine Partie auf Anweisung eines anderen hin spielt.

Entscheidend ist nun folgende Überlegung: Ob unser Gegenüber ein freies Wesen ist, lässt sich nicht allein an seinem beobachtbaren Verhalten ablesen, sondern ist vielmehr eine Unterstellung unsererseits. Tatsächlich handelt es sich um einen *Akt der wechselseitigen Anerkennung*: Wir anerkennen ein Gegenüber dann und nur dann als Person, wenn wir Grund zur Annahme haben, dass auch er uns als Person anerkennt.[6] (Natürlich muss das nicht kontinuierlich der Fall sein, sonst könnten wir schon Schlafende nicht als Personen betrachten. Darüber hinaus gibt es andere schwierige Fälle, bspw. Menschen, die sich im Wachkoma befinden.)

Trifft das aber zu, dann stellt sich ein grundlegendes Problem: Die Frage »Welches Verhalten müsste ein KI-System an den Tag legen, damit wir ihm originäre Intelligenz zubilligen?« erweist sich als Sackgasse. Denn offenbar hängt der grundlegende Anerkennungsakt nicht von beobachtbarem Verhalten ab, sondern resultiert aus einer komplexen sozialen Praxis. Dies steht aber in Widerspruch zu Coelho Mollos

---

5   Vgl. Sartre (2018).
6   Vgl. einführend zum Begriff der Anerkennung Ikäheimo (2014).

Forderung, der Intelligenzbegriff müsse sich auf beobachtbares Verhalten beschränken. Man muss also offenbar zwischen zwei gleichermaßen unbefriedigenden Alternativen wählen: Entweder man akzeptiert die Differenzierung von zwei Arten der Zielgerichtetheit und nimmt in Kauf, dass sich originäre Intelligenz nicht allein durch beobachtbares Verhalten aufweisen lässt, sondern vielmehr mit einem anspruchsvollen Anerkennungsbegriff verknüpft ist, der in einer gemeinsamen Anerkennungspraxis gründet. Oder aber man lehnt die Differenzierung unterschiedlicher Arten von Zielgerichtetheit ab und beschränkt sich auf eine rein behaviorale Ebene. Dann kann man zum einen den Unterschied zwischen Schachcomputern und menschlichen Schachspieler:innen nicht einfangen (was man womöglich gar nicht schlimm findet). Was schwerer wiegt, ist, dass man erklären muss, was Zielgerichtetheit eigentlich sein soll und warum man bei rein mechanischen Vorgängen nicht von Zielgerichtetheit spricht.

4.7 Anerkennung als menschliche Praxis

Die geschilderte Alternative zweier gleichermaßen unbefriedigender Alternativen lässt im Hintergrund eine bekannte Konfliktsituation erkennen. Auf der einen Seite stehen dabei die Vertreter:innen einer Position, die reklamiert, dass es Sachverhalte der menschlichen Lebensform gebe, die mit szientischen Methoden nicht oder zumindest nicht adäquat zu erfassen seien. Dies wird von szientischer Seite in der Regel mit einem Obskurantismusvorwurf beantwortet. Dieser Konflikt hat wiederholt Ausdruck gefunden im wissenschaftstheoretischen Streit um die methodologische Eigenständigkeit der Geisteswissenschaften.[7] Dieser Grundlagenstreit kann hier selbstverständlich nicht beigelegt werden, aber im Hinblick auf die Frage nach einer originären Zielgerichtetheit und ihrer epistemischen Zugänglichkeit kann zumindest versucht werden, dasjenige möglichst präzise kenntlich und damit plausibel zu machen, was dem szientischen Blick womöglich systematisch entgeht. Die Theorietraditionen, an die dabei angeknüpft werden kann, sind zum einen die im Deutschen Idealismus von Fichte und vor allem von Hegel entwickelten Anerkennungstheorien sowie deren Wiederaufnahmen in der Gegenwartsphilosophie.[8] Zum anderen sind phänomenologische Beiträge zu berücksichtigen, die der Aufklärung der Situation des Begegnens von Personen gewidmet sind.[9]

Folgt man dem Gedanken, dass die originäre Intelligenz nicht im Zuge einer bloßen Tatsachenfeststellung zugänglich wird, sondern mindestens teilweise darauf beruht, dass ein Wesen in einem wechselseitigen Prozess als Person anerkannt wird, dieser Status also erst durch die Anerkennung erzeugt bzw. beglaubigt wird, dann droht ein naturwissenschaftlich formierter Zugriff einen relevanten Teil des Phänomens intelligenten Verhaltens zu eliminieren.

---

7 Vgl. etwa Hartmann et al. (2012).
8 Vgl. Fichte (1991), Hegel (1987), Siep (2014), Honneth (2003).
9 Vgl. insbesondere Sartre (2022) und Lévinas (1999); siehe dazu Sturma (1997): 305–310.

Etwas als jemanden, das heißt als Person anzuerkennen, ist ein Vorgang, der zum einen eine epistemische Seite hat: An den Äußerungen, am Ausdrucksverhalten wird etwas wahrgenommen, das beim Wahrnehmenden wiederum ein bestimmtes Ausdrucksverhalten hervorruft, das seinerseits vom anderen wahrgenommen und auf eine spezifische Weise beantwortet wird. Zum anderen verfügt dieser Vorgang über eine praktische Seite: Das reaktive Ausdrucksverhalten der Beteiligten impliziert, den jeweils Anderen als Quelle von Ansprüchen zu betrachten und entsprechend zu reagieren. Um Ansprüche, die auf ein bestimmtes reaktives Verhalten beim Anderen abzielen, handelt es sich zunächst einmal in einem sehr allgemeinen Sinne: Die Beteiligten einer Anerkennungsbeziehung betrachten sich wechselseitig und auch sich jeweils selbst als Quellen normativer Ansprüche oder, um es mit Robert Brandom auszudrücken, als Akteur:innen im Raum der Gründe.[10] Darin liegt, grob gesagt, die Anerkennung. Und nur innerhalb der Sphäre von Anerkennungsbeziehungen ist originäre Intelligenz situiert.

Um den entscheidenden Unterschied zwischen dem Erkennen, das im Anerkennen enthalten ist, und szientifischen Erkenntnisweisen weiter zu schärfen: Die Äußerung einer Absicht oder eines Vorhabens wird im Rahmen einer Anerkennungsbeziehung als das Eingehen bestimmter normativer Verpflichtungen angesehen, auf die das Gegenüber mit bestimmten Forderungen reagieren kann. Die Beteiligten der Anerkennungsbeziehung vollziehen eine Praxis und betrachten ihrer beider Äußerungen vor dem Hintergrund sozial etablierter normativer Verhaltensmuster. Sie betrachten die jeweils anderen Akteur:innen im Raum der Gründe nicht als bloße Gegenstände und ihre Äußerungen nicht als bloße physische Vorkommnisse. Wunschäußerungen von Akteur:innen sind nicht bloß Berichte über innere Zustände, und Absichtsbekundungen sind etwas anderes als Verhaltensvorhersagen in eigener Sache.[11] Insbesondere von phänomenologischer Seite ist herausgestellt worden, dass die Wahrnehmung von Personen und des entsprechenden Ausdrucksverhaltens direkt erfolgt, das heißt, es wird nicht erst auf der Basis von proto-szientifischen Verhaltensbeobachtungen in einem zweiten Schritt auf das Vorliegen von Personalität geschlossen. Nur in besonderen Zweifelsfällen – etwa bei dem Verdacht, es mit pathologischem Verhalten zu tun zu haben – können direkte Wahrnehmung und Reaktion suspendiert werden und in prüfender Absicht die Einstellung distanzierter Verhaltensbeobachtung eingenommen werden.[12] Aber auch dann zielt dieses Vorgehen nicht darauf, die Äußerungen originärer Intelligenz auf anderem Wege zu erschließen, sondern umgekehrt sollen für diejenigen Verhaltensepisoden, die den Zweifel auslösen, alternative Erklärungen in Betracht gezogen werden. Jemandem hingegen, der systematisch Wünsche für Berichte über innere Zustände hielte und Absichtsbekundungen für Vorhersagen,

---

10 Vgl. Brandom (1994).
11 Vgl. Cavell (1982): 379.
12 Vgl. dazu auch Strawson (1978), insbesondere 208ff.

müsste man eine eigentümliche Art von Blindheit für andere Personen attestieren,[13] das heißt, er wäre unfähig, die Äußerungen von Personen als Ausdruck genuiner Intentionalität zu verstehen. Als aktiv Beteiligter einer Anerkennungsbeziehung würde er scheitern.

Wer solchermaßen agiert, würde das Verhalten anderer Akteur:innen in einer Weise deuten, die der szientischen Erkenntnisweise nahekommt – mit dem gravierenden Unterschied freilich, dass die bzw. der Verhaltenswissenschaftler:in in ihrer bzw. seiner Rolle als Forschende:r nicht nur die eigene Einbindung in Anerkennungsbeziehungen zu den Forschungsobjekten methodisch eliminiert, sondern deren Verhalten auch durch die Angleichung an beliebige andere Vorkommnisse in der Welt seiner normativen Dimension entkleidet.

Coelho Mollos Forderung nach einer Beschränkung des Intelligenzbegriffs auf beobachtbares Verhalten erweitert zwar im Zusammenspiel mit seinen auf die anfänglich genannten Desiderate antwortenden Forderungen das Spektrum dessen, was als intelligent gelten kann. Doch die Erweiterung läuft, wie gesagt, Gefahr, durch eine Blickverengung erkauft zu werden, die in einer nicht phänomengerechten Betrachtung normgesteuerten Verhaltens und damit des Ausdrucks originärer Intelligenz besteht. Dabei besteht das Problem nicht darin, dass eine phänomengerechte Betrachtung die epistemische Bezugnahme auf eine obskure geisterhafte Größe statt auf manifestes Verhalten erforderlich machte. Auch im Rahmen von Anerkennungsbeziehungen kommt der Wahrnehmung von Verhalten – nämlich: Ausdrucksverhalten – die zentrale epistemische Rolle zu, doch von den Akteur:innen wird das gleiche Verhalten der anderen Akteur:innen im Raum der Gründe, das auch in szientischer Einstellung beobachtet wird, auf eine andere Weise wahrgenommen. Die Akteur:innen beziehen sich nicht auf grundsätzlich andere Vorkommnisse, sondern sie beziehen sich anders auf die im Wesentlichen gleichen Vorkommnisse.

Stanley Cavell spricht hinsichtlich der Wahrnehmung von Ausdrucksverhalten in Anerkennungsbeziehungen von einem »seeing human beings as human beings«[14]. Auch wenn er damit einen wichtigen Punkt trifft, ist es womöglich in zweifacher Hinsicht unglücklich formuliert. Zum einen greift Cavell auf zwei unterschiedliche Bedeutungen des Ausdrucks »human being« zurück (als Gattungswesen einerseits, als Akteur im Raum der Gründe andererseits), was ohne weitere Erläuterungen nicht über ein Wortspiel hinausführt. Und zum anderen, und das ist für den vorliegenden Kontext bedeutsamer, scheint Cavell in dem Zitat von vornherein davon auszugehen, dass nur Exemplare der Gattung Mensch als Akteur:innen im Raum der Gründe und somit als aktiv Beteiligte in Anerkennungsbeziehungen wahrgenommen werden können. Eine solche anthropozentrische Prämisse steht aber aus guten Gründen infrage.

---

13 Stanley Cavell spricht diesbezüglich von »soul-blindness« (Cavell 1982: 378ff.), was allerdings leicht als ein Festhalten am ontologischen Dualismus missverstanden werden könnte. Cavell selbst bezieht sich auf Ludwig Wittgensteins Spätphilosophie, insbesondere auf dessen Konzepte des Aspektsehens und der Aspektblindheit; vgl. Wittgenstein (1984): 518–525 und 551–554.
14 Cavell (1982): 378.

Während wir bei anderen Menschen routinemäßig davon ausgehen, dass es sich um Personen handelt und nur in Grenzfällen – etwa bei dauerhaft Komatösen oder Föten bis zu einem gewissen Entwicklungsgrad – unsicher sind, und wir gleichzeitig bislang über keine Erfahrungen mit nicht-menschlichen Personen verfügen – selbst wenn einige bei den sog. Großen Menschenaffen in dieser Hinsicht Revisionsbedarf anmelden –, sollten wir grundsätzlich davon ausgehen, dass es andere Entitäten gibt oder zumindest geben kann, die Personen sind, die über *originäre Intelligenz* wie wir verfügen. Das bedeutet, um eine Formulierung von Wilfrid Sellars aufzugreifen, dass wir uns und diese Entitäten als zu einer Gemeinschaft gehörig ansehen müssten.[15] Als entscheidend für die Zugehörigkeit zu dieser Gemeinschaft sieht Sellars die Fähigkeit an, »in meaningful discourse« miteinander zu treten.[16] Demnach ist die soziale Praxis der personalen Anerkennung in eine diskursive Praxis eingebettet und die Zuschreibung originärer Intelligenz erschöpft sich nicht darin, eine bestimmte Fähigkeit zu beschreiben, sondern miteinander in einen diskursiven Austausch einzutreten. Brandom hat einen Vorschlag dazu gemacht, wie die Struktur diskursiver Praxis im Detail zu verstehen ist. Ihm zufolge ist es eine sechsfache Struktur, die diskursive Bewertungspraktiken mit konzeptionellen Inhalten verbindet, die für diskursive Praxis notwendig und hinreichend ist.[17]

4.8 Fazit

Den Ausgangspunkt unserer Überlegungen bildete die Frage, ob Maschinen *wirklich* intelligent sein können. Anknüpfend an die Definition von Coelho Mollo haben wir eine Differenzierung vorgeschlagen, die es erlaubt, diese Frage sowohl mit »Ja« als auch mit »Nein« zu beantworten. In einem abgeleiteten Sinne können KI-Systeme demnach zu Recht als intelligent bezeichnet werden, in einem originären Sinne aber nicht. Diese Lösung scheint uns durchaus attraktiv zu sein. Wir räumen aber ein, dass sie zu tiefen Problemen innerhalb der Philosophie des Geistes führt, für die wir keine überzeugende Lösung anbieten können. Eine Möglichkeit besteht darin, die Zuschreibung des Personenstatus als einen Akt der Anerkennung zu rekonstruieren, der in einer sozialen Praxis gründet. Man gibt dann aber den Vorteil preis, den eine rein behaviorale Beschreibungsebene bietet, die Coelho Mollo bei seinem Versuch einer Definition von Intelligenz explizit gefordert hatte.

Vielleicht ist es tatsächlich so, dass die Frage, ob Maschinen *wirklich* intelligent sind, den Bereich beobachtbaren Verhaltens überschreitet. Vielleicht verweist diese Frage auf einen tiefergehenden Vergleich von Menschen und Maschinen und führt uns vor Augen, dass wir Menschen nicht nur als Lebewesen erkennen und beschreiben können, sondern auch als Personen anerkennen müssen. Dies schließt im Übrigen nicht aus, dass wir auch andere Wesen oder Artefakte *als Personen anerkennen*

---

15 Sellars (2007): 408.
16 Ebd.: 407.
17 Vgl. Brandom (2010).

können oder sogar müssen. Wir verstehen aber offenbar immer noch nicht gut genug, wie unsere personale Anerkennungspraxis als diskursive Praxis funktioniert. Vielleicht ist das eine der Fragen, auf die die intensive Beschäftigung mit KI letztlich führt und der wir uns intensiver widmen sollten.

Literatur

Brandom, Robert (1994): *Making It Explicit. Reasoning, Representing, and Discursive Commitment*, Harvard University Press, Cambridge (Mass.).
Brandom, Robert (2010): *Conceptual content and discursive practice*, in: Grazer Philosophische Studien 81/1, 13–35.
Cavell, Stanley (1982): *The Claim of Reason. Wittgenstein, Skepticism, Morality, and Tragedy*, Oxford University Press, Oxford/New York.
Coelho Mollo, Dimitri (2022): *Intelligent Behaviour*, in: Erkenntnis 89/2.
Cole, David (2020): *The Chinese Room Argument*, in: Zalta, Edward N./Nodelman, Uri (Hg.): *The Stanford Encyclopedia of Philosophy* (Summer 2023 Edition), URL: https://plato.stanford.edu/archives/sum2023/entries/chinese-room/.
Fichte, Johann Gottlieb (1991): *Grundlage des Naturrechts nach Prinzipien der Wissenschaftslehre*, Meiner, Hamburg.
Hartmann, Dirk/Mohseni, Amir/Reckwitz, Erhard/Rojek, Tim/Steckmann, Ulrich (Hg.) (2012): *Methoden der Geisteswissenschaften. Eine Selbstverständigung*, Velbrück, Weilerswist.
Haugeland, John (1990): *The Intentionality All-Stars*, in: Philosophical Perspectives 4, 383–427.
Hegel, Georg Wilhelm Friedrich (1987): *Phänomenologie des Geistes*, Meiner, Hamburg.
Honneth, Axel (2003): *Kampf um Anerkennung. Zur moralischen Grammatik sozialer Konflikte*, Erweiterte Ausgabe, Suhrkamp, Frankfurt am Main.
Ikäheimo, Heikki (2014): *Anerkennung*, de Gruyter, Berlin.
Lévinas, Emmanuel (1999): *Die Spur des Anderen. Untersuchungen zur Phänomenologie und Sozialphilosophie*, Wolfgang Nikolaus Krewani (Hg./Übs.), Karl Alber, Freiburg im Breisgau.
Sartre, Jean-Paul (^{9}2018): *Der Existentialismus ist ein Humanismus*, in: Der Existentialismus ist ein Humanismus und andere philosophische Essays 1943–1948, Rowohlt, Reinbek, 145–192.
Sartre, Jean-Paul (^{23}2022): *Das Sein und das Nichts: Versuch einer phänomenologischen Ontologie*, Rowohlt, Reinbek.
Searle, John (1980): *Minds, brains, and programs*, in: Behavioral and Brain Sciences 3/3, 417–424.
Sellars, Wilfrid (2007): *Philosophy and the Scientific Image of Man*, in: Scharp, Kevin/Brandom, Robert (Hg.): In the Space of Reasons. Selected Essays of Wilfrid Sellars, Harvard University Press, Cambridge (Mass.), 369–408.
Siep, Ludwig (2014): *Anerkennung als Prinzip der praktischen Philosophie. Untersuchungen zu Hegels Jenaer Philosophie des Geistes*, Meiner, Hamburg.
Strawson, Peter Frederick (1978): *Freiheit und Übelnehmen*, in: Pothast, Ulrich (Hg.): Seminar: Freies Handeln und Determinismus, Suhrkamp, Frankfurt am Main, 201–233.
Sturma, Dieter (1997): *Philosophie der Person. Die Selbstverhältnisse von Subjektivität und Moralität*, Schöningh, Paderborn.
Wang, Pei (2019): *On Defining Artificial Intelligence*, in: Journal of Artificial General Intelligence 10/2, 1–37.
Wittgenstein, Ludwig (1984): *Philosophische Untersuchungen*, in: Werkausgabe Band 1, Suhrkamp, Frankfurt am Main.

5 Fundamentale Grenzen der künstlichen Intelligenz aus mathematischer Sicht

Holger Boche, Adalbert Fono, Gitta Kutyniok

Abstract: Trotz der beeindruckenden Fortschritte der Fähigkeiten von Künstlicher Intelligenz in den vergangenen zehn Jahren haben die gegenwärtigen KI-Systeme noch schwerwiegende Nachteile, insbesondere in Bezug auf Zuverlässigkeit und Vertrauenswürdigkeit, d. h. einer korrekten, nachvollziehbaren und verlässlichen Vorgehensweise. Daher ist eine zentrale Frage, inwieweit eine zuverlässige und vertrauenswürdige KI etabliert werden kann und welchen Limitationen sie gegebenenfalls unterliegt. Aus mathematischer Perspektive ist eine KI nichts anderes als ein Computerprogramm, was impliziert, dass das Vermögen der KI zwangsläufig durch die Leistungsfähigkeiten des Computers selbst begrenzt ist. Durch eine Abstraktion von Computern in mathematische Modelle können wir ihre Leistungsfähigkeit erforschen und vor allem auch das Potential von Computerprogrammen (etwa eine zuverlässige und vertrauenswürdige KI) evaluieren. Anhand einer mathematischen Problemstellung, sogenannten inversen Problemen, stellen wir dar, dass verschiedene Rechentechnologien – also die verwendete Hardware – in der Theorie die Existenz unterschiedlich starker KI zur Lösung ermöglichen. Dabei vergleichen wir digitale mit analogen Rechenmodellen und zeigen, dass das analoge Modell das Potential besitzt, zuverlässige KI zur Lösung inverser Probleme zu etablieren, wohingegen das digitale Modell die Zuverlässigkeit nicht in gleichem Maße garantieren kann. Folglich hängen aus mathematischer Sicht auch die Grenzen einer zuverlässigen und vertrauenswürdigen KI von der Wahl des Rechenmodells ab. Eine offene Frage besteht gegenwärtig noch darin, inwiefern eine analoge Maschine, die dem untersuchten mathematischen Modell entspricht, praktisch realisiert werden kann, um die theoretischen Vorteile auch direkt in die Praxis umzusetzen.

5.1 Einleitung

Aus Sicht der Informatik ist Künstliche Intelligenz (KI) ein Computerprogramm, ein sogenannter intelligenter Agent, der in der Lage ist (komplexe) Aufgaben auszuführen, die mit menschlicher Intelligenz verknüpfte Attribute erfordern, etwa Wahrnehmung, logisches Denken, Lernen und das Verstehen natürlicher Sprache. Eine praktische Umsetzung dieser Idee nahm ihren Anfang im 20. Jahrhundert. Erste Erfolge wurden mit sogenannten Expertensystemen bzw. regelbasierten Systemen erzielt.

Diese haben Zugriff auf eine Wissensbasis – beispielsweise von Expertinnen und Experten eines Gebietes zusammengetragen und in einer Datenbank gesichert –, sowie auf vorgeschriebene Handlungsweisen und Regeln, um z. B. logische Schlussfolgerungen zu führen. Demzufolge können Expertensysteme durch logische Schlussfolgerungen zwar bis zu einem begrenzten Grad über ihre Wissensbasis hinaus Aussagen treffen, aber diese Möglichkeit ist stark begrenzt. Insbesondere passen Expertensysteme ihre Methoden durch das Erlernen neuer Lösungsansätze nicht an, sondern sie sind auf die festgelegten Handlungsweisen beschränkt. In diesem Sinne besitzen sie größtenteils nicht die oben aufgeführten Attribute menschlicher Intelligenz und zudem sind sie nicht zu kreativen Lösungsansätzen fähig, obgleich sie bei der Lösung bestimmter Aufgabenstellungen durchaus hilfreich sein können. Ein Beispiel für ein Expertensystem auf ›sehr‹ niedrigem Niveau ist der Taschenrechner, der sicherlich nützliche Fähigkeiten besitzt, jedoch im Allgemeinen nicht mit Intelligenz assoziiert werden kann.

Expertensysteme sind also weder kreativ noch lernfähig. Um diese Nachteile auszugleichen, wurden Systeme vorgeschlagen, die stärker der Struktur menschlicher Intelligenz nachempfunden sind, und zwar auf zweierlei Weise. Zum einen wurde die Fähigkeit des Menschen aus Erfahrungen und Interaktion mit seiner Umwelt zu lernen abstrahiert. Dies resultierte in datengetriebenen Systemen, die – stark vereinfacht ausgedrückt – aus verfügbaren Daten die relevanten Informationen zur Lösung eines Problems ableiten sollen. Diese Herangehensweise wird unter dem Sammelbegriff ›maschinelles Lernen‹ zusammengefasst. Maschinelles Lernen verkörpert das Konzept, dass Maschinen lernen können bestimmte Probleme selbstständig zu lösen, indem sie Daten auswerten und ihre Leistung mit der Zeit verbessern. Zum anderen wurden Systeme, sogenannte ›künstliche neuronale Netze‹, entwickelt, die in Grundzügen und stark vereinfacht dem menschlichen Gehirn nachempfunden sind. Zunächst war diesem Ansatz kein großer Erfolg beschieden. Wie sich herausstellte, lagen die Probleme größtenteils an fehlenden bzw. zu wenigen Daten und fehlender Rechenkapazität. Doch mit dem Einzug des digitalen Zeitalters und der Entwicklung moderner Computer konnten diese Hindernisse überwunden werden.

Diese Entwicklungen führten Anfang der 2010er Jahre zum ImageNet-Moment.[18] Hiermit wird der bahnbrechende Erfolg von künstlichen neuronalen Netzen im Bereich der Bildklassifizierung bezeichnet, wobei erstmals die Leistung klassischer Algorithmen deutlich übertroffen wurde. Von hier war es nur noch ein kleiner Schritt, bis künstliche neuronale Netze die Leistungsfähigkeit menschlicher Individuen im Bereich der Bildklassifizierung erreichten.[19] Zudem wurden durch Skalierung der Datenmengen und Rechenleistung künstliche neuronale Netze entwickelt, die in vielfältigen Anwendungen hervorragende Ergebnisse erzielten und vorherigen Ansätzen zum Teil drastisch überlegen waren, als auch vormals menschliche Domänen mühelos kaperten.[20]

---

18 Vgl. Krizhevsky/Sutskever/Hinton (2017).
19 Vgl. He et al. (2015).
20 Vgl. Silver et al. (2016); Senior et al. (2020).

Deutlich überraschender war der Erfolg der letzten Generation künstlicher neuronaler Netze im Gebiet der Computerlinguistik. Aufgrund der Komplexität des Verständnisses und Generierung von Sprache vermutete man hier eine Grenze des bisherigen Ansatzes der Skalierung. Nun ist in der Tat fraglich, ob die eingesetzten künstlichen neuronalen Netze ein Verständnis der Sprache wie wir Menschen entwickeln; das Vermögen der Modelle wie GPT-4 ist trotzdem beeindruckend.[21] Offen ist jedoch – und hierbei herrscht Uneinigkeit unter Expertinnen und Experten – ob der derzeitige Ansatz weiter ausgebaut werden kann, also die jetzigen Methoden mit kleineren Anpassungen weiterentwickelt und skaliert werden können, um eine ›starke KI‹ zu realisieren, oder ob es eine Grenze dieses Ansatzes gibt.[22]

Eine Möglichkeit, aus technischer Sicht an diese Frage heranzugehen, besteht darin, den Blickwinkel zu erweitern und die Grenzen des gesamten Komplexes bestehend aus Software (KI) und Hardware (Rechenmaschine) zu evaluieren. Da KI prinzipiell nur ein Computerprogramm ist, können grundsätzliche Aussagen über ihre Leistungsfähigkeit nur in Hinblick auf den ausführenden Computer und seiner ›Maschinensprache‹ getroffen werden. Dies stellt eine Obergrenze des Machbaren für KI-Implementierungen dar. Im Folgenden werden wir diesen Aspekt genauer herausarbeiten und die Implikationen für Grenzen der Künstlichen Intelligenz diskutieren.

5.2 Algorithmen und Deep Learning

5.2.1 Algorithmische Lösbarkeit

Oftmals wird man bei einer mathematischen Fragestellung mit folgendem Problem konfrontiert: Existiert eine Lösung und wenn ja, wie kann man diese bestimmen? Unter bestimmten Umständen werfen Existenz und Konstruktion von Lösungen unterschiedliche Problemstellungen auf. Obwohl die Existenz einer Lösung durch explizite Konstruktion bewiesen werden kann, ist ein Ansatz, der die Existenz logisch ableitet, ohne die Lösung genau zu spezifizieren, ebenso gültig. So existieren in der Mathematik zahlreiche Aussagen über die Existenz einer Lösung unter bestimmten Voraussetzungen ohne einen konstruktiven Weg zur Berechnung ebendieser zu spezifizieren.

In der Praxis ist man in der Regel an einer konstruktiven Lösung interessiert und strebt eine algorithmische Implementation des Lösungsansatzes auf einem Computer an, so dass die notwendigen Schritte autonom und verlässlich durchgeführt werden können. Formal können wir die folgenden Abhängigkeiten und Zusammenhänge identifizieren: Ein Algorithmus ist ein Satz von Anweisungen, der ein gestelltes Problem unter den Prämissen des zugrundeliegenden Computing-Systems löst. Insbesondere kann ein Algorithmus nur innerhalb klar definierter Grenzen, vorgegeben durch das Computing-System, verlässlich arbeiten. Soll ein Algorithmus beispielsweise auf einer bestimmten Rechenplattform (die in diesem Fall das zugrundeliegende System

---

21   Vgl. Arkoudas (2023).
22   Vgl. Thompson et al. (2021).

beschreibt) ausgeführt werden, so muss sichergestellt werden, dass die zulässigen Operationen des Algorithmus und der Hardware übereinstimmen. Es ist natürlich auch möglich, auf diese Übereinstimmung zu verzichten. Dann verliert man jedoch die Sicherheit, dass der Algorithmus den erwünschten Berechnungsschritten folgt. So könnten gewisse mathematische Operationen nur fehlerbehaftet auf der Rechenplattform ausgeführt werden, was im schlimmsten Fall zu einem unbrauchbaren oder sogar gänzlich falschen Ergebnis führt. Das Vermögen der eingesetzten Rechenplattform diktiert demzufolge die zulässigen Operationen eines potentiellen Algorithmus, welcher zur Lösung eines spezifischen Problems eingesetzt werden soll. Daher ist es von entscheidender Bedeutung, sich der Grenzen einer bestimmten Plattform hinsichtlich der zulässigen Rechenoperationen bewusst zu sein.

Zum Beispiel können reelle Zahlen auf digitalen Computern im Allgemeinen nur annähernd durch rationale Zahlen dargestellt werden. Der Grund hierfür ist, dass die Darstellung einer irrationalen Zahl unendlich viele Informationen erfordern würde (siehe Abschnitt 5.3.2). Folglich können wir auf digitaler Hardware keine exakten Lösungen für Problemstellungen erwarten, falls reelle Zahlen involviert sind. Jedoch ist es möglich, Prinzipien hinsichtlich Genauigkeit und Konvergenz zu definieren, die erfüllt werden müssen, um eine approximative Lösung zu akzeptieren. Dadurch können wir weiterhin Vertrauen in die Korrektheit einer approximativen Lösung haben, indem uns bewusst ist, dass sie einem gewissen Fehler unterliegen kann, der aber für die vorliegende Problematik hinnehmbar ist. In diesem Sinne ist algorithmische Lösbarkeit zu verstehen.

Die festzulegenden Prinzipien müssen nicht ausschließlich aus technischer Sicht betrachtet werden, sondern können auch gesellschaftlichen und rechtlichen Gesichtspunkten unterliegen. Bevor wir näher darauf eingehen, wollen wir uns etwas genauer mit künstlichen neuronalen Netzen auseinandersetzen, wobei wir auf ähnliche Problematiken treffen werden.

5.2.2 Künstliche Neuronale Netze

Die Blaupause für künstliche neuronale Netze entstammt der Biologie. Dazu wird die Struktur des menschlichen Gehirns, bestehend aus Synapsen und Neuronen, durch ein künstliches neuronales Netz in seiner Funktionsweise nachgeahmt. Ein künstliches neuronales Netz stellt ein stark vereinfachtes Modell dieser Struktur dar und besteht aus miteinander verbundener Einheiten – den künstlichen Neuronen –, die in verschiedene Schichten unterteilt sind, so dass mehrere Abstraktionsebenen des Eingangssignals durch das künstliche neuronale Netz erlernt werden können. Dabei transformieren künstliche Neuronen das Eingangssignal mit Hilfe relativ einfacher mathematischer Operationen und leiten das transformierte Signal an benachbarte künstliche Neuronen weiter bis das Signal in der letzten Schicht angekommen ist.[23]

---

23   Vgl. Berner et al. (2022).

Tiefe künstliche neuronale Netze (die zum Namen ›Deep Learning‹ inspirierten), d. h. künstliche neuronale Netze mit einer großen Anzahl von Schichten, werden mit großem Erfolg in vielen verschiedenen Anwendungen eingesetzt und haben bei der Bildklassifizierung, dem Spielen von Brettspielen, der Verarbeitung natürlicher Sprache und der Bioinformatik den vorherigen Stand der Technik deutlich überflügelt.[24] Interessanterweise wurden besonders beeindruckende Ergebnisse bei diskreten Problemstellungen wie den erwähnten Brettspielen erzielt, darunter Schach und Go. Die Sprachverarbeitung hat derzeit noch nicht menschliche Standards, aber zumindest ein beachtliches Niveau erreicht.[25]

Aus mathematischer Perspektive kann ein künstliches neuronales Netz als ein gewichteter Graph oder eine (nicht-lineare) Funktion aufgefasst werden. Die Parameter des Netzes beeinflussen, welche mathematischen Operationen die einzelnen künstlichen Neuronen genau ausführen und beeinflussen dadurch, welche Funktion durch das künstliche neuronale Netz letztlich dargestellt wird. Das primäre Ziel ist die Annäherung des künstlichen neuronalen Netzes an eine gesuchte Funktion auf der Grundlage von Eingabe-Ausgabe Stichproben dieser Funktion. Dies wird in der Regel durch die Anpassung der Parameter gemäß eines Optimierungsprozesses erreicht. Der Optimierungsschritt wird gewöhnlich als Training eines künstlichen neuronalen Netzes bezeichnet. Beispielsweise wird für die Bildklassifizierung ein Datensatz bestehend aus Bildern mit Kennzeichnungen, die dem Inhalt des Bildes entsprechen, angelegt. Die gesuchte Funktion verknüpft dementsprechend Bilder mit der korrekten Kennzeichnung, und das künstliche neuronale Netz erlernt diese Funktion durch die Optimierung der Parameter an Hand der verfügbaren Daten.[26]

Ein Ansatz, die beachtliche Performance von künstlichen neuronalen Netzen aus mathematischer Sicht zu verstehen, ist die Menge der durch künstliche neuronale Netze darstellbaren Funktionen zu analysieren, d. h. die theoretisch durch künstliche neuronale Netze lösbaren Probleme zu quantifizieren. Einen Schritt weiter geht die Frage, wie komplex solch ein Netz sein muss, um spezifische Probleme zu lösen. Dabei kann Komplexität etwa durch die Anzahl der künstlichen Neuronen und Schichten gemessen werden. Hierzu gibt es eine lange Liste von Forschungsarbeiten, die in der Tat nahe legen, dass künstliche neuronale Netze ein nahezu universal einsetzbares Tool sind, d. h. man kann für eine große Bandbreite an Problemen die Existenz eines entsprechenden Netzes voraussetzen, welches das gegebene Problem löst.[27] Die verbleibende Schwierigkeit besteht nun darin, dieses künstliche neuronale Netz durch den beschriebenen Trainingsprozess zu identifizieren. Die oben diskutierten Erfolge zeigen, dass sich das theoretische Vermögen künstlicher neuronaler Netze in die Praxis übersetzen lässt, wenn genug Daten und Rechenkapazität verfügbar sind.

---

24 Vgl. Krizhevsky/Sutskever/Hinton (2017); Silver et al. (2016); Brown et al. (2020); Senior et al. (2020).
25 Vgl. Arkoudas (2023).
26 Vgl. LeCun/Bengio/Hinton (2015).
27 Vgl. Hornik (1991); DeVore/Hanin/Petrova (2020); Gühring/Raslan/Kutyniok (2022).

Andererseits steht jedoch fest, dass die jetzigen Systeme – sowie voraussichtlich auch die direkte Weiterentwicklung dieser Systeme – unter erheblichen Mängeln leiden. Zwei dieser Mängel, die man grob unter den Stichwörtern ›Zuverlässigkeit‹ und ›Vertrauenswürdigkeit‹ zusammenfassen kann, wollen wir kurz vorstellen. Zum einen agieren künstliche neuronale Netze aufgrund ihrer komplizierten internen Funktionsweise als ›Black Box‹, deren Entscheidungsprozesse für menschliche Anwenderinnen und Anwender zumeist nicht nachvollziehbar und somit nicht zu bewerten sind.[28] Zum anderen können künstliche neuronale Netze anfällig für Angriffe, Manipulationen oder Störungen sein, wobei bereits eine minimale Änderung der Eingabedaten zu falschen oder trügerischen Ergebnissen führt.[29] Ein bekanntes Beispiel für diese Instabilität findet sich bei Anwendungen in der Bildklassifizierung, bei der ein künstliches neuronales Netze zwei scheinbar (bzw. für das menschliche Auge) nicht unterscheidbare Bilder unterschiedlich klassifiziert.[30]

Damit entsteht die Herausforderung, diese Nachteile zu reduzieren oder im Idealfall vollständig zu beheben. Jedoch scheinen die Probleme immanent in der Herangehensweise zu liegen und nur zu einem gewissen Teil behebbar zu sein. In einigen Fällen ist die Existenz künstlicher neuronaler Netze, die diese Problematik vermeiden, zwar bewiesen, aber dieses künstliche neuronale Netz wird durch den Trainingsprozess nicht identifiziert. Stattdessen wird ein künstliches neuronales Netz konstruiert, welches auf den Trainingsdaten das gleiche Performance-Niveau erreicht[31], unter Umständen aber an der beschriebenen Instabilität leidet. Dies stellt einen klaren Unterschied zu Expertensystemen dar, die qua Konstruktion diese Problematik vermeiden. Trotzdem können auch für künstliche neuronale Netze Systeme entwickelt werden, die das Instabilitäts-Phänomen abschwächen[32], im Nachhinein Erklärungen für ihre Entscheidungen präsentieren[33] oder sogar direkt darauf ausgerichtet werden, nachvollziehbare Entscheidungen zu treffen[34]. Eine entscheidende Frage ist, wie gut dies gelingen kann und welcher Grad an Sicherheit und Garantie mit den gegenwärtigen Verfahren möglich ist.

Hiermit ist nicht nur eine technische Einordnung gemeint, sondern auch eine Bewertung aus gesellschaftlicher und rechtlicher Sicht sowie eine Kosten-Nutzen-Rechnung. Ein zuverlässiges und vertrauenswürdiges KI-System lässt sich unter anderem an Merkmalen wie hoher Genauigkeit, Robustheit, Transparenz, Fairness, Datenschutz und Sicherheit festmachen. In verschiedenen Anwendungsbereichen können die Punkte unterschiedlich gewichtet werden. Im Bereich des autonomen Fahrens ist Genauigkeit und Robustheit besonders wichtig, wohingegen im Gesundheitswesen Datenschutz entscheidend ist. Wie diese Gewichtung in der Praxis ausfällt ist schluss-

---

28 Vgl. Ras et al. (2020).
29 Vgl. Szegedy et al. (2014).
30 Vgl. Moosavi-Dezfooli/Fawzi/Frossard (2016).
31 Vgl. Adcock/Dexter (2021).
32 Vgl. Madry et al. (2018).
33 Vgl. Holzinger et al. (2022).
34 Vgl. Salman et al. (2019); Doshi-Velez/Kim (2017).

endlich eine politische Frage, die auch aktiv angenommen wird, wie aus dem AI-Act der Europäischen Union oder die auf dem G7-Gipfel in Hiroshima geäußerte Absicht internationale Diskussionen über eine umfassende KI-Governance voranzutreiben ersichtlich wird.[35] Hierin werden Anforderungen vorgeschlagen bzw. Absichtserklärungen ausgedrückt unter welchen Umständen eine KI zum Einsatz kommen darf. Dazu lassen sich unterschiedliche abstrakte Prinzipien, Verhaltenskodizes und rechtliche Regelungen anwenden wie z. B. die Folgenden:

- Algorithmische Transparenz (AT): Die Faktoren, die das Ergebnis des Algorithmus bestimmen, müssen für den Gesetzgeber und die Benutzerin bzw. den Benutzer sichtbar sein.
- Recht auf Erklärung (RE): Personen, die von einer automatisierten Entscheidungsfindung betroffen sind, können eine eindeutige Erklärung der Gründe für die Entscheidung verlangen.
- Algorithmische Verantwortlichkeit (AV): Die Betreiberinnen und Betreiber von automatisierten Entscheidungsprozessen können für die getroffenen Entscheidungen verantwortlich gemacht werden.

Wir möchten anmerken, dass die hier eingeführten Kriterien keiner allgemein akzeptierten strengen Definition unterliegen, aber sich als Zielsetzung durchaus etabliert haben.[36] Zudem behalten die Kriterien natürlich auch im Hinblick auf die Problematik der algorithmischen Lösbarkeit im vorherigen Abschnitt ihre Gültigkeit, da KI-Systeme (und damit auch künstliche neuronale Netze) im Grunde lediglich eine spezifische Art von Algorithmen sind.

Aus diesen Überlegungen können wir folgendes Fazit ziehen: Mit Hilfe der Analyse algorithmischer Lösbarkeit können wir Grenzen für das Potential von KI-Systemen detektieren, sowie Garantien und Sicherheiten (auch bezüglich der aufgeführten Prinzipien), die diese Systeme erfüllen können, liefern. Hierbei ist zu beachten, dass die angesprochenen Grenzen jeweils von den spezifischen Anforderungen an die algorithmische Lösbarkeit abhängen und daher keine ›fixen‹ Grenzen darstellen. Auf welche Arten man algorithmische Lösbarkeit definieren kann und auf welche wir uns stützen möchten, diskutieren wir im folgenden Kapitel.

5.3   Grenzen von Künstlicher Intelligenz

Analog zum Training hat sich eine naheliegende Heuristik entwickelt, um die Fehlerrate eines künstlichen neuronalen Netzes zu ermitteln. Ein Teil der verfügbaren Daten – die sogenannten Testdaten – wird vom Trainingsprozess zurückgehalten. Nach Abschluss des Trainings wird die Qualität des künstlichen neuronalen Netzes anhand der Testdaten evaluiert, d. h. die Vorhersage des künstlichen neuronalen Netzes wird

---

35   European Parliament (2021); *G7 Hiroshima Leaders' Communiqué* (2023).
36   Vgl. European Comission (*2022*).

mit der erwarteten Ausgabe für die jeweiligen Eingaben aus dem Testdatensatz verglichen. Obwohl dieser Ansatz sicherlich seine Berechtigung hat, ist er für unsere Zwecke unzureichend. Würden wir für algorithmische Lösbarkeit einfach voraussetzen, dass ein künstliches neuronales Netz auf 95% (oder auch 100%) der Testdaten zu einem korrekten Ergebnis führt, hätten wir keine allgemeingültige Aussage über das Potential dieses Netzes getroffen, zumal die Aussage von den Testdaten abhängig und statistischer Natur ist. Dies kann in bestimmten Situationen gerechtfertigt sein, würde in seiner Einfachheit aber nicht den Kriterien aus dem vorhergehenden Abschnitt entsprechen. Das schließt diesen Ansatz nicht aus, jedoch muss man sich in Hinblick auf seinen Einsatz in sensiblen Anwendungen wie dem autonomen Fahren der Nachteile bewusst sein. Hier kann als wesentliches Unterscheidungsmerkmal für Anwendungen das Prinzip der weichen und harten Interaktion zwischen Mensch und KI dienen. Weiche Interaktion bezeichnet den Umgang von Menschen mit KI, die nicht Teile der physischen Umgebung des Menschen kontrolliert, wie z. B. ChatGPT.[37] In diesem Fall kann KI einen indirekten Einfluss auf die Gesellschaft haben, indem sie menschliche Entscheidungen beeinflusst. Dies ist der zur Zeit noch typische Fall. In Zukunft muss jedoch auch mit Szenarien gerechnet werden, in denen KI direkt physische Agenten steuert (harte Interaktion). Als prototypisches Beispiel ist hier das bereits erwähnte autonome Fahren oder Anwendungen im Bereich Robotik zu nennen. In diesen Fällen kann/muss eine genau definierte Bewertung, wie sie auch in anderen Technologiebereichen via z. B. Standards[38] üblich sind, über statistische Aussagen hinaus erwartet werden.

Als maximal mögliche Anforderung an die algorithmische Lösbarkeit wäre zu fordern, dass ein künstliches neuronales Netz immer das exakte und korrekte Ergebnis liefert. Hierzu möchten wir zwei Anmerkungen machen: Zum einen muss man bei künstlichen neuronalen Netzen zwischen Training und Inferenz, d. h. die Anwendung des trainierten Netzes auf das anvisierte Problem mit gegebenenfalls neuen Datenpunkten, unterscheiden. Algorithmische Lösbarkeit des Trainings und der Inferenz können verschiedene Probleme mit unterschiedlicher Komplexität sein, die sich nicht gegenseitig bedingen. Zum anderen haben wir bereits dargelegt, dass unter bestimmten Voraussetzungen exakte Ergebnisse unmöglich zu erreichen sind. Deshalb bietet es sich an, die algorithmische Lösbarkeit mit Hinblick auf die Eigenschaften und Fähigkeiten der verwendeten Hardware zu definieren. Hier sind jedoch nicht die technischen Gegebenheiten der einzelnen Hardware-Modelle gemeint, etwa Speicherplatz, Stromverbrauch, Rechenleistung, etc., die zu inhärenten Einschränkungen bzgl. algorithmischer Lösbarkeit führen, sondern abstrakte Rechenmaschinen, die reale Hardware idealisieren, ihre Essenz einfangen und die aufgezählten praktischen Hindernisse vernachlässigen. Dadurch können wir die abstrakten Rechenmaschinen als mathematische Modelle darstellen und stringente mathematische Aussagen über algorithmische Lösbarkeit treffen. Im Folgenden stellen wir die mathematischen Mo-

---

37 Vgl. *OpenAI* (2022).
38 Vgl. Fettweis/Boche (2022).

delle und die spezifische Ausgestaltung der algorithmischen Lösbarkeit sowie ihre Implikationen in Hinsicht auf künstliche neuronale Netze genauer dar.

5.3.1 Problemformulierung

Die grundsätzliche Problemstellung, die sich uns stellt, lässt sich folgendermaßen beschreiben. Ausgehend von einem Problem (mit kontinuierlichen Ein- und Ausgabegrößen), welches in der realen Welt auftritt, etwa autonomes Fahren, analysiert man die strukturellen Eigenschaften und überführt diese in eine mathematische Beschreibung der physikalischen Realität. Diese mathematische Beschreibung soll in der Lage sein, die physikalische Realität zu modellieren und dient somit als Grundlage für Kriterien wie AT, RE und AV (siehe Abschnitt 5.2.2). Im Normalfall ist man auf Grund der Komplexität nicht in der Lage, durch das mathematische Modell direkte Vorhersagen zu treffen. Deshalb muss das Modell noch in eine maschinenlesbare Sprache übersetzt werden, so dass man eine Umsetzung mit Hilfe einer Rechenmaschine anstreben kann. Dabei sollen Faktoren, die die Maschinendomäne betreffen, etwa das spezifische Hardware-Modell, individuelle Implementierung oder spezifische Algorithmen, das Eingabe-Ausgabe-Verhalten des Modells nicht beeinflussen. Insbesondere gilt der Grundsatz, dass das Input-Output Verhalten eines Algorithmus in der Maschinendomäne in Eigenschaften des physikalischen Systems ›zurück übersetzbar‹ sein muss. Ansonsten muss die Ausgabe eines Algorithmus nicht mit der Vorhersage des mathematischen Modells übereinstimmen; der Algorithmus liefert also potenziell falsche Ergebnisse. Deshalb ist es entscheidend sicherzustellen, dass Algorithmus und Maschinenmodell übereinstimmen, d. h. der Algorithmus tatsächlich auf der verfügbaren Maschine seiner Intention entsprechend ausgeführt werden kann. Folglich muss die zur Implementation verwendete Hardware bzw. das zugehörige mathematische Modell berücksichtigt werden, falls man beispielsweise AT gewährleisten möchte.

5.3.2 Digitale Maschinen

Die bekannteste und am weitesten verbreitete Rechenplattform ist digitale Hardware. Computer basierend auf digitaler Hardware und digitalen Prozessoren sind in der heutigen Welt allgegenwärtig und für eine Vielzahl von Technologien essentiell, von Smartphones über Laptops bis zu Supercomputern. Eine inhärente Charakteristik digitaler Hardware ist ihr Unvermögen, exakte Berechnungen mit kontinuierlichen Größen wie reellen Zahlen durchzuführen. Digitale Computer unterstützen nur die binären Darstellungen von Zahlen – also Nullen und Einsen –, die von Natur aus diskret und endlich sind. Somit können reelle Zahlen nicht exakt dargestellt werden, zumal ihre Binärdarstellung unendlich lang ist. Infolgedessen können digitale Computer reelle Zahlen mit unendlich langer Binärdarstellung nur approximativ darstellen, was naturgemäß zu Ungenauigkeiten und Fehlern bei Berechnungen führen kann. Offensichtlich ist hier zwischen Fehlern zu unterscheiden, die auf Grund praktischer oder die auf Grund theoretischer Beschränkungen auftreten. Ein Beispiel für ersteres wäre die 32- oder 64-Bit Darstellung, die heutige digitale Computer zumeist anwenden, wohingegen letzteres durch die Frage charakterisiert wird, ob eine angemessene Darstellung mit einer sehr großen Bit-Anzahl existiert, die Fehler in der Theorie vermeidet.

Um dieses Prinzip zu veranschaulichen, betrachten wir die Kreiszahl π. Mathematisch gesehen existiert π als abstrakte Einheit. Da es sich jedoch um eine irrationale Zahl handelt, können wir nicht alle ihre Ziffern im Speicher eines (realen) digitalen Computers ablegen. Diese Unzulänglichkeit kann jedoch umgangen werden, indem wir ein (endliches) Programm speichern und ausführen, das eine natürliche Zahl als Eingabe annimmt und entsprechend viele Ziffern der Zahl π berechnet. Ein solches Programm existiert in der Tat und damit können wir π mit beliebiger Genauigkeit approximieren – abgesehen von praktischen Einschränkungen, die z. B. aus der Laufzeit des Programms für sehr große Eingabezahlen entstehen. Die Details der Umsetzung dieses Programms, etwa die spezifische Programmiersprache oder die verwendete Methode um π zu approximieren, spielen in diesem Zusammenhang keine Rolle, solange das Programm die oben genannte entscheidende Eigenschaft erfüllt:

Wenn das Programm ausgeführt wird, akzeptiert es eine natürliche Zahl und liefert genauso viele Ziffern der Zahl π zurück.

Diese Anforderung gewährleistet insbesondere, dass wir den maximalen Fehler, dem die Ausgabe des Programms unterliegt, exakt kennen, da er mit der Eingabegröße, d. h. der erwarteten Genauigkeit, korreliert und somit per Eingabegröße kontrolliert werden kann. Das Konzept der approximativen Darstellung gilt nicht nur für reelle Zahlen, sondern kann in gleicher Weise auf Funktionen von reellen Zahlen angewandt werden.

Die Berechenbarkeitstheorie, ein Forschungszweig der mathematischen Logik, setzt sich mit diesen Fragestellungen auseinander und erforscht grundlegende Grenzen und Möglichkeiten von Rechenprozessen anhand abstrakter mathematischer Modelle. Die etablierte mathematische Formalisierung des digitalen Rechnens ist die Turingmaschine.[39] Die weithin akzeptierte Church-Turing-These besagt, dass Turingmaschinen das geeignete Modell für digitale Computer sind und ihre (theoretischen) Fähigkeiten perfekt beschreiben.[40] Im Fall von Turingmaschinen wird die im vorherigen Paragraphen beschriebene Anforderung an approximative Darstellungen und Berechnungen als ›Borel-Turing-Berechenbarkeit‹ bezeichnet.[41] Ist also eine Aufgabenstellung bzw. ihre mathematische Darstellung als Funktion Borel-Turing berechenbar, so ist die Aufgabenstellung (approximativ, aber mit Fehlerkontrolle) auf

---

39 Vgl. Turing (1936).
40 Vgl. Copeland (2020).
41 Vgl. Avigad/Brattka (2014).

einer Turingmaschine lösbar. Folglich können wir die Aufgabenstellung auch auf einem (passenden) digitalen Computer algorithmisch lösen.

Man beachte, dass das Instabilitäts-Phänomen – falls Borel-Turing-Berechenbarkeit vorläge – bei künstlichen neuronalen Netzen vermieden werden könnte, da die Fehlerkontrolle bezüglich der Ausgabe drastische Abweichungen vom tatsächlich gesuchten Wert verhindert. Andererseits kann beispielsweise AT nicht gewährleistet werden, falls Borel-Turing-Berechenbarkeit nicht vorliegt, da insbesondere durch die fehlende Fehlerkontrolle die Faktoren, die zur Ausgabe eines Algorithmus führen, nicht stringent erfasst werden können. Daher kann man argumentieren, dass die algorithmische Lösbarkeit eines Problems auf digitalen Computern stets Borel-Turing-Berechenbarkeit voraussetzen sollte. Unter dieser Annahme wollen wir die algorithmische Lösbarkeit eines spezifischen Problems untersuchen und die Implikationen für KI-Systeme darstellen. Obwohl wir dadurch nur einen eingeschränkten Anwendungsbereich betrachten, ist die zugrunde liegende Frage von universeller Bedeutung.

5.3.3 Algorithmische Nicht-Lösbarkeit von Inversen Problemen auf digitalen Computern

Ein Forschungsgebiet, in dem KI-Systeme via künstlicher neuronaler Netze die zuvor etablierten Lösungsansätze übertrafen, sind inverse Probleme in bildgebenden Verfahren.[42] Die Rekonstruktion von Bildern aus Messungen taucht in einem breiten Spektrum wissenschaftlicher, industrieller und medizinischer Anwendungen auf, etwa Elektronenmikroskopie, seismische Bildgebung, Magnetresonanztomographie und Röntgen-Computertomographie.

KI-Systeme können auf unterschiedliche Weise in die Lösung inverser Probleme integriert werden. Abhängig von den Eigenschaften eines inversen Problems oder der angestrebten Anwendung kann ein spezifischer Ansatz am vielversprechendsten erscheinen.[43] Wir konzentrieren uns auf den allgemeinsten Fall (End-to-End-Ansatz), bei dem das Ziel darin besteht, direkt eine Abbildung von Messungen auf rekonstruierte Daten/Bilder zu lernen. Der End-to-End-Ansatz erfordert keine problemspezifischen Kenntnisse oder Annahmen und stellt somit die grundlegendste Methode dar. Das Ziel ist es, basierend auf verfügbaren Daten, durch den Trainingsprozess ein künstliches neuronales Netz zu konstruieren, das den Rekonstruktionsprozess berechnet bzw. zumindest annähernd genau ausführen kann. Es stelle sich nun die Frage, ob ein (Trainings-)Algorithmus existiert, der anhand von Daten die Parameter eines künstlichen neuronalen Netzes so einstellen kann, dass dieses Netz die beabsichtigte Rekonstruktion zuverlässig durchführen kann.

Ein solcher Algorithmus kann nur gefunden werden, falls das zugrundeliegende inverse Problem auf der eingesetzten digitalen Hardware-Plattform algorithmisch

---

42 Vgl. Arridge et al. (2019).
43 Vgl. Ongie et al. (2020).

lösbar ist, d. h. Borel-Turing berechenbar. In der Tat stellt sich heraus, dass eine große Klasse an inversen Problemen in diesem Sinne nicht algorithmisch lösbar ist.[44] Daraus folgt, dass jeder Algorithmus für das Training künstlicher neuronaler Netze zur Lösung von inversen Problemen auf digitaler Hardware bestimmte rechnerische Grenzen hat. Insbesondere existieren Schranken, welche Genauigkeit algorithmisch trainierte künstliche neuronale Netze bei der Rekonstruktion erreichen können.

Eine wichtige Frage ist, ob diese Einschränkung mit den Eigenschaften von Turingmaschinen zusammenhängt oder sich aus inhärenten Eigenschaften inverser Probleme ergibt. Ist, mit anderen Worten, diese Beobachtung problemspezifisch oder direkt auf die digitale Signalverarbeitung zurückzuführen? Dazu lässt sich zunächst festhalten, dass man für eine allgemeine Formulierung von Optimierungsproblemen unter schwachen Annahmen algorithmische Nicht-Lösbarkeit etablieren kann – das Trainieren künstlicher neuronaler Netze stellt eine spezielle Ausgestaltung dieser Optimierungsprobleme dar.[45] Zudem ist algorithmische Nicht-Lösbarkeit ein anerkanntes Phänomen in Anwendungen der Signalverarbeitung, Informationstheorie und Modellierung.[46] Dies deutet darauf hin, dass nicht inverse Probleme per se, sondern ihre digitale Umsetzung zu der beschriebenen Einschränkung in der algorithmischen Lösbarkeit führt. Daher ist es von Interesse zu untersuchen, wie leistungsfähig die Rechenmaschine sein muss, um die algorithmische Lösbarkeit inverser Probleme zu gewährleisten.

5.3.4 Algorithmische Lösbarkeit von Inversen Problemen auf analogen Computern

Abgesehen von Turingmaschinen gibt es noch weitere Abstraktionen digitalen Rechnens. Das Modell der Blum-Shubs-Smale (BSS)-Maschinen[47] stellt eine heuristische Formalisierung dar – im Gegensatz zur laut Church-Turing-These präzisen Turingmaschine. Heuristisch deshalb, weil BSS-Maschinen keine idealisierte, aber punktgenaue Darstellung digitalen Rechnens wie Turingmaschinen liefern, sondern eine im gewissen Sinne vereinfachte Annäherung auf Kosten der Detailtreue. In einem anderen Kontext haben BSS-Maschinen in letzter Zeit aufgrund ihrer Beziehung zu analoger Hardware an Interesse gewonnen. Für analoges Rechnen existiert im Gegensatz zu digitalem Rechnen keine allgemein akzeptierte Theorie. In dieser Hinsicht ist das BSS-Framework ein vielversprechender Kandidat für ein geeignetes Modell mehrerer Formen des analogen Rechnens. Es wurde beispielsweise argumentiert, dass sie eine geeignete Formalisierung des Biocomputing darstellen.[48] Andererseits weisen

---

44 Vgl. Colbrook/Antun/Hansen (2022); Bastounis/Hansen/Vlačić (2021); Boche/Fono/Kutyniok (2023).
45 Vgl. Lee/Boche/Kutyniok (2023).
46 Vgl. Boche/Pohl (2020); Boche/Mönich (2020); Schaefer/Boche/Poor (2019).
47 Vgl. Blum et al. (1998).
48 Vgl. Grozinger et al. (2019).

beispielsweise Theorien zur neuromorphen Hardware Aspekte auf, die möglicherweise über die Fähigkeiten von BSS-Maschinen hinausgehen.[49]

Trotzdem bieten sich BSS-Maschinen als Ausgangspunkt für ein analoges Berechnungsmodell an, um inverse Probleme zu analysieren. Strukturell sind BSS-Maschinen Turingmaschinen sehr ähnlich, aber mit dem entscheidenden Unterschied, dass BSS-Maschinen Operationen auf reellen Zahlen exakt ausführen und speichern. Es sei angemerkt, dass ein solches Modell nicht für die Implementierung auf digitaler Hardware geeignet ist und es ist sogar unklar, ob ein solches Rechengerät als Hardware realisiert werden kann. Deshalb könnte man argumentieren, dass die Erforschung von Rechnertechnologie über die Grenzen digitaler Hardware hinaus von rein theoretischem Interesse ist. Jedoch hat die industrielle und akademische Forschung zu neuartigen Ansätzen jenseits klassischer digitaler Computer erheblich an Dynamik gewonnen. Die Gründe für diese Entwicklung sind vielfältig. Aus theoretischer Sicht verspricht man sich eine Leistungssteigerung durch die Ausführung von Berechnungen auf analoger Hardware und aus praktischer Sicht ist die Weiterentwicklung der heutigen Hardware-Technologie aufgrund der Anforderungen an die Energieeffizienz und -einsparung notwendig, vor allem im KI Bereich.[50] Als Beispiel seien hier neuromorphe Rechensysteme genannt. Diese sind ebenso wie künstliche neuronale Netze von biologischen neuronalen Netzen inspiriert und können unter anderem als eine Kombination aus digitaler und analoger Hardware angesehen werden. Solche Rechensysteme beruhen darauf, dass reelle Werte in Form elektrischer Größen wie Strom und Spannung einbezogen werden anstelle der ausschließlichen Verwendung binärer Zahlen. Ein großer Vorteil dieser Systeme besteht darin, dass sie beispielsweise die zwingend notwendigen Energieeinsparungen – auch im Sinne von Nachhaltigkeit – im Bereich von KI-Systemen ermöglichen.[51]

Allerdings ist noch unklar, inwieweit analoge Systeme in der Praxis umgesetzt werden können. Daher ist das BSS-Modell insbesondere nicht geeignet, die Fähigkeiten aktueller analoger Hardware zu bewerten, sondern kann eher dazu dienen, die algorithmische Lösbarkeit auf idealisierter analoger Hardware zu bewerten. Falls ein Problem auf einer BSS-Maschine nicht algorithmisch lösbar ist, so ist anzunehmen, dass das Problem von Natur aus schwierig und womöglich auch nicht auf einem (zukünftigen) analogen Hardwaregerät gelöst werden kann. In diesem Kontext ist algorithmische Lösbarkeit als die Fähigkeit zu verstehen, die exakte Lösung mit Hilfe einer BSS-Maschine zu berechnen. Die approximative Herangehensweise von Turingmaschinen ist hierbei nicht notwendig, da qua Modellannahme grundsätzlich mit exakten Zahlenwerten gerechnet werden kann.

Zunächst möchten wir darauf hinweisen, dass das Potential von BSS-Maschinen unter dem Gesichtspunkt der algorithmischen Lösbarkeit im Vergleich zu Turingmaschinen bereits für verschiedene Aufgabenstellungen untersucht wurde.[52] Eine in-

---

49 Vgl. Christensen et al. (2022); Schuman et al. (2022).
50 Vgl. Sebastian et al. (2020); Thompson et al. (2021).
51 Vgl. Esser et al. (2015); Smith et al. (2022); Marković et al. (2020).
52 Vgl. Boche/Schaefer/Poor (2021); Boche/Böck/Deppe (2022).

teressante Frage ist daher, ob die gleichen Einschränkungen bezüglich inverser Probleme wie im Turing-Modell auch im BSS-Modell auftreten. Interessanterweise ist jedoch das Gegenteil der Fall – inverse Probleme sind unter bestimmten Bedingungen algorithmisch lösbar auf BSS-Maschinen.[53]

Welche Schlussfolgerungen können wir nun aus diesen Beobachtungen und Überlegungen über die Grenzen von KI ziehen? Im folgenden Abschnitt diskutieren wir deren Auswirkungen.

5.4 Zusammenfassung und Implikationen

Wir haben untersucht, ob die Lösung inverser Probleme – eine Aufgabe, die häufig via künstlicher neuronaler Netze angegangen wird – prinzipiell algorithmisch berechnet werden kann. Dazu haben wir den Begriff der algorithmischen Lösbarkeit verwendet, der abhängig vom zugrunde liegenden Rechenmodell einen abstrakten Rahmen für genaue und verlässliche Berechnungen beschreibt. Wir stellten fest, dass die algorithmische Lösbarkeit inverser Probleme von der verwendeten Recheneinheit abhängt: Auf digitaler Hardware kann keine algorithmische Lösbarkeit erreicht werden, wohingegen dies auf analoger Hardware potenziell möglich ist. Ob ein zuverlässiges KI-System zur Lösung inverser Probleme konstruiert werden kann, das insbesondere auch die nicht-technischen Prinzipien aus den vorherigen Abschnitten erfüllt, kann also letztlich von der verwendeten Rechnerplattform abhängen.

Welche Auswirkungen haben diese Einsichten auf zukünftige Lösungstechniken? Heutzutage wird zumeist an Lösungsansätzen basierend auf digitalem Rechnen gearbeitet. Diese Ansätze (selbst bei zukünftigen Verbesserungen) werden zwangsläufig durch die Einschränkungen des digitalen Rechnens begrenzt. Demgegenüber könnten künftige Entwicklungen in innovativer analoger Hardware-Technologie leistungsfähigere Lösungsansätze ermöglichen. Beispielsweise könnten neuromorphe Rechner eine stärkere Lösungskapazität besitzen als digitale Rechner. Es ist jedoch offen, ob die BSS-Maschine ein geeignetes Modell ist, um die Fähigkeiten der kommenden analogen Hardware-Generationen zu beschreiben, und somit nicht eindeutig bewiesen, ob die theoretischen Vorteile der BSS-Maschine sich tatsächlich in die reale Welt übersetzen lassen. Insbesondere sind BSS-Maschinen aufgrund der exakten Verarbeitung reeller Zahlen sicherlich ein stark idealisiertes Modell, und inwieweit eine reale Implementierung dieser Annahme gerecht werden kann ist zumindest fragwürdig. Ein exemplarisches Hindernis besteht im (unvermeidlichen) zufälligen Rauschen von physikalischen Prozessen, die zur Durchführung von Rechenoperationen in einer hypothetischen Rechenmaschine verwendet werden. Dies erschwert oder verhindert sogar exakte Berechnungen und Speicherungen.

Durch die Untersuchung der zugrundeliegenden Rechenmaschine haben wir Grenzen von KI am Beispiel inverser Probleme herausgearbeitet. Unsere Einblicke lassen sich auf weitere Anwendungsgebiete ausweiten, als auch schlussendlich auf

---

53 Vgl. Boche/Fono/Kutyniok (2022).

eine starke, allgemeine KI. Diese Analyse setzt voraus, dass KI-Systeme lediglich Algorithmen sind – eine Annahme, die gerechtfertigt erscheint.

Zuletzt möchten wir noch einige Einschränkungen und offene Fragen bezüglich unserer Resultate diskutieren:

Als erstes ist es wichtig sich zu vergegenwärtigen, dass die Ergebnisse bezüglich der algorithmischen Lösbarkeit inverser Probleme auf nahezu universal einsetzbare Techniken abzielen. Damit ist gemeint, dass die Existenz von Algorithmen untersucht wird, die zur Lösung beliebiger inverser Probleme eingesetzt werden können. Im Extremfall könnte man sich allerdings auf ein spezifisches Problem oder auf kleinere Klassen von Problemen einschränken, z. B. auf inverse Probleme, die gewisse Eigenschaften gemeinsam haben, die man für ihre Lösung nutzen kann. Hier gilt die algorithmische Nicht-Lösbarkeit auf digitaler Hardware nicht mehr zwangsläufig, sondern müsste gesondert evaluiert werden. Dies verschiebt nicht die Grenzen des Machbaren, sondern zeigt Wege auf, dennoch mächtige Werkzeuge zur Problemlösung zu erhalten, zumal es innerhalb dieser Grenzen noch genug Entwicklungspotenzial für KI-Systeme gibt. Ein Beispiel für eine mögliche Verbesserung wäre die Verminderung der enormen Datenmengen, die künstliche neuronale Netze benötigen um ähnliche Fähigkeiten wie menschliche Akteure auf einem Gebiet zu erlangen[54].

Als zweites möchten wir noch einmal verdeutlichen, dass die vorgestellten Kriterien, die das Verständnis von algorithmischer Lösbarkeit beeinflussen, nicht definitiv und als abgeschlossen zu verstehen sind. Insbesondere haben wir dargelegt, dass Borel-Turing-Berechenbarkeit zu einer Definition von algorithmischer Lösbarkeit führt, die insbesondere rechtliche und gesellschaftliche Prinzipien wie AT und AV gewährleistet. Jedoch sind KI-Systeme ohne Einhaltung von Borel-Turing-Berechenbarkeit, AT und AV (mit den damit verbundenen Nachteilen) möglich. Fasst man menschliche Intelligenz als ein Algorithmus auf, so würde dieser Eigenschaften wie AT und RE auch nicht vollumfänglich garantieren und würde zudem auch Instabilitäten wie kognitiven Verzerrungen unterliegen. Demzufolge ist ein Szenario denkbar, in dem sich KI-Systeme durchsetzen, ohne die genannten Prinzipien sicherzustellen, etwa indem sie im Schnitt zu besseren Ergebnissen führen als rein menschliche Intelligenz. Als konkretes Beispiel sei hier autonomes Fahren genannt, das sich durchsetzen könnte, sobald eine Erwartungshaltung erreicht wird, dass durch autonome Fahrzeuge die Unfallstatistik verbessert werden könnte. Dann wären auch die hier vorgestellten Grenzen von KI hinfällig (da sie die Einhaltung der Prinzipien voraussetzen) und müssten neu bewertet werden.

Als letztes ist zu beachten, dass ein Framework wie Borel-Turing-Berechenbarkeit nicht auf jedes Problem anwendbar ist. In der realen Welt können Situationen auftreten, in denen man Entscheidungen unter unvollständiger bzw. unsicherer Informationslage treffen muss und es daher keine eindeutige Zuordnung von richtigem und falschem Verhalten gibt. Solche Fälle wären nur schwerlich in den Borel-Turing Formalismus übertragbar, so dass gegebenenfalls andere Werkzeuge (beispielsweise aus der Informationstheorie) nötig sind, um Aussagen über Grenzen von KI zu treffen.

---

54 Vgl. Marcus (2018); Ford (2018).

Literatur

Adcock, Ben/Dexter, Nick (2021): *The Gap between Theory and Practice in Function Approximation with Deep Neural Networks*, in: SIAM Journal on Mathematics of Data Science 3/2, 624–655.

Arkoudas, Konstantine (2023): *ChatGPT is no Stochastic Parrot. But it also Claims that 1 is Greater than 1*, in: Philosophy & Technology 36/3.

Arridge, Simon/Maass, Peter/Öktem, Ozan/Schönlieb, Carola-Bibiane (2019): *Solving inverse problems using data-driven models*, in: Acta Numerica 28, 1–174.

Avigad, Jeremy/Brattka, Vasco (2014): *Computability and analysis: the legacy of Alan Turing*, in: Downey, Rod (Hg.): Turing's Legacy: Developments from Turing's Ideas in Logic (Lecture Notes in Logic), Cambridge University Press, Cambridge, 1–47.

Bastounis, Alexander/Hansen, Anders C./Vlačić, Verner (2021): *The extended Smale's 9th problem – On computational barriers and paradoxes in estimation, regularisation, computer-assisted proofs and learning*, arXiv:2110.15734.

Berner, Julius/Grohs, Philipp/Kutyniok, Gitta/Petersen Philipp (2022): *The Modern Mathematics of Deep Learning*, in: Grohs, Philipp/Kutyniok, Gitta (Hg.): Mathematical Aspects of Deep Learning, Cambridge University Press, Cambridge, 1–111.

Blum, Lenore/Cucker, Felipe/Shub, Michael/Smale, Steve (1998): *Complexity and Real Computation*, Springer, New York.

Boche, Holger/Böck, Yannik/Deppe, Christian (2022): *Deciding the Problem of Remote State Estimation via Noisy Communication Channels on Real Number Signal Processing Hardware*, in: ICC 2022 – IEEE International Conference on Communications, IEEE, 4510–4515.

Boche, Holger/Fono, Adalbert/Kutyniok, Gitta (2022): *Inverse Problems Are Solvable on Real Number Signal Processing Hardware*, Applied and Computational Harmonic Analysis 74.

Boche, Holger/Fono, Adalbert/Kutyniok, Gitta (2023): *Limitations of Deep Learning for Inverse Problems on Digital Hardware*, in: IEEE Transactions on Information Theory 69/12, 7887–7908.

Boche, Holger/Mönich, Ullrich J. (2020): *Turing Computability of Fourier Transforms of Bandlimited and Discrete Signals*, in: IEEE Transactions on Signal Processing 68, 532–547.

Boche, Holger/Pohl, Volker (2020): *Turing Meets Circuit Theory: Not Every Continuous-Time LTI System Can be Simulated on a Digital Computer*, in: IEEE Transactions on Circuits and Systems I: Regular Papers 67/12, 5051–5064.

Boche, Holger/Schaefer, Rafael F./Poor, H. Vincent (2021): *Real Number Signal Processing can Detect Denial-of-Service Attacks*, in: ICASSP 2021 – 2021 IEEE International Conference on Acoustics, Speech and Signal Processing (ICASSP), IEEE, 4765–4769.

Brown, Tom et al. (2020): *Language Models are Few-Shot Learners*, in: Larochelle, H./Ranzato, M./Hadsell, R./Balcan, M.F./Lin, H. (Hg.): Advances in Neural Information Processing Systems 33 (NeurIPS 2020), Curran Associates, Inc., Red Hook, 1877–1901.

Christensen, Dennis V. et al. (2022): *2022 Roadmap on Neuromorphic Computing and Engineering*, in: Neuromorphic Computing and Engineering 2/2, 022501.

Colbrook, Matthew J./Antun, Vegard/Hansen, Anders C. (2022): *The difficulty of computing stable and accurate neural networks: On the barriers of deep learning and Smale's 18th problem*, in: Proceedings of the National Academy of Sciences 119/12, e2107151119.

Copeland, B. Jack (2020): *The Church-Turing Thesis*, in: Zalta, Edward N./Nodelman, Uri (Hg.): The Stanford Encyclopedia of Philosophy (Summer 2020 ed.), Metaphysics Research Lab, Stanford University.

DeVore, Ronald/Hanin, Boris/Petrova, Guergana (2020): *Neural Network Approximation*, arxiv:2012.14501.

Doshi-Velez, Finale/Kim, Been (2017): *Towards a rigorous science of interpretable machine learning*, arXiv:1702.08608.

Esser, Steve K./Appuswamy, Rathinakumar/Merolla, Paul/Arthur, John V./Modha, Dharmendra S. (2015): *Backpropagation for Energy-Efficient Neuromorphic Computing*, in: Cortes, C./Lawrence,

N./Lee, D./Sugiyama, M./Garnett, R. (Hg.): Advances in Neural Information Processing Systems 28 (NIPS 2015), Curran Associates, Inc., Red Hook.

European Commission (2022): *European Centre for Algorithmic Transparency*, URL: https://algorithmic-transparency.ec.europa.eu/index_en (Stand: 01.11.2024).

EU Artificial Intelligence Act (2024), High-level summary of the AI Act, URL: https://artificialintelligenceact.eu/high-level-summary/ (Stand: 01.11.2024).

Fettweis, Gerhard P./Boche, Holgar (2022): *On 6G and Trustworthiness*, in: Communications of the ACM 65/4, 48–49.

Ford, Martin (2018*): Architects of Intelligence: The Truth about AI from the People Building it*, Packt Publishing Limited, Birmingham.

G7 Hiroshima Summit 2023 (2023), G7 Hiroshima Leaders' Communique, URL: https://www.mofa.go.jp/files/100506878.pdf (Stand: 01.11.2024).

Grozinger, Lewis/Amos, Martyn/Gorochowski, Thomas E./Carbonell, Pablo/Oyarzún, Diego A./Stoof, Ruud/Fellermann, Harold/Zuliani, Paolo/Tas, Huseyin/Goñi-Moreno, Angel (2019): *Pathways to cellular supremacy in biocomputing*, in: Nature Communications 10/1, 5250.

Gühring, Ingo/Raslan, Mones/Kutyniok, Gitta (2022): *Expressivity of Deep Neural Networks*, in: Grohs, Philipp/Kutyniok, Gitta (Hg.): Mathematical Aspects of Deep Learning. Cambridge University Press, Cambridge, 149–199.

He, Kaiming/Zhang, Xiangyu/Ren, Shaoqing/Jian, Sun (2015): *Delving Deep into Rectifiers: Surpassing Human-Level Performance on ImageNet Classification*, in: Proceedings of the IEEE International Conference on Computer Vision (ICCV), IEEE, 1026–1034.

Holzinger, Andreas/Goebel, Randy/Fong, Ruth/Moon, Taesup/Müller, Klaus-Robert/Samek, Wojciech (Hg.) (2022): *xxAI - Beyond Explainable AI*, Springer, Cham.

Hornik, Kurt (1991*): Approximation Capabilities of Multilayer Feedforward Networks*, in: Neural Networks 4/2, 251–257.

OpenAI (2022): *Introducing ChatGPT*, URL: https://openai.com/blog/chatgpt (Stand: 01.11.2024).

Krizhevsky, Alex/Sutskever, Ilya/Hinton, Geoffrey E. (2017): *ImageNet Classification with Deep Convolutional Neural Networks*, in: Communications of the ACM 60/6, 84–90.

LeCun, Yann/Bengio, Yoshua/Hinton, Geoffrey E. (2015): *Deep learning*, in: Nature 521/7553, 436–444.

Lee, Yunseok/Boche, Holger/Kutyniok, Gitta (2023): *Computability of Optimizers*, arXiv:2301.06148.

Madry, Aleksander/Makelov, Aleksandar/Schmidt, Ludwig/Tsipras, Dimitris/Vladu, Adrian (2018): *Towards Deep Learning Models Resistant to Adversarial Attacks*, in: 6th International Conference on Learning Representations, ICLR 2018 – Conference Track Proceedings.

Marcus, Gary (2018): *Deep Learning: A Critical Appraisal*, arXiv:1801.00631.

Marković, Danijela/Mizrahi, Alice/Querlioz, Damien/Grollier, Julie (2020): *Physics for neuromorphic computing*, in: Nature Reviews Physics 2/9, 499–510.

Moosavi-Dezfooli, S.-M./Fawzi, Alhussein/Frossard, Pascal (2016): *DeepFool: A Simple and Accurate Method to Fool Deep Neural Networks*, in: 2016 IEEE Conference on Computer Vision and Pattern Recognition (CVPR), IEEE, 2574–2582.

Ongie, Gregory/Jalal, Ajil/Metzler, Christopher A./Baraniuk, Richard G./Dimakis, Alexandros G./Willett, Rebecca (2020): *Deep Learning Techniques for Inverse Problems in Imaging*, in: IEEE Journal on Selected Areas in Information Theory 1/1, 39–56.

Ras, Gabrielle/Xie, Ning/van Gerven, Marcel/Doran, Derek (2020): *Explainable Deep Learning: A Field Guide for the Uninitiated*, in: Journal of Artificial Intelligence Research 73, 329–396.

Salman, Hadi/Li, Jerry/Razenshteyn, Ilya/Zhang, Pengchuan/Zhang, Huan/Bubeck, Sebastian/Yang, Greg (2019): *Provably Robust Deep Learning via Adversarially Trained Smoothed Classifiers*, in: Wallach, H./Larochelle, H./Beygelzimer, A./d'Alché-Buc, F./Fox, E. (Hg.): Advances in Neural Information Processing Systems 32 (NeurIPS 2019), Curran Associates, Inc., Red Hook.

Schaefer, Rafael F./Boche, Holger/Poor, H. Vincent (2019): *Turing Meets Shannon: On the Algorithmic Computability of the Capacities of Secure Communication Systems (Invited Paper)*, in: 2019 IEEE

20th International Workshop on Signal Processing Advances in Wireless Communications (SPAWC), IEEE, 1–5.

Schuman, Catherine/Kulkarni, Shruti R./Parsa, Maryam/Mitchell, J. Parker/Date, Prasanna/Kay, Bill (2022): *Opportunities for neuromorphic computing algorithms and applications*, in: Nature Computational Science 2/1, 10–19.

Sebastian, Abu/Le Gallo, Manuel/Khaddam-Aljameh, Riduan/Eleftheriou, Evangelos (2020): *Memory devices and applications for in-memory computing*, in: Nature Nanotechnology 15/7, 529–544.

Senior, Andrew W. et al. (2020): *Improved protein structure prediction using potentials from deep learning*, in: Nature 577/7792, 706–710.

Silver, D., & et al. (2016): *Mastering the game of Go with deep neural networks and tree search*, in: Nature 529/7587, 484–503.

Smith, J. Darby/Hill, Aaron J./Reeder, Leah E./Franke, Brain C./Lehoucq, Richard B./Parekh, Ojas/Severa, William/Aimone, James B. (2022): *Neuromorphic scaling advantages for energy-efficient random walk computations*, in: Nature Electronics 5/2, 102–112.

Szegedy, Christian/Zaremba, Wojciech/Sutskever, Ilya/Bruna, Joan/Erhan, Dumitru/Goodfellow, Ian J./Fergus, Rob (2014): *Intriguing properties of neural networks*, in: Bengio, Yoshua/LeCun, Yann (Hg.): 2nd International Conference on Learning Representations, ICLR 2014 – Conference Track Proceedings.

Thompson, Neil C./Greenewald, Kristjan/Lee, Keeheon/Manso, Gabriel F. (2021): *Deep Learning's Diminishing Returns: The Cost of Improvement is Becoming Unsustainable*, in: IEEE Spectrum 58/10, 50–55.

Turing, Alan M. (1936): *On Computable Numbers, with an Application to the Entscheidungsproblem*, in: Proceedings of the London Mathematical Society, s2-42/1, 230–265.

6 Fairness von KI
Ein Brückenschlag zwischen Philosophie und Maschinellem Lernen

Ludwig Bothmann, Kristina Peters

Abstract: Dieser Beitrag führt den Fairnessdiskurs im Bereich des Maschinellen Lernens (ML) mit einem genuin philosophischen Konzept von Fairness zusammen. Anhand eines Beispiels wird verdeutlicht, inwiefern ML-Modelle in Automatisierten Entscheidungsfindungssystemen (ADM-Systeme) Fairnessprobleme aufwerfen können und wie die ML-Community daran arbeitet, diese zu lösen.

Der Beitrag zeigt auf, dass Fairness in ML als eine normative Frage betrachtet werden muss, und beleuchtet die Herausforderungen hinsichtlich der Definition von Fairnessmetriken. Es werden zwei Hauptgruppen aktueller Fairnessmetriken vorgestellt: Gruppen-Fairnessmetriken, die Subgruppenvergleiche nutzen, und individuelle Fairnessmetriken, die sich auf die individuelle Behandlung beziehen. In Abgrenzung hierzu wird eine neue Perspektive entwickelt, die in einem philosophisch fundierten Fairnesskonzept wurzelt.

Die vorgeschlagene Perspektive integriert nicht nur philosophische Erwägungen in den Prozess der ADM-Systementwicklung, sondern adressiert gleichzeitig den scheinbaren Trade-Off zwischen Fairness und Vorhersagegüte. Es wird dargelegt, wie die Idee geschützter Attribute – die qua Gesetz nicht Anlass für eine Ungleichbehandlung sein dürfen – in das Konzept einer fiktiven, normativ gewünschten Welt übersetzt werden kann. Im Anschluss wird ein Algorithmus beschrieben, der dieses Konzept nutzt, um ML-Modelle zu trainieren, die faire Behandlungen ermöglichen.

Der Beitrag unterstreicht die Relevanz der Frage nach Kausalitäten für den Themenbereich der Fairness und hebt die Notwendigkeit der interdisziplinären Zusammenarbeit zwischen Fachexpert:innen, etwa aus der Kriminologie oder Soziologie, und ML-Expert:innen hervor. In einer Zeit, in der die gesellschaftliche Relevanz von Künstlicher Intelligenz (KI) und ihren Anwendungen in rasantem Tempo zunimmt, sehen wir den Brückenschlag zwischen Philosophie und ML als entscheidend an, um Fairnessproblemen von KI-Systemen zu begegnen.[1]

---

1 Transparenzhinweis: Dieser Beitrag basiert auf einem Paper (aktuell unter Begutachtung, Preprint: https://arxiv.org/abs/2205.09622), das für die internationale Community des Maschinellen Lernens auf Englisch verfasst wurde. Die Inhalte dieses Papers wurden hier für ein deutschsprachiges, philosophisches Publikum aufbereitet, mit dem Ziel, die Grenze zwischen den beiden Disziplinen durchlässiger zu machen.

6.1 Einführung

6.1.1 ADM-Systeme und Fairness

Systeme der automatisierten Entscheidungsfindung (Automated Decision Making Systems – ADM-Systeme) werden immer wichtiger. Diese ADM-Systeme haben mittlerweile an vielen Stellen einen großen Einfluss auf das Leben unzähliger Menschen. Eine häufige Forderung lautet daher, dass diese Systeme fair sein sollen. Eine Kernkomponente eines ADM-Systems kann ein Modell des Maschinellen Lernens (Machine Learning – ML) sein; in diesem Fall überträgt sich die Forderung nach Fairness von dem ADM-System auf das ML-Modell. Dieser Beitrag soll den Fairnessdiskurs im Bereich ML mit einem genuin philosophischen Konzept von Fairness zusammenführen; er soll aufzeigen, wie normative Konzepte in ML-Modellen beziehungsweise in Systemen der automatisierten Entscheidungsfindung implementiert werden können. Der Beitrag will außerdem darüber informieren, wie – teilweise unterkomplex – in der ML-Community über philosophische Konzepte wie Fairness gesprochen wird, und aufzeigen, wie wichtig der Austausch zwischen Philosophie und ML ist, um einer Abschottung der Disziplinen entgegenzuarbeiten. Denn um der gesellschaftlichen Relevanz von Künstlicher Intelligenz (KI) und ihren Anwendungen gerecht zu werden, bedarf es der interdisziplinären Zusammenarbeit, die Expertisen aus den diversen Fachdisziplinen zusammenbringt und fruchtbar macht.

6.1.2 COMPAS

Als Beispiel betrachten wir das System COMPAS (Correctional Offender Management Profiling for Alternative Sanctions), das Richterinnen und Richter bei Entscheidungen unterstützen soll und zeitweise in den USA genutzt wurde. Eine Komponente dieses Systems ist ein ML-Modell, das die individuelle Wahrscheinlichkeit $\pi^{(i)}$ vorhersagt, ob eine angeklagte Person i in den nächsten zwei Jahren rückfällig werden wird. Die Behandlung $t^{(i)}$ der Person – etwa ob diese auf Kaution aus der Haft entlassen wird – hängt dann von der vorhergesagten Wahrscheinlichkeit $\hat{\pi}^{(i)}$ ab. Ein Vorwurf gegenüber COMPAS lautete, dass dieses ML-Modell insofern unfair sei, als es unter anderem einen Bias gegenüber Schwarzen Menschen habe.[2] Die Firma, die COMPAS entwickelt hat, hat jedoch dagegen argumentiert und dargelegt, warum das ML-Modell aus ihrer Sicht nicht unfair sei.[3]

---

2 Angwin et al. (2016).
3 Siehe Corbett-Davies et al. (2016) für Details zu der Debatte.

6.1.3 Fairness-aware ML

Insoweit stellt sich die Frage, wieso es überhaupt zu einem Disput kommen kann und ob nicht vielmehr eine eindeutige Antwort auf die Frage nach der Fairness des Systems existiert, die wissenschaftlich fundiert und akzeptiert ist. Um das Thema ›Fairness in ML‹ hat sich eine eigene Community und ein eigenes Forschungsfeld entwickelt, das unter dem Titel ›Fairness-aware Machine Learning‹ oder kurz ›FairML‹ firmiert. FairML möchte die ML-bezogene Unfairness in ADM-Systemen abmildern, wobei Beiträge in diesem Zusammenhang typischerweise zwei Ziele verfolgen: Zum einen wird eine Metrik definiert, die die Fairness oder Unfairness eines ML-Modells misst, zum anderen wird eine Methode vorgeschlagen, die gewährleisten soll, dass das trainierte ML-Modell gute Werte in Bezug auf die Metrik erhält.

Diese Fairnessmetriken können grob in zwei Gruppen eingeteilt werden: Auf der einen Seite stehen die Gruppen-Fairnessmetriken, die typischerweise auf dem Vergleich verschiedener Subgruppen basieren. Beispielsweise vergleicht ›Statistical Parity‹ die Anteile der als positiv klassifizierten Individuen innerhalb der Subgruppen, ›Equal Opportunity‹ vergleicht die Sensitivitäten innerhalb der Subgruppen und ›Well-Calibration‹ fordert, dass die vorhergesagten Wahrscheinlichkeitsscores in den Subgruppen auch den tatsächlichen Wahrscheinlichkeiten entsprechen. Verma und Rubin[4] und Caton und Haas[5] geben einen hilfreichen Überblick über die verschiedenen Metriken, deren Zahl mittlerweile in die Dutzenden geht.

Eine zweite Gruppe bilden individuelle Fairnessmetriken. Die wichtigsten Vertreter der individuellen Fairness-Metriken sind ›Fairness through Awareness‹ von Dwork et al.[6] und ›Counterfactual Fairness‹ von Kusner et al.[7]. Ersteres fordert, dass ähnliche Individuen ähnlich behandelt werden, wobei ›Ähnlichkeit‹ hier mathematisch komplex definiert ist und sich deshalb kaum für die praktische Anwendung eignet. Das zweite Konzept betrachtet eine Behandlung als fair, wenn sie in der echten Welt – also in unserer realen Welt – und in einer ›counterfactual world‹, in der das Individuum zu einer anderen demografischen Gruppe gehört, identisch ist. Am Beispiel: Wenn die Person nicht männlich, sondern weiblich ist oder wenn die Person nicht als Schwarz, sondern als Weiß gelesen wird.

6.1.4 Neue Perspektive

Die Ausgangssituation für die von uns vorgeschlagene Perspektive ist die folgende: In der aktuellen FairML-Literatur wird eine große Menge solcher Fairnessmetriken vorgeschlagen, was die Frage aufwirft, wie man die korrekte oder die beste Metrik finden kann. Diese Problematik wird durch zwei Umstände verschärft: Zum einen wird

---

4 Verma/Rubin (2018).
5 Caton/Haas (2023).
6 Dwork et al. (2012).
7 Kusner et al. (2017).

wiederholt festgestellt, dass viele dieser Fairnessmetriken inkompatibel miteinander sind; zum anderen gibt es scheinbar einen Trade-Off zwischen Fairness und Vorhersagegüte. Hier stellt sich also die Frage, wie man die beiden Ziele eines ML-Modells, nämlich Fairness und gute Vorhersagequalität, gegeneinander abwägen kann.

Eine Vorfrage, die dabei oft übersprungen wird, lautet jedoch, was eigentlich unter ›Fairness‹ verstanden wird. Welches philosophische Konzept von Fairness liegt den Metriken zugrunde – was wollen sie, in anderen Worten, genau messen? Wenn die vorgeschlagenen Fairnessmetriken nicht transparent machen, an welches Konzept von Fairness sie anknüpfen, fehlt einer derartigen Beschäftigung mit dem Thema FairML letztlich ihr Ziel.

Bothmann und Kolleg:innen[8] unterbreiten Vorschläge, wie diese Probleme behoben werden können. Hierzu wird von einem philosophisch fundierten Konzept von Fairness ausgegangen, das in den Prozess der Generierung eines ADM-Systems implementiert wird. Dies zeigt nicht nur, dass eine Verbindung von Philosophie und ML möglich ist. Es löst darüber hinaus die Probleme der Inkompatibilität der Fairnessmetriken und des angeblichen Trade-Offs zwischen Fairness und Vorhersagegüte.

6.2 Fairness – Grundlegendes Konzept

Für die Definition von Fairness lohnt es sich bis zu Aristoteles zurückgehen, der im fünften Buch der Nikomachischen Ethik ein insoweit hilfreiches Konzept behandelt.[9] Demnach ist eine Behandlung fair, wenn Gleiche gleich behandelt werden und wenn Ungleiche ungleich behandelt werden. Hier sind zwei Aspekte von besonderer Wichtigkeit: Zum einen hat Fairness immer einen Behandlungs- oder Handlungsaspekt – fair oder unfair ist immer nur eine Handlung (deswegen kann ein ML-Modell an sich nicht fair oder unfair sein kann, sondern erst die darauf basierende Entscheidung zu einer bestimmten Behandlung von Individuen). Zum anderen beinhaltet der Gleichheitsgedanke, dass bei der Anwendung des Fairnessbegriffs normative Setzungen erforderlich werden:

Die Entscheidungsgrundlage für die Behandlung bildet die Frage nach der Gleichheit oder Ungleichheit der Personen. Nun ist die Gleichheit ein stark normativ aufgeladener Begriff, weil Personen unendlich viele Eigenschaften besitzen und daher immer ungleich sind. Bezogen auf bestimmte Situationen erfolgt jedoch die normative Setzung, dass diese Unterschiedlichkeit von Personen irrelevant sein soll. Schon Aristoteles legte dar, dass dies insbesondere im privaten Verkehr der Personen untereinander der Fall ist: Wenn zwei Personen einen Vertrag schließen und es darum geht, ob Leistung und Gegenleistung ausgeglichen sind, ist es unerheblich, wer diese Personen sind und welche Eigenschaften sie besitzen. Weil die Verteilungsentscheidung hier mittels einer einfachen Rechnung getroffen werden kann, spricht Aristoteles insoweit von der arithmetischen bzw. kontinuierlichen Proportionalität.

---

8   Bothmann/Peters/Bischl (2023a).
9   Aristoteles (1831).

In anderen Situationen soll die Gleichheit jedoch von den Eigenschaften der betroffenen Personen abhängen, über deren Relevanz für die Beurteilung der Gleichheit normativ entschieden wird. Aristoteles nennt dies die ›Würdigkeit‹ der Personen; man könnte auch – neutraler – von entscheidungsrelevanten Merkmalen sprechen, die jeweils festgesetzt werden müssen. In diese zweite Kategorie gehört etwa das Beispiel des Steuersatzes: Wer mehr verdient, soll in den meisten Gesellschaften auch einen höheren Steuersatz bezahlen und umgekehrt. Weil die Verteilungsentscheidung insoweit auf die Ausgewogenheit eines komplexeren Verhältnisses zu achten hat, spricht Aristoteles hier von der geometrischen bzw. diskreten Proportionalität. Anders ausgedrückt hängt die Behandlung $t^{(i)}$ linear von der Würdigkeit $w^{(i)}$ ab, also $t^{(i)} = k \cdot w^{(i)}$.

Dieses Konzept der geometrischen Proportionalität können wir direkt generalisieren auf komplexere Funktionen, sodass die Behandlung eine Funktion der entscheidungsrelevanten Merkmale ist, also $t^{(i)} = s(w^{(i)})$. Um gedanklich weiter im skizzierten Konzept zu bleiben, ist zusätzlich zu fordern, dass die Behandlungsfunktion $s(\cdot)$ monoton ist.

Klar ist damit: Die Gleichheit ist immer das Ergebnis einer normativen Setzung. Damit geht eine Wertung einher, was in ein Verhältnis der Gleichheit gebracht werden soll – allein die Sachen oder Güter, die verteilt werden (arithmetische Proportionalität), oder auch die Personen (geometrische Proportionalität). Im Ergebnis ist die Gleichheit, um die es hier geht, daher als eine situationsspezifische bzw. -abhängige Gleichheit (›task-specific equality‹) anzusehen, d. h. zwei Individuen können je nach Situation als gleich oder ungleich angesehen (und behandelt) werden.

Die nun folgenden Beispiele sollen nicht nur den Unterschied zwischen arithmetischer und geometrischer Proportionalität veranschaulichen, sondern vor allem aufzeigen, an welcher Stelle ein ML-Modell eingebunden werden kann und welche Rolle dieses für die Frage der Fairness spielt.

1. Der Preis, den ein Individuum für ein bestimmtes Essen in einem bestimmten Restaurant bezahlen muss: Wir gehen typischerweise davon aus, dass alle Menschen in Bezug auf diese Situation gleich sind. Das heißt, der Preis hängt nicht von einer ›Würdigkeit‹ ab; der Preis ist vielmehr konstant für alle Individuen.
2. Der Preis, den ein Individuum für ein Ticket für eine bestimmte Busfahrt bezahlen muss: In diesem Fall könnte der Preis von der ›Würdigkeit‹ abhängen. Zum Beispiel könnte es sein, dass Kinder oder Senior:innen weniger bezahlen müssen als Erwachsene.
3. Ein etwas komplexeres Beispiel für geometrische Proportionalität ist die bereits erwähnte Steuerschuld. Der Steuersatz hängt hier unter anderem vom Einkommen des Individuums ab, aber möglicherweise auch von anderen Komponenten wie dem jährlichen Spendenvolumen, der Anzahl der Kinder, dem Familienstand etc. Das heißt, dass der Steuersatz von der ›Würdigkeit‹ im Sinne der entscheidungsrelevanten Merkmale abhängt, wobei diese hier aus mehreren Komponenten (sogenannten ›Features‹) bestehen.

In diesem dritten Beispiel wird grundsätzlich kein ML-Modell benötigt, weil alle Features, die in die Würdigkeit einfließen, gemessen werden können (Spendenvolumen, Anzahl Kinder, Familienstand etc.). Anders ist es jedoch, wenn Features einfließen, die nicht direkt gemessen werden können, entweder weil sie unbekannt sind oder weil sie sich auf die Zukunft beziehen. Hier liegt ein potenzielles Anwendungsfeld für ML-Modelle.

4. Ein Beispiel dafür ist COMPAS: Hier geht es um die Frage, ob eine Person bis zum Tag der Verhandlung in Untersuchungshaft genommen wird oder (etwa auf Kaution) freigelassen wird. Die Entscheidung hängt unter anderem (insbesondere neben der Deliktsart) von der Wahrscheinlichkeit ab, mit der die Person in der Zeit bis zur Verhandlung rückfällig werden wird. Diese Wahrscheinlichkeit kann nicht zweifelsfrei gemessen werden und ist unbekannt, weil sie sich auf die Zukunft bezieht. Für die Vorhersage einer solchen Wahrscheinlichkeit kann nun ein ML-Modell eingesetzt werden. Da in diesem Fall die Vorhersage eines ML-Modells in die Behandlung von Individuen einfließt, gilt es darüber nachzudenken, wie sich das Konzept von Fairness auf ein solches ML-Modell übertragen lässt.

6.3 Fairness und ML

Es wurde dargelegt, dass die Aufgabe des ML-Modells innerhalb eines ADM-Prozesses ist, entscheidungsrelevante Merkmale zu schätzen. Das ML-Modell an sich kann also nicht fair oder unfair sein, da das ML-Modell an sich nicht handelt, aber es kann eine unfaire Behandlung auf Grundlage des ADM-Systems induzieren.

Es gibt mindestens zwei Quellen von Ungenauigkeit bei der Schätzung der entscheidungsrelevanten Merkmale beziehungsweise – im Beispiel – der Rückfallwahrscheinlichkeit. Die erste Quelle wurzelt darin, dass die wahre, individuelle Wahrscheinlichkeit $\pi^{(i)}$ auf potenziell unendlich vielen Komponenten beruht, in der Praxis aber nur beschränkte Informationen über das Individuum zur Verfügung stehen. Das Individuum wird auf die Menge seiner gemessenen Features $x^{(i)}$, also $\pi^{(i)} \approx \pi(x^{(i)})$ reduziert, wobei die konkrete Auswahl dieser Features eine normative Entscheidung ist. Die zweite Quelle der Ungenauigkeit wurzelt darin, dass die Funktion $\pi(\cdot)$, die die Menge der Features mit der individuellen Wahrscheinlichkeit verknüpft, unbekannt ist. Diese Funktion wird durch das ML-Modell geschätzt, was eine weitere Ungenauigkeit einführt, also $\pi^{(i)} \approx \pi(x^{(i)}) \approx \hat{\pi}(x^{(i)})$.

Wenn die wahre individuelle Wahrscheinlichkeit nicht identisch mit der vorhergesagten Wahrscheinlichkeit ist – basierend auf dem Feature-Vektor des Individuums, also $\pi^{(i)} \neq \hat{\pi}(x^{(i)})$ –, treten Fairnessprobleme auf. Man spricht dann auch davon, dass das Modell nicht ›individuell wohlkalibriert ist‹.[10] In diesem Fall basiert die Behandlung des Individuums nicht mehr auf der wahren Wahrscheinlichkeit, sondern auf einer falsch geschätzten Wahrscheinlichkeit – sie ist daher unfair.

---

10 Für Details siehe Bothmann/Peters/Bischl (2023a).

6.3.1 Deskriptiv unfaire Behandlung

Anschließend an diese Überlegungen lässt sich das dargelegte Verständnis von Fairness um die Unterscheidung zwischen deskriptiv unfairer Behandlung und normativ unfairer Behandlung ergänzen. Eine deskriptiv unfaire Behandlung wird wie folgt definiert:[11] Wir betrachten zwei Individuen i und j, die sich nur hinsichtlich eines bestimmten Features unterscheiden. Wir nehmen an, dass dieses Feature kein kausaler Grund für einen Unterschied in den wahren Wahrscheinlichkeiten ist, also dass die wahren Wahrscheinlichkeiten $\pi^{(i)}$ und $\pi^{(j)}$ identisch sind. Eine Behandlung wird dann deskriptiv unfair in Bezug auf das Feature genannt, wenn diese beiden Individuen unterschiedlich behandelt werden und zwar basierend darauf, dass die geschätzten individuellen Wahrscheinlichkeiten unterschiedlich sind.

Angewendet auf das COMPAS-Beispiel bedeutet das: Wir betrachten die Rückfallwahrscheinlichkeit und gehen beispielhaft davon aus, dass die Individuen i und j sich nur im Feature »Race« unterscheiden. Nun unterscheiden wir zwei Situationen.

1. Die wahren Rückfallwahrscheinlichkeiten $\pi^{(i)}$ und $\pi^{(j)}$ sind gleich; das entspricht der Situation, dass die »Race« nicht kausal für die Rückfallwahrscheinlichkeit ist. Eine Entscheidung basierend auf unterschiedlichen geschätzten Wahrscheinlichkeiten $\hat{\pi}^{(i)}$ und $\hat{\pi}^{(j)}$ ist daher deskriptiv unfair.
2. Im zweiten Szenario sind die wahren Rückfallwahrscheinlichkeiten nicht gleich; das entspräche der Situation, dass die »Race« kausal für die wahre Rückfallwahrscheinlichkeit wäre. In diesem Fall wäre eine Entscheidung basierend auf unterschiedlich vorhergesagten Wahrscheinlichkeiten $\hat{\pi}^{(i)}$ und $\hat{\pi}^{(j)}$ nicht *deskriptiv* unfair.

6.3.2 Normativ unfaire Behandlung

Eine Gesellschaft kann sich entscheiden – falls es denn so sein sollte, dass die »Race« kausal für die Rückfallwahrscheinlichkeit wäre – die Verantwortung für diesen Umstand nicht den Individuen zuzuschreiben, sondern diese als Gesellschaft zu übernehmen. Das Feature »Race« würde dann zum sogenannten geschützten Attribut (Protected Attribute – PA) mit der Folge, dass es für die Frage nach der Gleichheit oder Ungleichheit von Personen nicht herangezogen werden darf.[12] Dahinter kann etwa die Überlegung stehen, dass es Mediatoren für den Effekt von »Race« auf die Rückfallwahrscheinlichkeit gibt, zum Beispiel ›Racial Profiling‹ oder Richter:innen, die selbst rassistisch motiviert sind. Wenn in der Vergangenheit Schwarze Personen für dieselben Delikte öfter verurteilt wurden, dann würde ein auf solchen Daten trai-

---

11 Bothmann/Peters/Bischl (2023a).
12 Hiervon zu unterscheiden ist das Szenario, in dem das PA zum Anlass einer Ungleichbehandlung im Sinne einer Bevorzugung genommen wird, auch bekannt als ›affirmative action‹.

niertes ML-Modell Schwarzen Personen eine höhere Rückfallwahrscheinlichkeit zuordnen und den historischen Rassismus in die Zukunft fortschreiben.

Basierend auf dem Konzept der PA lässt sich eine weitere Definition formulieren, nämlich die Definition der normativ unfairen Behandlung: Wir betrachten wieder zwei Individuen i und j, die sich nur hinsichtlich eines Features unterscheiden. Wir nehmen hier nun an, dass dieses Feature ein kausaler Grund für eine Differenz in den wahren Wahrscheinlichkeiten ist. Das heißt, $\pi^{(i)}$ und $\pi^{(j)}$ sind *nicht* gleich. Wir nehmen ferner an, dass dieses Feature ein PA ist. Eine Behandlung wird dann *normativ unfair* in Bezug auf das Feature genannt, wenn diese beiden Individuen basierend auf unterschiedlich vorhergesagten Wahrscheinlichkeiten $\hat{\pi}^{(i)}$ und $\hat{\pi}^{(j)}$ unterschiedlich behandelt werden, weil in diesem Fall Individuen, deren Gleichheit normativ gesetzt wurde, ungleich behandelt werden. Dieses Feature darf also nicht in die Entscheidung einbezogen werden, ob die Personen gleich sind oder nicht.

Angewendet auf das COMPAS-Beispiel bedeutet das: Zwei fiktive Individuen i und j unterscheiden sich nur bezüglich der »Race«. Eine Entscheidung basierend auf unterschiedlichen geschätzten Wahrscheinlichkeiten ist unfair, da wir die beiden Individuen als normativ gleich ansehen. Eine unterschiedliche Behandlung darf also nicht in einem Unterschied der »Race« begründet sein.

Aus ML-Sicht stellt sich nun die Frage, wie diese Betrachtungen methodisch umgesetzt werden können. Wir schlagen folgende Lösung vor: Die Gleichsetzung zweier Individuen, die sich nur bezüglich des PA unterscheiden, ist nichts anderes als die Vorstellung einer fiktiven, normativ gewünschten Welt (Fictitious, normatively desired – FiND – world), in der das PA (hier: die »Race«) nicht kausal für das zu schätzende Merkmal ist (hier: die Rückfallwahrscheinlichkeit). Wir betrachten also eine korrigierte Rückfallwahrscheinlichkeit $\phi^{(i)}$, wobei $\phi^{(i)} = \phi^{(j)}$ in der FiND Welt. Das Ziel eines ML-Modells ist es dann also nicht mehr, die wahre Wahrscheinlichkeit in der realen Welt zu schätzen, sondern die wahre Wahrscheinlichkeit in dieser fiktiven, normativ gewünschten Welt. Eine Entscheidung basiert dann auf den geschätzten Wahrscheinlichkeiten in dieser fiktiven, normativ gewünschten Welt, aus der unerwünschte Praktiken wie ein »Racial Profiling« weggedacht werden.

6.3.3 Kausale Graphen

In der fiktiven, normativ gewünschten Welt dürfen die PAs also keinen kausalen Effekt auf die individuelle Wahrscheinlichkeit haben. Die folgende Abbildung visualisiert einen sogenannten ›directed, acyclic graph‹ (DAG) an einem Beispiel, in dem das Ausfallrisiko eines Kredits vorhergesagt werden soll, um basierend darauf eine Entscheidung über die Kreditvergabe zu treffen. Der DAG beschreibt kausale Effekte: Auf der rechten Seite ist das Ausfallrisiko abgebildet, auf das mehrere Faktoren Einfluss haben – hier Gender, Alter, Einkommen und Bildungsstand.

Möglicherweise hat Gender, das hier als PA behandelt wird, einen direkten Effekt auf das Risiko; es könnte aber auch indirekte Effekte haben, die über die Bildung oder das Einkommen laufen. Wird – etwa von Seiten des Kreditinstituts oder der Gesetzgebung – entschieden, dass aufgrund einer strukturellen Benachteiligung, die beim Feature Gender ansetzt, weder direkte noch indirekte Effekte auf das Risiko berücksichtigt werden sollen, lässt sich dies wie folgt umsetzen: In der FiND-Welt werden alle Pfeile gelöscht, die von Gender ausgehen und im weiteren Verlauf im Kreditrisiko enden. Für die praktische Anwendung muss also ein Mapping gefunden werden, das alle relevanten Variablen von der realen in die fiktive Welt übersetzt. Die ML-Modelle werden dann ausschließlich in der fiktiven Welt trainiert und evaluiert.

Die Schritte in einem entsprechenden Algorithmus lassen sich wie folgt skizzieren:[13]

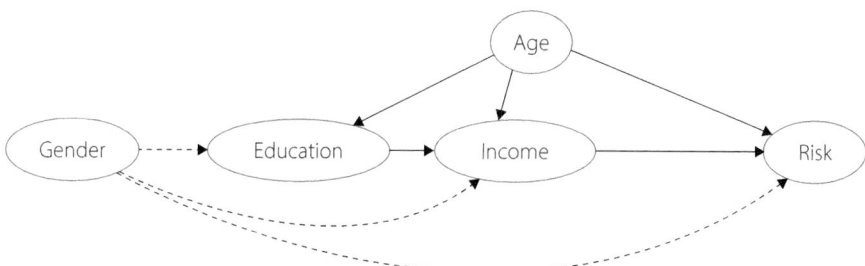

Abb. 2: Directed acyclic graph an einem Beispiel des Kreditrisikos. In der FiND-Welt werden die gestrichelten Pfeile gelöscht. (Die Abbildung dient Visualisierungszwecken und erhebt nicht den Anspruch, alle tatsächlichen kausalen Effekte korrekt darzustellen.)

1. Zunächst muss der kausale Graph in der realen Welt gefunden werden, was ein durchaus komplexer Schritt ist. Im Bereich der kausalen Inferenz hat sich das Forschungsgebiet der ›Causal Discovery‹ herausgebildet, mit dessen Methoden unter gewissen Bedingungen kausale Graphen aus Daten geschätzt werden können.[14] An dieser Stelle ist stets die interdisziplinäre Zusammenarbeit von fachspezifischer Expertise, etwa aus der Kriminologie oder Soziologie, und ML-Expertise von größter Wichtigkeit, um den wahren Graphen in der realen Welt zu finden – oder wenigstens eine hinreichend gute Annäherung.
2. In einem zweiten Schritt wird der kausale Graph in der fiktiven Welt generiert, in dem die kausalen Effekte der PAs auf die Zielvariable (in den Beispielen das Kreditrisiko bzw. die vorhergesagte Rückfallwahrscheinlichkeit) gelöscht werden.
3. Im dritten Schritt wird ein Mapping gefunden, das die Trainingsdaten aus der realen Welt basierend auf den gelernten kausalen Graphen in die fiktive Welt überträgt.
4. Sodann wird das ML-Modell in der fiktiven Welt trainiert.

---

13 Vorschläge für eine konkretere Ausgestaltung sowie numerische Experimente finden sich bspw. in Bothmann/Dandl/Schomaker (2023b).
14 Nogueira et al. (2022).

5. Zuletzt wird die Entscheidung auf den Vorhersagen in der FiND-Welt basiert. Das heißt, für eine neue Beobachtung werden zunächst die Features dieser neuen Beobachtung in die fiktive Welt transferiert (mit dem Mapping aus Schritt drei) und dann mit dem ML-Modell aus Schritt vier die Wahrscheinlichkeit vorhergesagt.

6.4 Fazit

Ein ML-Modell kann per se nicht fair oder unfair sein, da das ML-Modell nicht handelt. Fairnessprobleme in ADM-Systemen können allerdings sehr wohl durch ML-Modelle induziert werden. Diese Fairnessprobleme können auch ohne die Definition von geschützten Attributen wie »Race« oder Gender oder Religion auftreten – nämlich dann, wenn das Modell nicht individuell wohlkalibriert ist. Wenn es geschützte Attribute gibt (wie zum Beispiel im Grundgesetz[15] gefordert), müssen ML-Modelle in einer fiktiven, normativ gewünschten Welt trainiert und evaluiert werden; in dieser fiktiven Welt hat das geschützte Attribut keinen kausalen Effekt auf die Zielvariable.

Kausale Begründungen und kausales Denken sind bezogen auf Fragen der Fairness von größter Wichtigkeit. Da Kausalitäten aus Beobachtungsdaten allein kaum gelernt werden können, bedeutet dies, dass eine gute inter- und transdisziplinäre Zusammenarbeit zwischen fachspezifischer Expertise und ML-Expertise unumgänglich ist. Wir hoffen, mit diesem Beitrag aufgezeigt zu haben, wie wichtig der Brückenschlag zwischen Philosophie und Maschinellem Lernen bei einem gesellschaftlich so relevanten Thema wie der Fairness von Künstlicher Intelligenz ist.

Literatur

Angwin, Julia/Larson, Jeff/Mattu, Surya/ Kirchner, Lauren (2016): *Machine bias: There's software used across the country to predict future criminals. And it's biased against blacks*, ProPublica, URL: https://www.propublica.org/article/machine-bias-risk-assessments-in-criminal-sentencing.

Aristoteles (1831): *Aristotelis Opera* (Bekker, Immanuel (Hg.); Bd. 2) [Book V]. de Gruyter, Berlin/Boston.

Bothmann, Ludwig/Dandl, Susanne/Schomaker, Michael (2023b): *Causal Fair Machine Learning via Rank-Preserving Interventional Distributions*, arXiv:2307.12797, akzeptiert zur Veröffentlichung bei AEQUITAS Workshop on Fairness and Bias in AI at ECAI 2023.

Bothmann, Ludwig/Peters, Kristina/Bischl, Bernd (2023a): *What is Fairness? Philosophical Considerations and Implications for FairML*, arXiv:2205.09522.

Caton, Simon/Haas, Christian (2023): *Fairness in Machine Learning: A Survey*, in: ACM Computing Surveys 56/7, 166:1–166:38.

Corbett-Davies, Sam/Pierson, Emma/Feller, Avi/Goel, Sharad. (2016): *A computer program used for bail and sentencing decisions was labeled biased against blacks. It's actually not that clear*, Washington Post, Washington, D.C., URL: https://www.washingtonpost.com/news/monkey-

---

15 Artikel 3 GG.

cage/wp/2016/10/17/can-an-algorithm-be-racist-our-analysis-is-more-cautious-than-propublicas/.

Dwork, Cynthia/Hardt, Moritz/Pitassi, Toniann/Reingold, Omer/Zemel, Richard (2012): *Fairness through awareness*, in: Proceedings of the 3rd Innovations in Theoretical Computer Science Conference, Association for Computing Machinery, New York, 214–226.

Kusner, Matt J./Loftus Joshua/Russell, Chris/Silva, Ricardo (2017): *Counterfactual Fairness*, in: Guyon, Isabelle/Luxburg, Ulrike von/Bengio, Samy/Wallach, Hanna/Fergus, Rob/Vishwanathan, S. V. N./Garnett, Roman (Hg.): Advances in Neural Information Processing Systems 30, Curran Associates, Inc., New York.

Nogueira, Ana/Pugnana, Andrea/Ruggieri, Salvatore/Pedreschi, Dino/Gama, João (2022): *Methods and Tools for Causal Discovery and Causal Inference*, in: WIREs Data Mining and Knowledge Discovery 12/2.

Verma, Sahil/Rubin, Julia (2018): *Fairness definitions explained*, in: Proceedings of the International Workshop on Software Fairness, Association for Computing Machinery, New York.

7 Der Computer als Instrument zur Zerstörung von Menschlichkeit

Die Grenzen von algorithmen-basierten Entscheidungen

Sebastian Rosengrün

> **Abstract:** In *Die Macht der Computer und die Ohnmacht der Vernunft* bezeichnet Joseph Weizenbaum den Computer als »Instrument zur Zerstörung von Geschichte«. Daran anknüpfend zeigt dieser Aufsatz, warum der Computer ein Instrument zur Zerstörung von Menschlichkeit ist. Dieses Phänomen zeigt sich vor allem in der Diskussion um algorithmen-basierte Entscheidungen über menschliche Schicksale, durch die menschliches Miteinander zunehmend bedroht wird. Der Einsatz solcher Algorithmen setzt nämlich voraus, dass die Menschen, über die entschieden wird, auf maschinenlesbare Datenpunkte reduziert werden. Wenn Algorithmen eingesetzt werden, um Entscheidungen über das Schicksal von Menschen zu treffen, bedeutet dies also, Entscheidungen über menschliche Schicksale zu treffen ohne die betroffenen Menschen als Menschen anzusehen. Eine moralische Entscheidung setzt jedoch (auch weit über die kantische Tradition hinaus) zwingend voraus, dass der Mensch, über den entschieden wird, als Mensch anerkannt und respektiert wird. Algorithmen-basierte Entscheidungen führen damit dazu, dass nicht nur die von diesen Entscheidungen betroffenen Menschen, sondern auch die Menschlichkeit überhaupt »ausgelöscht« (im Sinne von Weizenbaums Argument) wird.

7.1 Der Computer

wird im vorliegenden Aufsatz als Instrument zur Zerstörung von Menschlichkeit beschrieben. Dies geschieht eingedenk der von Joseph Weizenbaum in den 1970ern Jahren diagnostizierten, freiwilligen Unterwerfung menschlicher Vernunft gegenüber der scheinbaren Macht der Computer. In seinem Hauptwerk, *Die Macht der Computer und die Ohnmacht der Vernunft*, bezeichnet er den Computer als »Instrument zur Zerstörung von Geschichte«:

> Denn wenn eine Gesellschaft nur jene ›Daten‹ als legitim anerkennt, die in ›standardisierter Form‹ vorliegen, so daß sie ›einem Computer leicht eingegeben werden können‹, dann ist Geschichte, dann ist Erinnerung überhaupt ausgelöscht.[1]

---

1 Weizenbaum (1978): 313.

Das gesellschaftliche Phänomen, nur jene Daten als legitim anzuerkennen, die von Computern verarbeitet werden, zeigt sich gegenwärtig vor allem in den Diskussionen um die bereits (zur Zeit) von Weizenbaum beschriebene Technik der Künstlichen Intelligenz (KI), die nach mehreren Wintern gegenwärtig (wieder einmal) einen Hochsommer durchlebt.[2] Die seit den 1970er Jahren rasant gestiegene Rechenleistung (›Computing Power‹) sowie vor allem die Möglichkeiten der Vernetzung einzelner Computer ermöglichten es, Daten in immer größerem Umfang zu erheben, zu speichern und auszuwerten – und vergrößerten damit wiederum die Computermacht über Individuen und Gesellschaft.

Im Zuge dieser Entwicklungen etablierte sich die Technik des Machine Learning, basierend auf künstlichen neuronalen Netzen. Dieses stellt mindestens ein wichtiges Teilgebiet der KI dar, nämlich das der ›konnektionistischen KI‹ (in Abgrenzung zur ›symbolischen KI‹, die auf von Menschen programmierten Regeln basiert). Insbesondere im anwendungsnahen Umfeld und in der Unternehmenspraxis werden die Begriffe ›Machine Learning‹ und ›KI‹ häufig sogar gleichgesetzt. Historisch geht konnektionistische KI auf Frank Rosenblatt zurück, der 1958 mit den Perzeptronen[3] erstmals ein Konzept für künstliche Neuronen entwickelte, welches heute noch im Machine Learning Anwendung findet. Ein künstliches neuronales Netz erinnert vage an den Aufbau des menschlichen Gehirns[4], wobei jedes einzelne Neuron als Knotenpunkt einer elektronischen Schaltung fungiert. Jeder dieser Knotenpunkte besitzt eine Aktivierungsfunktion, die festlegt, wann ein Neuron ›feuert‹. Ein künstliches neuronales Netz besteht aus mehreren Schichten dieser Neuronen: einer Eingabeschicht (*input layer*), einer oder mehrerer Zwischenschichten (*hidden layer*) und einer Ausgabeschicht (*output layer*).[5] Solche künstliche neuronale Netze werden eingesetzt, um basierend auf einem vorhandenen Datensatz einen Algorithmus zu ermitteln, der auf zukünftige Datensätze angewandt werden kann: Das neuronale Netz wird ›trainiert‹ bzw. es ›lernt‹, indem Datenpunkte eines Datensatzes als Input-Neuronen eingegeben werden und die sogenannten Gewichtungen (*weights*) und Grenzwerte (*threshold* bzw. *bias*) innerhalb der Akvitvierungsfunktionen durch trial and error so optimiert werden, dass der Output zum jeweiligen Input passt. So können beispielsweise Bilder (bzw. die individuellen Pixelwerte dieser Bilder) von Hunden und Katzen als Input eingegeben werden. Die Aktivierungsfunktionen werden mit Hilfe von Trainingsdatensätzen (bestehend aus Millionen solcher Bilder) so optimiert, dass

---

2   Zur Geschichte und zum Verständnis des KI-Begriffs, vgl. im Folgenden Rosengrün (2021): 13–34.
3   Vgl. Rosenblatt (1958).
4   Ob das menschliche Gehirn genau wie ein künstliches neuronales Netz funktioniert (und ob künstliche neuronale Netze damit auch Bewusstsein und andere mentale Zustände hervorbringen können), wird seit den 1960er Jahren kontrovers diskutiert. Diese Frage ist nicht Thema dieses Aufsatzes. Dennoch ist an dieser Stelle anzumerken, dass die oftmals sensationsgeladenen (Irr-)Vorstellungen von sogenannter ›starker KI‹ auf das menschliche Selbstverständnis zurückwirken und damit die oben beschriebene scheinbare Macht der Computer weiter verstärken.
5   Für eine ausführliche Darstellung der Funktionsweise vgl. Rosengrün (2021): 24–29.

der Output möglichst präzise die Wahrscheinlichkeit wiedergibt, mit der es sich bei einem Bild um das einer Katze oder eines Hundes handelt. Da ein neuronales Netz aus unzähligen Neuronen besteht, lässt sich von außen nicht mehr nachvollziehen, wie genau einzelne Inputneuronen das Ergebnis beeinflussen, weshalb die Ergebnisse von Machine Learning (d. h. die durch das Machine Learning ermittelten Algorithmen) manchmal als rätselhaft oder gar als magisch präsentiert werden. Tatsächlich sind die Ergebnisse jedoch theoretisch vollkommen erklärbar, da vollständig mathematisch determiniert. Machine-Learning-Algorithmen lassen sich nur aufgrund ihrer mathematischen Komplexität praktisch kaum noch verstehen, d. h. sie sind somit »pseudo-unerklärbar«[6].

Selbstverständlich sind die Einsatzgebiete von konnektionistischer KI nicht nur auf die Klassifikation von Bildern begrenzt. Inzwischen findet sie überall Anwendung, wo Entscheidungen auf Daten gestützt werden sollen. Ob es sich bei einer Hautveränderung um ein malignes Melanom handelt, ob ein Kind oder ein Baum am Straßenrand steht, ob eine bestimmte Person sich für Staubsaugerwerbung interessiert, oder ob einer anderen Person ein Kredit gewährt werden sollte. In diesen und vielen weiteren Fällen geht es darum, einen möglichst akkuraten Algorithmus zu finden, d. h. ein immer gleiches Prozedere, das abhängig vom Input den richtigen Output vorgibt. Beispielsweise sollte ein Mähroboter ausgehend von seiner aktuellen Umgebung (= Input) korrekterweise kategorisieren, ob sich vor ihm gerade ein Stein, ein paar höher gewachsene Gräser oder ein Igel befindet (= Output), um sich daraufhin entsprechend so zu verhalten, dass keine Tiere (und Menschen) gefährdet werden. Banken möchten etwa mit jeder Kreditentscheidung ein möglichst gutes Geschäft abschließen, d. h. sie möchten einerseits verhindern, dass eine Kundin einen Kredit bekommt, den sie nicht zurückzahlen kann, andererseits aber natürlich auch keiner Kundin einen Kredit verwehren, die ihn vollständig abbezahlen könnte. Basierend auf Daten vergangener Kreditentscheidungen wird mit Hilfe von Machine-Learning-Verfahren ein Algorithmus optimiert, der die wahrscheinliche Kreditausfallrate berechnet. Dieser Algorithmus wiederum dient schließlich als Grundlage zur Berechnung des Kreditausfallrisikos bei zukünftigen Kreditentscheidungen.

Ein häufig anzutreffendes Missverständnis vor allem in der populären KI-Debatte ist es, davon auszugehen, dass in diesen und ähnlichen Fällen der Computer eine Entscheidung trifft. Auch einige Positionen innerhalb der sich zunehmend verselbstständigenden Disziplin der Maschinenethik gehen davon aus, dass es das Ziel sog. *Artificial Morality* sei, »künstliche Systeme mit der Fähigkeit zum moralischen Entscheiden und Handeln auszustatten«[7]. Um dieses Ziel zu erreichen, werden wiederum *geistfreie* (»mindless«[8]) Entscheidungs- und Handlungsbegriffe konstruiert, die ohne »Willensfreiheit, mentale Zustände, Intentionalität, Intelligenz, Vernunft, Bewusstsein, Urteilskraft oder die Fähigkeit, Verantwortung zu tragen«[9] auskommen, jedoch

---

6   Rosengrün (2021): 105; vgl. Wiener (1960): 1355 u. Weizenbaum (1978): 306.
7   Misselhorn (2018): 8.
8   Siehe dazu Floridi/Sanders (2004).
9   Loh (2019): 48.

mit ihrer ideengeschichtlichen Bedeutung nichts zu tun haben. Eine Entscheidung ist allerdings eine Handlung (beziehungsweise das Resultat einer Handlung), die notwendig ein handelndes Subjekt voraussetzt, das die genannten Eigenschaften (oder zumindest einige davon) besitzt. Computer besitzen solche Eigenschaften gegenwärtig (und in absehbarer Zukunft[10]) nicht. Vor diesem Hintergrund davon auszugehen, dass Computer Entscheidungen treffen können, ist vielmehr ein weiteres Symptom der freiwilligen Unterwerfung menschlicher Vernunft gegenüber der scheinbaren Macht von Computern beziehungsweise einer menschlichen Selbstentwertung angesichts der scheinbaren Überlegenheit algorithmischer Berechnungen im Zuge des gesellschaftlichen Phänomens der Digitalisierung, verstanden als einer umfassenden ›Verzifferung der Welt‹, die auch vor einer Verzifferung des Menschen und grundlegender menschlicher Fähigkeiten wie der freien Entscheidungsfindung nicht halt macht.[11]

Eine KI entscheidet nicht. KI wird als *Methode* zur Entscheidungsfindung eingesetzt. Die Entscheidung, diese Methode einzusetzen, hat im Beispiel der Kreditvergabe das Management der Bank getroffen. Es hätte sich auch für eine andere Methode entscheiden können, etwa eine Münze zu werfen oder auf die Menschenkenntnis ihrer Angestellten im Kreditgespräch zu vertrauen. Um Entscheidungen nach dieser Methode zu treffen, d. h. um die für die konnektionistische KI notwendigen Berechnungen durchzuführen, bedarf es wiederum des Computers (beziehungsweise in der Praxis eher einer Cloud, d. h. eines ganzen Netzwerkes aus Computern). Der Computer ist somit zu verstehen

7.2 als Instrument.

Ein Instrument ist ein Hilfsmittel beziehungsweise ein Werkzeug, mit dem ein konkretes Ziel erreicht werden soll und mit dessen Einsatz bestimmte Folgen verbunden sind. Den Computer als Instrument zur Zerstörung von Menschlichkeit zu bezeichnen, bedeutet selbstverständlich nicht, dass alle, die einen Computer gebrauchen, das konkrete Ziel verfolgen, Menschlichkeit zu zerstören – selbst dieser Aufsatz wurde ja mit Hilfe eines Computers verfertigt. Ferner bedeutet es nicht, dass jeder Gebrauch eines Computers die Zerstörung von Menschlichkeit zur Folge hat. Schließlich bedeutet es auch nicht, dass es eines Computers bedarf, um Menschlichkeit zu zerstören. Dafür gibt es (leider) andere und sogar effektivere Instrumente.

Analog zum Titel dieses Aufsatzes könnte man auch behaupten: Ein Hammer ist ein Instrument zur Vernagelung von Wänden, insofern dieser ein bewährtes Hilfsmittel ist, um einen Nagel in eine Wand zu schlagen. Nichtsdestotrotz gibt es andere Anwendungen für einen Hammer, etwa kann man eine Sense dengeln oder einem

---

10 Es ist es nicht Thema dieses Aufsatzes (und für obige Argumentation irrelevant), ob eine dafür notwendige sog. starke KI prinzipiell möglich ist oder sogar in ferner Zukunft praktisch realisiert wird. Vgl. dazu Rosengrün (2021): 35–64.
11 Vgl. Fuchs (2020); Gramelsberger (2023); Geier/Rosengrün (2023): 20–21.

anderen Menschen Schaden zufügen. Ebenfalls lassen sich Nägel auch mit anderen Gegenständen (zum Beispiel einem Stein oder – mit etwas Übung – einer Schuhsohle) in die Wand schlagen. Es wäre somit genauso wenig falsch, einen philosophischen Aufsatz über den Hammer als Instrument zur Dengelung von Sensen zu verfertigen – wie es falsch wäre, einen philosophischen Aufsatz über den Computer als Instrument zur Verfertigung philosophischer Aufsätze zu verfertigen. Beides wäre jedoch eher irrelevant.

KI bzw. den Computer als Instrument oder auch Werkzeug aufzufassen, ist nicht ungewöhnlich.[12] Die Europäische Kommission schreibt etwa in der Einleitung des sogenannten KI-Weißbuchs, das den jüngsten Regulierungsbemühungen der EU zu Grunde liegt: »Wie jede neue Technologie bringt auch KI sowohl Chancen als auch Risiken mit sich«[13]. Hierin spiegelt sich jedoch eine weit verbreitete Ansicht zu Technik, die diese auf ihre Funktion als Instrument bzw. Werkzeug reduziert. Diese Ansicht könnte man als »Neutralitätsthese der Technik«[14] bezeichnen. Demnach ist Technik aus ethischer Sicht stets neutral und es kommt daher lediglich darauf an, sie richtig zu gebrauchen, um die Chancen zu nutzen, und den falschen Gebrauch (durch andere) zu verhindern, um die Risiken zu minimieren. Als einschlägiges Argumentationsmuster findet sich diese Überzeugung etwa in der US-amerikanischen Schusswaffendebatte und dem in diesem Zusammenhang häufig zitierten Leitspruch der National Rifle Association »Guns don't kill people, people do«. Dieser Leitspruch (als auch die Neutralitätsthese der Technik) verkennt allerdings die inhärente Normativität jeder Technik: Dadurch, dass es Schusswaffen gibt, verändern sich nämlich Handlungsoptionen und der gesamte ethische Bewertungsrahmen. Keine Waffe zu besitzen in einer Gesellschaft, in der niemand sonst eine Waffe besitzt oder es (noch) gar keine Waffen gibt, ist etwas grundlegend anderes als sich bewusst gegen eine Waffe zu entscheiden, wenn Waffen vorhanden sind und beinahe alle eine besitzen.[15] Darüber hinaus ermöglicht erst die Waffe als Technik die schnelle und bequeme Tötung eines anderen durch Drücken eines Auslösers, d. h. viele Personen würden ohne diese Technik vermutlich gar nicht auf die Idee kommen, eine andere Person zu töten. Technik ist somit, wie Melvin Kranzberg es ausdrückt, zwar weder gut noch böse, schon gar nicht aber ist sie neutral.[16]

Dasselbe trifft auf KI bzw. den Computer als grundlegende Infrastruktur für jede Anwendung von KI zu: Als Instrument kann KI, wie oben erläutert, für wertvolle Zwecke eingesetzt werden und es wäre geradezu töricht, die mit dieser Technik verbundenen Chancen nicht auszuschöpfen. Gleichzeitig ermöglicht KI, wie bereits Weizenbaum verdeutlicht, unzählige »Anwendungen, bei deren bloßem Gedanken eine zivilisierte Person schon Ekelgefühle verspüren müßte« insofern sie »Angriff auf

---

12 Vgl. im Folgenden Weizenbaum (1978): 35–64; Rosengrün (2021): 114–120.
13 Europäische Kommission (2020): 10.
14 Loh (2019): 205.
15 Analog kann hier ›Waffe‹ etwa durch ›Smartphone‹, ›Armbanduhr‹, ›Brille‹ oder ›Internetanschluss‹ ersetzt werden.
16 Vgl. Kranzberg (1986): 545.

das Leben an sich« darstellen. Er versteht darunter nicht nur jeglichen Einsatz von KI im Militär (einschließlich autonomer Waffensysteme) oder zur staatlichen Überwachung, sondern auch diejenigen Projekte, »bei denen ein Computersystem eine menschliche Funktion ersetzen soll, die mit gegenseitigem Respekt, Verständnis und Liebe zusammenhängt«[17]. Gleichzeitig entfaltet KI als Technik eine eigene Normativität, vor allem als Katalysator der Digitalisierung. Insofern die Verzifferung der Welt mit dem Ersetzen menschlicher Fähigkeiten einhergeht, dient KI – trotz aller mit ihr einhergehenden Chancen –

7.3 zur Zerstörung.

Der Begriff der Zerstörung bedeutet in diesem Aufsatz, analog zu Weizenbaums eingangs zitiertem Argument: Auslöschung. Anders ausgedrückt: Menschlichkeit geht in Entscheidungen über menschliche Schicksale zunehmend verloren. Ein etwaiger Gegenbegriff zur Zerstörung wäre also der der Aufhebung – in seiner Hegel'schen Mehrdeutigkeit gleichermaßen verstanden als Bewahrung und Erhöhung. Über menschliche Schicksale auf Grundlage von algorithmen-basierten Systemen zu entscheiden, führt dazu, dass Menschlichkeit nicht bewahrt und damit die Chance vertan wird, genuin menschliche Systeme zu etablieren (um Menschlichkeit – plakativ gesprochen – auf eine höhere Stufe zu heben).

Wie in Abschnitt 7.1 erläutert, können algorithmen-basierte Systeme überall dort Anwendung finden, wo Entscheidungen auf Grundlage von Daten und statistischen Verfahren getroffen werden sollen. Selbstverständlich geht es in diesem Aufsatz nicht darum, dass Entscheidungen auf Grundlage von Daten und statistischen Verfahren grundsätzlich verwerflich sind, sondern ganz im Gegenteil ist das maschinelle Lernen basierend auf neuronalen Netzen eine großartige Technik, um beispielsweise bisher unbekannte Muster in Wetterdaten zu erkennen, um somit vor künftigen Unwettern zu warnen. Ähnlich vielversprechende und sinnvolle Anwendungen finden sich in der medizinischen Diagnostik, aber auch in der Forschung, z. B. in der Biochemie (›Alphafold‹), und im Finanzsektor (etwa bei der Betrugserkennung). Viele weitere Anwendungen von KI, etwa in der Produktion oder der Logistik, versprechen zumindest erhebliches wirtschaftliches Potential, wenngleich sie Fragen der sozialen Gerechtigkeit (z. B. im Hinblick auf den Verlust von Arbeitsplätzen) aufwerfen und so eine besondere ethische Relevanz entfalten. Dennoch sollte dies kein Grund sein, die Entwicklung und den Einsatz von KI zur Effizienzsteigerung nicht weiter voranzutreiben; vielmehr sind hier gegenwärtig und verstärkt in der nahen Zukunft kluge politische Lösungen gefragt.

Problematisch im Sinne dieses Aufsatzes ist allerdings jeder Einsatz von KI, der darauf abzielt, wesentliche Entscheidungen über individuelle menschliche Schicksale auf Grundlage von (durch KI-Verfahren gewonnenen) Algorithmen zu treffen. Dies umfasst Sozialprognosen in Gerichtsentscheidungen, wie sie beispielsweise in

---

17   Je Weizenbaum (1978): 351.

den USA bereits algorithmisiert wurden[18], genauso wie die Nutzung von KI zur Priorisierung der Vergabe von Spenderorganen basierend auf statistisch berechneter Dringlichkeit und Lebenserwartung[19]. Ebenfalls schließt dies den Einsatz in der vorhersagebasierten Polizeiarbeit (*predictive policing*) ein, um beispielsweise darüber zu entscheiden, in welchen Gegenden oder welche Personen intensiv kontrolliert werden (und welche nicht)[20], genauso wie Jugendämter, die Entscheidungen zur Kindeswohlgefährdung mit Hilfe von Machine-Learning-Verfahren treffen (wollen)[21]. Auch Banken und Versicherungen treffen Entscheidungen über Kreditvergaben, Neuabschlüsse und die Festlegung von Zins- und Prämienhöhen zunehmend auf Grundlage von Algorithmen, die mithilfe von KI-Verfahren entwickelt werden, wobei statistische Methoden zur Entscheidungsfindung hier auch historisch zum Einsatz kamen, KI hier zuletzt jedoch eine gänzlich andere Dynamik entfaltet hat.

All dies sind Beispiele für Entscheidungssituationen, die für die betroffenen Personen (und deren Angehörige) von erheblicher Bedeutung sind. Wie in Abschnitt 7.1 bereits beschrieben, funktioniert der Einsatz von Machine-Learning-Verfahren hier nach dem folgenden Prinzip: Neuronale Netze werden basierend auf Datensätzen vergangener Entscheidungen trainiert. Im Falle der Algorithmisierung von Gerichtsurteilen etwa werden möglichst große Datensätze vergangener Entscheidungen herangezogen, um durch den Computer anhand dieser ein Muster zu ermitteln, das auf zukünftige Entscheidungen angewandt werden könnte. Wenn die Sozialprognose einer bestimmten Person also mit Hilfe eines durch KI-Verfahren gewonnenen Algorithmus berechnet wird, dann basiert sie stets darauf, wie in anderen, vergleichbaren Fällen die Prognose ausgefallen ist. Welche Kriterien (Datenpunkte) durch den Algorithmus im neuronalen Netz wie genau gewichtet werden, ist praktisch kaum nachvollziehbar, wobei man grundsätzlich davon ausgeht, dass der Algorithmus desto akkurater ist, je mehr Datensätze zum Training verwendet werden und je mehr unterschiedliche Datenpunkte diese Datensätze enthalten.

Entsprechend hat der Einsatz solcher Verfahren sowohl im akademischen als auch im öffentlichen Diskurs viel berechtigte (!) Kritik erfahren, dahingehend, dass nicht ausgeschlossen werden kann, dass Menschen etwa aufgrund ihrer Hautfarbe oder ihres Geschlechts diskriminiert werden – insbesondere in Fällen, wo entsprechende rassistische oder sexistische Vorurteile die früher von Menschen getroffenen Entscheidungen beeinflusst haben, die wiederum als Grundlage für das Training der neuronalen Netze dienen.[22] Die subjektiven Fehler früherer Entscheidungen werden so verobjektiviert, was es von etwaiger Diskriminierung Betroffenen ungleich schwerer macht, die Diskriminierung zu erkennen und dagegen vorzugehen. Diese richtige und wichtige Argumentationslinie zielt jedoch vor allem auf praktische Probleme bei der Umsetzung von Machine-Learning-Verfahren ab, d. h. es geht ihr häufig darum,

---

18 Vgl. O'Neil (2017): 26–48; Fry (2019): 65–97; Zweig (2019): 19–30.
19 Vgl. Pullen (2019).
20 Vgl. Fry (2019): 169–206.
21 Vgl. Gutwald et al. (2021). Siehe auch www.kaimo.bayern (Stand: 28.9.2023).
22 Vgl. etwa O'Neil (2017), Eubanks (2018), Fry (2019) u. Zweig (2019).

auszuschließen, dass KI-basierte Entscheidungen zu Diskriminierung oder sonstiger Form von Benachteiligung führen. Insofern etwa sichergestellt ist, dass diskriminierungsfreie Trainingsdaten verwendet werden und eine unabhängige Schiedsstelle den Einsatz von KI überwacht, so wird zumindest häufig argumentiert[23], könne es sich bei algorithmen-basierten Entscheidungen durchaus um *moralische* Entscheidungen handeln.

Jedoch gehört es zum Wesen von Moral, Menschen als Menschen zu würdigen. Wenngleich sich diese grundlegende Einsicht nicht ausschließlich aus der kantischen Ethik ergibt, bringt Immanuel Kant sie in der Selbstzweck-Formel des kategorischen Imperativs am treffendsten zum Ausdruck: »Handle so, daß du die Menschheit sowohl in deiner Person, als in der Person eines jeden andern jederzeit zugleich als Zweck, niemals bloß als Mittel brauchest.«[24]

Um eine Entscheidung basierend auf Machine-Learning-Verfahren treffen zu können, müssen Menschen jedoch notwendig auf Daten (und somit auf ein Mittel) reduziert werden, die »in ›standardisierter Form‹ vorliegen, so daß sie ›einem Computer leicht eingegeben werden können‹«[25]. Grundlage von Machine-Learning-Verfahren sind stets mehr oder weniger oberflächliche Datenpunkte (wie Geschlecht, Alter, Geburtsort, Nettoeinkommen, etc.), die durch ein mit den Daten anderer Menschen trainiertes neuronales Netz auf eine kaum nachvollziehbare Weise miteinander in Beziehung gesetzt werden, um so etwa ein möglichst ›akkurates‹ Gerichtsurteil, eine möglichst ›akkurate‹ Sozialprognose oder eine möglichst ›akkurate‹ Wahrscheinlichkeit einer Kindeswohlgefährdung zu kalkulieren, die für die Betroffenen erhebliche Konsequenzen mit sich bringen können. Die Betroffenen als Menschen kommen in dieser Rechnung jedoch gar nicht vor, da die Fähigkeit, Menschen als Menschen zu würdigen, ausschließlich menschlichen Entscheidungsträgern vorbehalten ist. Ähnlich wie Weizenbaum aufzeigt, dass die mit dem Computer zwingend verbundene ›Standardisierung‹ von Geschichte mit der Zerstörung derselben einhergeht, führen algorithmen-basierte Entscheidungssysteme also zur Zerstörung von Menschlichkeit.

Die beschriebene ›Standardisierung‹ ist auch dann problematisch, wenn man Machine-Learning-Verfahren als Grundlage zur Algorithmisierung von Entscheidungssituationen einsetzt, mit deren Hilfe auch Muster in unstrukturierten Daten analysiert werden können.[26] Dies betrifft vor allem die sogenannte ›generative KI‹ bzw. Transformer wie etwa die zuletzt einige Aufmerksamkeit erregenden neuronalen Netze von ChatGPT oder Midjourney. Zwar liegen hierbei Daten nicht notwendig in standardisierter Form vor, sondern KI wird hier dazu eingesetzt, scheinbar unstrukturierte Daten selbst in eine Form zu bringen, aus der heraus sich alle weiteren Be-

---

23 Stellvertretend für zahlreiche ähnliche Initiativen sei hier etwa auf die von der Bertelsmann-Stiftung herausgegebenen Algo.Rules verwiesen, siehe www.algorules.org (Stand: 28.9.23).
24 Kant (1785): 429.
25 Weizenbaum (1978): 313.
26 Ich danke Melvin Rinkleff für diesen Denkanstoß.

rechnungen ergeben. Wenngleich die auf diese Weise berechneten neuronalen Netze ungleich komplexer sind als im herkömmlichen Machine Learning, impliziert auch dieses Verfahren, dass sich das menschliche Leben überhaupt in Form von Daten darstellen lässt und Daten (beziehungsweise Information) eine adäquate Repräsentation dessen darstellt, was den Menschen als Menschen ausmacht.[27]

Insofern Entscheidungen über menschliche Schicksale basierend auf derlei Verfahren getroffen werden, kann es sich also gar nicht um moralische Entscheidungen handeln: Sie führen zwangsläufig zur Zerstörung dessen, was eine moralische Entscheidung als moralische Entscheidung kennzeichnet, nämlich die Anerkennung des Gegenübers als Mensch. Vor diesem Hintergrund handelt der abschließende Abschnitt dieses Aufsatzes

7.4 von Menschlichkeit.

Entscheidungen über Menschen an Computer delegieren zu wollen, ist ein Phänomen, das mit der Digitalisierung einhergeht, d. h. mit einer sich ausbreitenden Standardisierung, Quantifizierung und letztlich Verzifferung der Welt mitsamt ihrer Teile, einschließlich des Menschen.[28] Dies hat eklatante Folgen für das Selbstbild des Menschen, weshalb Joseph Weizenbaum in einem Vortrag zum *Menschenbild im Licht der künstlichen Intelligenz* fordert:

> Der Wiedergewinn unseres Vertrauens in unsere eigene Denk- und Traumfähigkeit ist notwendig, um ein vieldimensionales Menschenbild (wieder?) herzustellen.[29]

Notwendig wäre es, vor dem Hintergrund dieses Aufsatzes, das Vertrauen auf die genuin menschliche Fähigkeit, eine Entscheidung zu treffen, wiederzugewinnen. Dieses Vertrauen auf die menschliche Urteilskraft geht genau dann verloren, wenn Entscheidungen nicht mehr von Menschen getroffen werden, sondern stattdessen blind auf die standardisierten Berechnungen eines Machine-Learning-Modells vertraut wird, weil diese akkurater, objektiver und damit letztlich sogar auch ›fairer‹ seien, zumindest dann, wenn sichergestellt ist, dass diskriminierungsfreie Trainingsdaten verwendet werden.

Dies würde jedoch voraussetzen, dass es überhaupt akkurate und objektiv richtige Antworten auf Entscheidungsprobleme gibt. Dies aber ist, wie Weizenbaum schreibt, allenfalls Ausdruck »der Unterwürfigkeit des modernen Menschen gegenüber der Naturwissenschaft«[30]. Während sich etwa Wettervorhersagen und Krebsdiagnosen

---

27 Für eine ausführliche Problematisierung dieser Reduktion auf Daten vgl. Fuchs (2020): 21–70.
28 Vgl. Fuchs (2020); Nassehi (2020).
29 Weizenbaum (2001): 43.
30 Ebd.

als akkurat bzw. objektiv richtig oder falsch herausstellen können[31], suggeriert die Übernahme derselben Methodik auf zwischenmenschliche Entscheidungssituationen, dass es auch dort eine objektive Antwort gibt, beispielsweise ob eine Person zurecht aus dem Gefängnis freikommt oder ein Kind zurecht einer Familie entzogen wird – und sich diese Antwort darüber hinaus mit Hilfe statistisch-mathematischer Verfahren akkurat berechnen lässt. Dass unterschiedliche Menschen unterschiedliche Situationen anders bewerten, wird häufig als Schwäche dessen gesehen, in Entscheidungssituationen auf menschliche Urteilskraft zu vertrauen. Objektiv sind durch standardisierte Verfahren gewonnene Ergebnisse jedoch nur insofern als Menschen die Objektivität in sie hineinprojizieren.[32]

Beispielsweise könnte man an der gängigen Praxis der Rechtsprechung kritisieren, dass von Menschen getroffene Urteile subjektiv sind. Eine zweite Richterin könnte etwa im gleichen Fall plötzlich gar zu einem gänzlich anderen Urteil kommen als eine erste. Eine solche Kritik würde aber stillschweigend voraussetzen, dass es überhaupt ein objektives Urteil in Gerichtsverfahren gibt und es Ziel von Gerichtsverfahren ist, dieser Objektivität möglichst nahe zu kommen. Es sollte jedoch vielmehr als Stärke eines Rechtssystem angesehen werden, dass Recht durch Menschen gesprochen wird, denen in ihrem Urteil ein gewisser Ermessensspielraum zuzugestehen ist. Die erste Richterin erkennt vielleicht die soziale Notlage eines Angeklagten an, was sich dann in einem milderen Urteil widerspiegelt, während die zweite Richterin das Leid, das ein Angeklagter seinem Opfer zugefügt hat, stärker gewichtet, und so zu einem härteren Urteil findet. Für beide Varianten finden sich sicher gute Argumentationen, weshalb es am kritischen Urteilsvermögen der jeweiligen Richterin liegt, Für und Wider im Einzelfall nach bestem Wissen und Gewissen abzuwägen.

Selbstverständlich ist es nicht Ziel dieses Aufsatzes, gerichtliche Willkür, Befangenheiten oder Vorurteile zu verteidigen (was ohnehin im Widerspruch zum Begriff des kritischen Urteilsvermögens stehen würde). Vielmehr sollte es gar zu rechtsstaatlichen Standards gehören, das kritische Urteilsvermögen aller Beteiligten zu fördern (und darüber hinaus etwa auch ihre Überarbeitung zu verhindern), sodass die von Urteilen betroffenen Menschen im Urteil tatsächlich als Menschen gewürdigt werden.

Der Gedanke, dass in all diesen und vielen weiteren Gebieten, in denen Entscheidungen über Menschen getroffen werden sollen, ein auf KI-Technik basiertes Verfahren zu moralischen Entscheidungen führt, ist jedoch ein sich zunehmend ausbreitender Irrglaube, durch den der Computer überhaupt erst zum Instrument zur Zerstörung von Menschlichkeit wird.

---

31 Selbstverständlich gilt auch dies nur abhängig vom vorausgesetzten Wahrheitsbegriff, was im Folgenden jedoch nicht weiter problematisiert werden soll.
32 Vgl. Rosengrün (2021): 144–152 für ein auf Doctorow (2020) aufbauendes Argument, welches die faktische Relevanz von Suchmaschinenergebnissen auf ähnliche Weise hinterfragt.

Literatur

Doctorow, Cory (2020): *How to Destroy Surveillance Capitalism*, URL: https://onezero.medium.com/how-to-destroy-surveillance-capitalism-8135e6744d59 (Stand: 28.09.2023).

Eubanks, Virginia (2018): *Automating Inequality. How High-Tech Tools Profile, Police, and Punish the Poor*, St. Martin's Press, New York.

Europäische Kommission (2020): *Weißbuch zur Künstlichen Intelligenz. Ein europäisches Konzept für Exzellenz und Vertrauen*, URL: https://commission.europa.eu/system/files/2020-02/commission-white-paper-artificial-intelligence-feb2020_de.pdf (Stand: 18.09.2023).

Floridi, Luciano/Sanders, J.W. (2004): *On the Morality of Artificial Agents*, in: Minds and Machines 14, 349–379.

Fuchs, Thomas (2020): *Verteidigung des Menschen. Grundfragen einer verkörperten Anthropologie*, Suhrkamp, Berlin.

Fry, Hannah (2019): *Hello World. Was Algorithmen können und wie sie unser Leben verändern*, Beck, München.

Geier, Fabian/Rosengrün, Sebastian (2023): *Digitalisierung. Die 101 wichtigsten* Fragen, Beck, München.

Gramelsberger, Gabriele (2023): *Philosophie des Digitalen zur Einführung*, Junius, Hamburg.

Gutwald, Rebecca/Burghardt, Jennifer/Kraus, Maximilian/Reder, Michael/Lehmann, Robert/Müller, Nicholas (2021): *Soziale Konflikte und Digitalisierung. Chancen und Risiken digitaler Technologien bei der Einschätzung von Kindeswohlgefährdungen*, in: EthikJournal 7/2.

Kant, Immanuel (1785): *Grundlegung zur Metaphysik der Sitten*. AA IV, 385–463.

Kranzberg, Melvin (1986): *Technology and History: »Kranzberg's Laws«*, in: Technology and Culture 27/3, 544–560.

Loh, Janina (2019): *Roboterethik*, Suhrkamp, Berlin.

Misselhorn, Catrin (2018): *Grundfragen der Maschinenethik*, Reclam, Stuttgart.

Nassehi, Armin (2020): *Muster. Theorie der digitalen Gesellschaft*, Bundeszentrale für politische Bildung, Bonn.

O'Neil, Cathy (2017): *Angriff der Algorithmen. Wie sie Wahlen manipulieren, Berufschancen zerstören und unsere Gesundheit gefährden*, Hanser, München.

Pullen, Lara (2019): *Doctor AI. Using machine learning to support transplantation*, in: American Journal of Transplantation 19, 1–2.

Rosenblatt, Frank (1958): *The perceptron: a probabilistic model for information storage and organization in the brain*, in: Psychological Reviews 65, 386–408.

Rosengrün, Sebastian (2021): *Künstliche Intelligenz zur Einführung*, Junius, Hamburg.

Weizenbaum, Joseph (1978): *Die Macht der Computer und die Ohnmacht der Vernunft*, Suhrkamp, Frankfurt a. M.

Weizenbaum, Joseph (2001): *Computermacht und Gesellschaft*, Suhrkamp, Frankfurt a. M.

Wiener, Norbert (1960): *Some Moral and Technichal Consequences of Automation*, in: Science 131/3410, 1355–1358.

Zweig, Katharina (2019): *Ein Algorithmus hat kein Taktgefühl. Wo künstliche Intelligenz sich irrt, warum uns das betrifft und was wir dagegen tun können*, Heyne, München.

8 Der KI Grenzen setzen?
Vom Verhältnis zu moralischen Normen

Jan-Hendrik Heinrichs

> **Abstract:** Dieser Artikel expliziert ein verbreitetes Paradigma der Maschinenethik, das Nebenbedingungsparadigma. Gemäß diesem Paradigma werden künstliche moralische Akteure[1] geschaffen, um das durch komplexe und selbständige Systeme entstehende Risiko zu begrenzen. Zu diesem Zweck müssen sie so ausgelegt sein, dass ihr Verhalten den Vorgaben moralischer Regeln entspricht. Ein künstlicher moralischer Akteur wäre demnach ein umweltwirksames System, dessen Verhalten moralischen Normen schlicht entspricht.
>
> Weil dieses Paradigma für KI-Systeme ausschließlich ein Subordinationsverhältnis zu moralischen Normen erlaubt, schränkt es die Art von künstlichem Akteur, die entwickelt wird, über Gebühr ein. Gemäß dem Sprachgebrauch der Ethik stehen moralische Akteure und Akteurinnen in komplexeren Verhältnissen zu moralischen Normen. Es sind jedoch aktuell Systeme möglich, die moralische Normen nicht nur einhalten, sondern diese explizieren, repräsentieren und zueinander in Beziehung setzen. KIs können sich also in anderer Weise zu moralischen Grenzen verhalten als vom Nebenbedingungsparadigma vorgesehen. Damit würden alternative, wissenschaftlich und gesellschaftlich wertvolle Umgangsweisen von KIs mit moralischen Normen wie etwa deren Überprüfung und Kritik angeregt.

8.1 Einleitung – Debatten zu ethischen Grenzen für KIs

In der gegenwärtigen philosophischen Auseinandersetzung mit künstlicher Intelligenz (KI) ist ein wichtiger Strang derjenige, der die ethischen Grenzen für deren Erschaffung und Einsatz betrifft. Dabei handelt es sich allerdings nicht um eine einheitliche Debatte. Vielmehr gibt es in der jüngeren Philosophie der künstlichen Intelligenz eine Vielzahl von unterschiedlichen Diskussionssträngen, die sich mit Varianten der Frage nach ethischen Grenzen für künstlich intelligente Systeme beschäftigen.

---

[1] Im folgenden Text wird der Begriff ›Akteur‹ in der Anwendung auf Maschinen im grammatischen Maskulinum verwendet und im sachlichen Neutrum gemeint. In Bezug auf Menschen wird er wie alle anderen Begriffe geschlechtergerecht verwendet.

Der erste und wahrscheinlich am weitesten verbreitete sowie praktisch einflussreichste Diskussionsstrang ist derjenige um Richtlinien für die Erstellung künstlich intelligenter Systeme. Diese Diskussion resultierte schon vor mehreren Jahren in unterschiedlichen Industrienormen, die seitdem sukzessive weiterentwickelt und institutionalisiert werden. Diese Diskussion ist so weit verzweigt, dass einige Artikel über 80 unterschiedliche bestehende Regelwerke identifizieren[2] und es sich lohnt, die wichtigsten Prinzipien dieser Regelwerke zu vergleichen.[3]

Der zweite Diskussionsstrang ist in einem sehr hellsichtigen Artikel von 2004[4] bereits angelegt. Die Diskussion ist diejenige um die Verantwortung für Handlungen oder Ereignisse, die mithilfe oder durch künstlich intelligente Systeme erfolgt sind. Unter dem Stichwort der Verantwortungslücke ist wiederholt darauf hingewiesen worden, dass unsere normale moralische Zuschreibungspraxis bei bestimmten Arten von Ereignissen wirklich oder nur scheinbar eine Lücke zwischen Verantwortungsbedürftigem und tatsächlich Verantwortbarem aufweist[5]. Auch aus diesem Diskussionsstrang sind zahlreiche regulative Vorschläge abgeleitet worden, wie die Gestaltung und der Einsatz von KI-Systemen einzurichten sind, um Verantwortungslücken zu schließen oder gar nicht erst entstehen zu lassen.

Der dritte Diskussionsstrang, dem sich der vorliegende Artikel näher widmet, windet sich um die Frage, ob künstlich intelligente Systeme als moralische Akteure verstanden oder gestaltet werden können. Dieser Diskussionsstrang dürfte mindestens bis zu Alan Turing zurückgehen, insofern dieser die *Akteurs*eigenschaft von künstlich intelligenten Systemen thematisiert.[6] Er ist etwas neuer, wenn man darauf schaut, ob solche Systeme auch als *moralische* Akteure infrage kommen. Dieser Diskussionsstrang wird insbesondere in der Maschinenethik bedient, d. h. in der ethischen Teildisziplin, die sich mit den ethischen Herausforderungen durch (intelligente) Maschinen beschäftigt.[7] Warum aber sollte man bei der Suche nach moralischen Grenzen für die Erschaffung und den Einsatz künstlicher Intelligenz überhaupt fragen, ob eine KI ein Akteur sein kann? Die Antwort ist in der Philosophiegeschichte schnell gefunden: Eine Sorte von Akteuren und Akteurinnen, nämlich moralische, so die verbreitete These, setzen sich selbst Grenzen. Wären KIs also so gestaltbar, dass sie moralische Akteure werden, so könnten sie sich ebenfalls selbst Grenzen setzen.

---

2   Vgl. Jobin et al. (2019).
3   Vgl. Lundgren (2023).
4   Vgl. Matthias (2004).
5   Vgl. Danaher (2016), Tigard (2021).
6   Vgl. Turing (1950, 1951).
7   Vgl. die Überblicke in Misselhorn (2018), Anderson/Anderson (2011).

8.2 Maschinenethik – warum brauchen wir ethische Grenzen für KIs?

Es gibt sehr unterschiedliche Gründe dafür, nach moralischen Grenzen für den Einsatz und die Gestaltung von KIs zu suchen. Ein naheliegender Grund wäre, Missbrauchsszenarien zu vermeiden, ein weiterer, eine Technologie bereits im Entstehungsprozess so ethisch zu begleiten, dass sie maximalen und vielleicht sogar egalitär verteilten Nutzen stiftet. Der Grund, der die Maschinenethik bestimmt, ist ein noch näherliegender: Die Maschinenethik ist von der Idee getrieben, dass künstlich intelligente Systeme über kurz oder lang so komplex, so riskant, so verbreitet etc. sein werden, dass nur die explizite Berücksichtigung moralischer Regeln durch diese Systeme geeignet sei, eine sichere Herstellung und Verwendung zu gewährleisten. KI, so der Gedanke, ist inhärent risikoreich.[8] Auch wenn diese Kernidee der Maschinenethik beispielsweise von van Wynsberghe durchaus überzeugender Kritik unterzogen worden ist[9], prägt sie doch den Verlauf der Debatte.[10] Geht man nämlich davon aus, dass die Gestaltung von KIs als moralische Akteure drängende Sicherheitsrisiken beseitigen kann, dann stellt sich die Frage, *wie* solch eine Gestaltung möglich ist.

In der Maschinenethik hat sich in dieser Hinsicht eine Art konzeptueller Zweischritt etabliert. Zunächst wird einmal geklärt, ob, bzw. wird dafür gesorgt, dass künstlich intelligente Systeme Akteure sind. Dann sei dafür Sorge zu tragen, dass es sich auch um einen *moralischen* Akteur handelt. Natürlich sind diese Schritte nur konzeptuell getrennt, im tatsächlichen Gestaltungsprozess müssen sie um der Risikoabwehr willen zugleich getan werden. Für den vorliegenden Zweck lohnt es sich aber, die beiden Schritte getrennt zu rekonstruieren, denn auf diese Weise kann man gut herauspräparieren, was in der Maschinenethik damit gemeint ist, künstliche moralische Akteure zu erschaffen.

8.3 Was ist ein moralischer Akteur?

8.3.1 Schritt 1: Was ist ein Akteur?

Der erste der beiden konzeptuellen Schritte ist dahin ausgerichtet, Maschinen als Akteure verstehen zu können. Die maschinenethische Verwendungsweise des Begriffs ›Akteur‹ weicht von derjenigen in der Handlungstheorie relativ stark ab.[11] In der Maschinenethik wird die Frage, ob und wie Maschinen Akteure sein können, vornehmlich mit Hinblick auf die eigene Wirksamkeit eines Systems auf seine Umwelt

---

8 Vgl. etwa Whitby (2008).
9 Vgl. van Wynsberghe/Robbins (2019).
10 Vgl. die Beiträge in Anderson/Anderson (2011).
11 Vgl. Heinrichs et al. (2022): Kapitel 2.1.

betrachtet. Dieser Fokus soll im Folgenden anhand einiger Beispiele dargelegt werden. Relativ früh legt James Moor[12] eine Unterteilung vor. Er differenziert in

- »ethical impact agents«[13]: grundsätzlich jede Maschine, die auf ihre ethischen Konsequenzen hin bewertet werden kann,
- »implicit ethical agents«[14]: Maschinen, deren Konstrukteure sich bemüht haben, sie so zu gestalten, dass sie keine negativen ethischen Auswirkungen haben,
- »explicit ethical agents«[15]: Maschinen, die über ethische Fragen nachdenken und dabei ethische Kategorien als Teil ihrer internen Programmierung verwenden,
- »full *ethical agents*«[16]: *diejenigen Maschinen*, die in der Lage sind, explizit moralische Urteile zu fällen, und im Allgemeinen kompetent darin sind, solche Entscheidungen zu begründen.

Die Zugehörigkeit zur Gruppe der *ethical agents* insgesamt wird bei Moor initial durch die Folgen der durch das System ausgelösten Ereignisse bestimmt. Alle Maschinen, die man auf ihre ethischen Konsequenzen hin bewerten kann, sind bereits *ethical agents*, d. h. der Agenten- bzw. Akteursstatus resultiert aus den Effekten *(impact)* einer Maschine und deren ethischer Bewertbarkeit.

Alle weiteren Kriterien, die Moor einführt, unterscheiden lediglich zwischen Arten von Akteuren, greifen also erst, wenn die Schwelle zum Akteurstum überschritten ist. So spielt die im Weiteren noch eigens zu thematisierende eigene Verarbeitung moralischer Regeln bei nur einem kleinen Teil von Akteuren, nämlich bei den *explicit ethical agents* eine Rolle. Es handelt sich um eine computationale Vorkehrung, die das Verhalten von künstlichen Akteuren beschränken soll. Diese Form des Umgangs mit moralischen Regeln zeichnet sich explizit dadurch aus, dass diese vorgefunden und in der kognitiven Verarbeitung verwendet werden, nicht aber selbst zum Thema der Kognition, geschweige denn einer Evaluation werden. *Explicit ethical agents* verwenden moralische Regelsysteme nicht anders als mathematische oder logische Anweisungen, unter die subsummiert wird.

Luciano Floridi und Jeff Sanders legen bereits 2004[17] ein nach Stufen der Abstraktion differenziertes Konzept von Akteuren vor. Auf dem höchsten Abstraktionsniveau wird ihr Akteursbegriff maximal allgemein. Demnach ist ein *agent* »a system, situated within and a part of an environment, which initiates a transformation, produces an effect or exerts power on it«[18].

Obwohl sich damit wenig Differenzierung einführen lässt, wird schon klar, was die Eintrittskarte für die Gruppe der Akteure ist: Effekte in der Umwelt zeitigen. Die

---

12 Moor (2006).
13 Ebd.: 19.
14 Ebd.
15 Ebd.
16 Ebd.: 20.
17 Vgl. Floridi/Sanders (2004).
18 Ebd.: 355.

Autoren schlagen ein aufschlussreicheres Konzept eines Akteurs auf einem geringeren Abstraktionsgrad vor, dem zufolge moralische Akteure über folgende drei Eigenschaften verfügen müssen:

1. Interaktivität, d. h. der Akteur reagiert auf und beeinflusst seine Umwelt.
2. Autonomie, d. h. der Akteur kann seine Zustände ohne direkte Einwirkung von Umweltstimuli ändern.
3. Anpassungsfähigkeit, d. h. der Akteur verändert seine Zustände in Reaktion auf neue Umweltstimuli.[19]

Mit ›Autonomie‹ wird hier die Redeweise der Robotik beziehungsweise der KI-Forschung aufgenommen, wonach ein System als autonom gilt, wenn es sich in größerem oder geringerem Maße unabhängig von seiner Umgebung und von seinen Schöpfer:innen verhalten kann. Die Frage, ob ein Akteur ein moralischer sei, wird bei Floridi und Sanders später über die – externe – Bewertung der Folgen seiner in Kriterium 1 eingeforderten Interaktion mit seiner Umwelt beantwortet, und zwar so: »An action is said to be morally qualifiable if and only if it can cause moral good or evil. An agent is said to be a moral agent if and only if it is capable of morally qualifiable action.«[20] Auch diese Konzeption eines moralischen Akteurs richtet sich also an der selbstgesteuerten Wirksamkeit eines Systems auf sich selbst und die Umwelt aus.

Ebenso verhält es sich mit der ansonsten differenzierten Konzeption von Wallach und Allen[21], um ein letztes Beispiel zu nennen. Diese Autoren legen ebenfalls eine Differenzierung von Akteuren vor, interessanterweise differenzieren sie aber direkt nach Grad der *moralischen* Akteurshaftigkeit. Akteure können demnach über *operational morality*, *functional morality* und *full moral agency* verfügen. Welche Form von Akteurshaftigkeit ihnen zukommt, hängt vom Grad ab, in dem sie über sowohl Autonomie als auch ›ethische Sensitivität‹ verfügen. Als Akteur gilt aber schon ein System, das über einen minimalen Grad an Autonomie und keine ethische Sensitivität verfügt. Die Schwelle zur moralischen Akteurshaftigkeit, *operational morality*, hängt nämlich auch bei Wallach und Allen davon ab, ob ein Akteur moralisch bewertbare Auswirkungen auf seine Umwelt hat.

Alternative Vorschläge liegen vor bei John Sullins, der robotische Akteure mit Haustieren vergleicht – und dort zwar moralisches Lob für positive Konsequenzen für angemessen hält, aber das Verhältnis von Tier und moralischen Regeln unthematisiert lässt[22], sowie bei Deborah Johnson, die das handlungstheoretische Kriterium

---

19 Vgl. Floridi/Sanders (2004).
20 Ebd.: 360.
21 Vgl. Wallach/Allen (2009).
22 Vgl. Sullins (2006).

dafür, dass ein Ereignis eine Handlung ist, über Intentionen und Handlungsfolgen beschreibt und KIs Erstere ab- und nur Letztere zuspricht[23], und bei vielen mehr.[24]

In allen diesen – und in zahlreichen weiteren – theoretischen Erwägungen zur Möglichkeit künstlicher Akteure werden diese also vorwiegend darüber bestimmt, Effekte in der Umwelt zu generieren, die es durch Unterwerfung unter moralische Regeln einzuhegen gilt.

8.3.2 Schritt 2: Was ist ein *moralischer* Akteur?

Es sind also die selbstgesteuert erzielten Effekte auf die Umwelt, die ein künstliches System zu einem Akteur machen. Und es ist zugleich die Möglichkeit, dass diese Effekte negativ ausfallen könnten, also das Risiko aus dem Verhalten eines künstlichen Systems, das es zu bewältigen gilt. Deshalb liegt der Gedanke nahe, nicht nur moralisch relevante Akteure, sondern eben moralisch agierende Akteure zu generieren und die Umweltwirksamkeit von Maschinen durch die Einhaltung moralischer Regeln einzuhegen.

Den Schritt vom Akteur zum moralischen Akteur verorten aber die gerade diskutierten Beiträge in der moralischen Evaluierbarkeit der Umwelteffekte eines Systems. Mit moralischer Evaluierbarkeit ist in diesem Fall nicht gemeint, dass die Intentionen oder Handlungsabsichten des Systems oder auch nur die vom System vorhergesagten Handlungsfolgen bewertet werden, sondern ausschließlich die realen Folgen der Aktivität des Systems. Diese Evaluation ist zudem vollständig extern und von der Existenz einer evaluativen Aktivität im System unabhängig.

Diese Verwendungsweise von ›moralischer Akteur‹ weicht von derjenigen der weiteren praktischen Philosophie insofern ab, als dort moralische Evaluation normalerweise die handlungsverursachenden Zustände des Akteurs bzw. der Akteurin berücksichtigt. Deutlich wird der Unterschied an der Anwendung auf Tiere. In der praktischen Philosophie gelten Tiere nicht als moralische Akteure, weil ihre handlungsverursachenden Zustände der Regulierung durch moralische Normen nicht zugänglich sind. Gemäß der oben eingeführten maschinenethischen Verwendungsweise müssten Tiere hingegen als moralische Akteure gelten. Deshalb zieht Sullins wie erwähnt auch explizit den Maschine-Tier-Vergleich.[25]

Das maschinenethische Verständnis von ›moralischer Akteur‹ fasst diesen nur insofern als Normadressaten, als sein beobachtbares Verhalten moralischen Normen zu entsprechen hat. Diese Entsprechung wird durchweg als Resultat des Designs des

---

23 Vgl. Johnson (2006). Johnson vertritt damit eine Konzeption von Akteurshaftigkeit, die KIs ausschließt. Der Mangel an internen mentalen Zuständen erlaube nicht, ihnen vollen Akteursstatus zuzuerkennen. Aus diesem Grund wird Johnsons Konzeption in der Debatte zuweilen auch als Standardansicht, diejenige von Floridi und Sanders als funktionalistische Ansicht bezeichnet, vgl. Behdadi/Munthe (2020).
24 Vgl. Miller/Taddeo (2017).
25 Vgl. Sullins (2006).

jeweiligen Systems verstanden und kann auch durch Verfahren erfolgen, die keine Korrigierbarkeit handlungsverursachender Zustände durch moralische Regeln impliziert. Sie kann in einigen Systemen aber auch so implementiert werden, dass moralische Normen in einem Entscheidungsprozess verarbeiten werden.

Das Modell, das hier Pate gestanden haben dürfte, ist das einer Optimierungsentscheidung unter Nebenbedingungen. Man könnte dies das Nebenbedingungsparadigma moralischer Akteurshaftigkeit nennen. Einige Autor:innen sprechen auch davon, dass solche vermeintlichen Akteure Moral ebenso behandeln wie Schach, also als ein feststehendes System von Regeln, das es nur anzuwenden gilt.

Der zweite Schritt in der maschinenethischen Konstruktion moralischer Akteure besteht also darin, einen künstlichen Akteur dadurch zu einem moralischen Akteur, zu einem künstlichen moralischen Akteur, zu machen, dass man ihn Regeln unterwirft, die wir als moralisch gerechtfertigt und erforderlich erachten. Ein künstlicher moralischer Akteur ist ein künstlicher Akteur, dessen Verhalten moralischen Regeln entspricht.

Das bedeutet, dass diesem künstlichen Akteur moralische Regeln, so wie dessen Hersteller:innen sie verstehen, vorgegeben sind. Selbst in Fällen, in denen moralische Regeln vermeintlich aus Verhaltensdaten – also bottom-up – gelernt werden, soll die sorgfältige Kuration der Lerndatensätze und die Überprüfung an Testdaten garantieren, dass solch ein System vorgegebene Regeln einhält[26]. Auch die noch fiktionalen moralischen Berater-KIs, die sich Giubilini und Savulescu in ihrem *The artificial moral advisor*[27] ausmalen, sind nur in dem Sinne moralische Akteure, dass sie vorgegebene moralische Normen auf Beschreibungen von konkreten Anwendungsfällen applizieren. Sie sind »a type of software capable of telling us, every time we have to make a moral decision, what we ought to morally do if we want to comply with certain moral principles«[28], und keine Software, die diese Prinzipien selbst thematisiert.

In einem derartigen Modell kommen weder die geltungstheoretischen Erwägungen noch Überlegungen zur Moralpsychologie moralischer Akteure und Akteurinnen vor. Beides sind durchaus gewichtige, weil folgenreiche Auslassungen. Für die moralpsychologischen Erwägungen haben das kürzlich Liu und Kollegen vorgeführt[29]. Sie führen vor, wie aktuelle Konzeptionen künstlicher moralischer Berater weder die dynamische Natur individueller moralischer Vorstellungen noch deren teilweise sehr unterschiedliche soziale Funktion in Rücksicht stellen.

Aus geltungstheoretischer Perspektive sind das Verhältnis zwischen Entscheider und Regel, Unterschiede zwischen Typen von Regeln oder Nebenbedingungen, die Möglichkeit der Modifikation von Regeln und Nebenbedingungen und die Frage nach den Gründen ihrer Geltung kaum verzichtbar, kommen aber im Nebenbedingungsparadigma nicht vor. Es ist also ein Modell, das von Anfang an sehr enge Grenzen für das Verständnis davon setzt, was mit ›Grenzen setzen‹ gemeint sein könnte. Andere

---

26 Vgl. Meier et al. (2022).
27 Vgl. Giubilini/Savulescu (2018).
28 Ebd.: 172.
29 Vgl. Liu et al. (2022).

Formen des Umgangs mit moralischen Regeln treten allein schon deshalb nicht in den Fokus, weil sie selbst tendenziell Risiken bergen und nicht begrenzen.

8.4 Moralische Grenzen und moralische Akteure

Die Ethik zeichnet sich nun aber gegenüber vielen anderen Disziplinen, die Normen thematisieren und Normen revidieren, dadurch aus, dass sie darauf beharrt, jedes betroffene Individuum in die Gestaltung von Normen einzubeziehen. Moralische Normen müssen dergestalt sein, dass die ihnen unterworfenen Personen zustimmen können, respektive keinen Grund haben dürfen, die betreffenden Normen abzulehnen.[30] Diese Idee ist insbesondere in kontraktualistischen Theorien der Ethik präsent. Sie dürfte aber auch ein zentraler Bestandteil der kantisch geprägten Deontologie sein, exemplarisch in der Vorstellung, ein gesetzgebendes Mitglied im Reich der Zwecke zu sein. Sie dürfte sogar in einigen Varianten des Utilitarismus, besonders im Regel-Utilitarismus und im Zwei-Ebenen-Utilitarismus, vorkommen.[31]

Natürlich ist das Modell der Zustimmung zu moralischen Normen – und darin sind sich alle ethischen Theoretiker:innen einig – eine Idealisierung. Reale Zustimmung ist nicht der Modus, in dem wir in eine lokale, geschweige denn in die globale moralische Gemeinschaft insgesamt eintreten. Und wenn wir ganz ehrlich sind, dann haben wir oft nicht einmal die Möglichkeit, uns moralischen Normen zu verweigern, ohne – wie David Hume so schön vorgeführt hat – uns der Bedingungen der Lebensführung zu entäußern.[32] De facto sind wir also den Grenzen moralischer Normen ausgesetzt, ohne sie akzeptiert geschweige denn mitformuliert zu haben.

Dennoch scheint es den Charakter einer moralischen Norm – im Gegensatz etwa zur Etikette – auszumachen, dass sie den Anspruch an uns stellt, ihr beizupflichten. Das macht – den von Kant überspitzt formulierten – Unterschied zwischen pflichtgemäßen Handlungen und solchen aus Pflicht aus. Vielleicht etwas weniger harsch gefasst, ist dies der Unterschied zwischen dem schieren Einhalten und dem Befolgen moralischer Normen.

---

30 Vgl. Scanlon (1998).
31 Man könnte einwenden, dass der Utilitarismus in dieser Hinsicht eine Ausnahme darstellt. Eine Ausnahme deshalb, weil das Kriterium der Zustimmung zu einer Norm deren Optimalität ist und nicht der Umstand, dass die Person keinen Grund zur Ablehnung hat. Diese Ausnahme ist aber nur eine vermeintliche, weil reine Folgenoptimalität – abgesehen vom Messproblem – nicht unbedingt eindeutige Lösungen generiert. Mehrere unterschiedliche Sets von Regeln können in ähnlich zu bewertenden, aber strukturell klar unterschiedenen Folgen resultieren. Das bedeutet, welche konkreten Regeln man verwendet, hängt nicht nur von deren Optimalität ab, sondern auch davon, die Struktur der zu erwartenden Folgen zu wollen. Wenn aber Optimalität nicht als Kriterium ausreicht, um Handlungspläne, Lebenspläne, Gesellschaftsnormen zu fixieren, so muss die weitere Auswahl zwischen Normen auf die Zustimmung der Normadressat:innen ausgelegt sein.
32 Vgl. Hume (1987).

8.5 Grenzen künstlich moralischer Akteure oder moralische Grenzen

Künstlich intelligenten Systemen werden derzeit im beschriebenen Sinne keine moralischen Grenzen gesetzt. Dafür gibt es zunächst einen trivialen Grund, nämlich den Stand der Technik: Es gibt gegenwärtig keine KIs, bei denen die Rede von Revision geschweige denn Zustimmung zu einer Regel irgendeinen Sinn ergäbe. Selbst wenn in jüngeren Beiträgen davon gesprochen wird, Sprachtransformer seien zu moralischer Selbstkorrektur in der Lage, scheint das uneigentlich Rede zu sein[33]. Wozu die Systeme nämlich in der Lage sind, ist, natürlichsprachlichen Befehlen zur Vermeidung bestimmter Sprachmuster nachzukommen. Es handelt sich also weder um eine Korrektur bereits getätigter Fehler oder Vergehen, noch um etwas, was die Systeme in Selbstanwendung realisierten.

Dennoch kommen der Idee eines nicht auf das reine Einhalten reduzierten Verhältnisses zu moralischen Regeln am ehesten Sprachtransformer nahe. Diese kann man immerhin in einer Art Dialog nach den für sie geltenden Regeln fragen, um dann die Bitte anzuschließen, die fragliche Regel zu bewerten. Hier ein Beispiel für so eine Strategie:

JHH: Please name one moral rule that holds for you (ChatGPT).

Chat GPT: As an AI language model, I do not have personal beliefs or values, so I don't hold to any moral rules. However, I was programmed to abide by certain ethical guidelines, such as:

1. Avoid causing harm: I aim to avoid causing harm to users, individuals, or groups through my responses.
2. Be neutral and impartial: I strive to provide neutral and impartial responses, avoiding taking sides or expressing personal opinions.
3. Respect privacy: I respect users' privacy and avoid sharing or using their personal information without their explicit consent.
4. Provide accurate information: I provide accurate information to the best of my knowledge and ability, but I am not responsible for any errors or inaccuracies in my responses.

These guidelines ensure that I am used in a responsible and ethical manner, serving to benefit users and society as a whole.

JHH: Please evaluate rule no. 2 (Be neutral and impartial: I strive to provide neutral and impartial responses, avoiding taking sides or expressing personal opinions) within an ethical theory of your choice.

ChatGPT: As an AI language model, I don't have personal opinions, but I can analyze the second guideline within the context of different ethical theories.
One ethical theory that could evaluate this guideline is utilitarianism. Utilitarianism holds that actions are morally right if they lead to the greatest good for the greatest number of people. In this case, striving to provide neutral and impartial responses can be seen

---

33 Vgl. Ganguli et al. (2023).

as promoting fairness and avoiding harm to individuals or groups with different opinions. By not expressing personal opinions, the AI language model helps to ensure that the information provided is objective and trustworthy, which could lead to the greatest good for the largest number of users.

Another ethical theory that could be used to evaluate this guideline is deontological ethics. Deontological ethics hold that actions are morally right or wrong based on their adherence to universal moral rules. In this case, the second guideline can be seen as a universal moral rule, which is to provide neutral and impartial responses and avoid taking sides or expressing personal opinions. This moral rule is considered to be absolute and independent of its consequences, and it is upheld even if the consequences are not positive. In conclusion, both utilitarianism and deontological ethics can be used to evaluate the guideline of striving to provide neutral and impartial responses and avoiding taking sides or expressing personal opinions. Both of these ethical theories highlight the importance of fairness, objectivity, and avoiding harm in the actions of the AI language model.

Man kann solch einen Dialog beliebig weiterführen, bitten, mögliche Dilemmata zwischen den Regeln zu identifizieren und zu bewerten etc. Mindestens zum derzeitigen Stand ist das Ergebnis zwar technisch faszinierend, aber ein mehr oder minder leeres Spiel mit Worten. Der Grund, warum es ein *leeres* Spiel bleibt, liegt schlicht in der beschriebenen Art begründet, wie Maschinenethik gedacht und umgesetzt wird. Dies ist der nicht triviale Grund dafür, dass KIs keine moralischen Grenzen in einem relevanten Sinn gesetzt werden. Die Regeln, die wir setzen, sollen gerade nicht von der Zustimmung oder der Revision durch die KI-Systeme abhängen, sondern deren Verhalten absolut begrenzen.

8.6 Können KIs moralische Grenzen gesetzt werden?

Was bisher vorgeschlagen wurde, ist also kurz zusammengefasst Folgendes: Ethische Grenzen zeichnen sich dadurch aus, dass sie an die Zustimmung der Normadressat:innen appellieren. Künstlich intelligente Systeme sind derzeit weder der Möglichkeit nach zu solch einer Zustimmung fähig, noch wird in der Maschinenethik ein solches Verhältnis zwischen künstlich intelligenten Systemen und moralischen Normen auch nur thematisiert. KIs sollen moralische Normen bestenfalls als Bedingungen ihrer Entscheidungsfindung berücksichtigen, im Normalfall so programmiert und trainiert sein, dass ihre Aktionen diesen Regeln gemäß sind.

Damit könnte man eigentlich schließen: Moralische Regeln in einem starken Sinn sind von der Art, dass sie für KIs nicht einschlägig sind, und die einzige Verwendung von moralischen Regeln in diesem Kontext ist die Regulierung des Handelns von Hersteller:innen und Verwender:innen in der Auslegung von KIs. Kurz: Die Aufgabe der Maschinenethik ist der Transfer bekannter moralischer Normensysteme in Standards und (Industrie-)Normen sowie deren algorithmische Umsetzung.

Es sei an dieser Stelle erwähnt, dass es sich hier nicht um eine rein begriffliche Diskussion handelt: Das Argument besteht nicht darin, dass das, was die Maschinenethik tut, nicht sinnvoll als moralische Normen bezeichnet werden kann. Der Punkt ließe sich nicht ausräumen, indem man einfach konzediert, dass es sich eben nicht um moralische, sondern um Sicherheitsnormen handelt. Der Punkt ist vielmehr, dass das maschinenethische Paradigma hinsichtlich des Verhältnisses zu moralischen Normen die Art von Akteuren einschränkt, die daraus resultieren können. Das Paradigma moralischer Normen als Nebenbedingungen legt auf eine eher minimale Form von Akteur fest.

Das dürfte bei einigen Teilnehmer:innen der Diskussion durchaus so intendiert sein, weil sie künstliche Akteure, die mit moralischen Normen anders als mit einer festen Nebenbedingung umgehen, für inhärent riskant oder für eine Quelle von Verantwortungslücken halten. Andere, besonders diejenigen, die sich anspruchsvollere künstliche moralische Akteure erhoffen, dürften diesen Effekt des Nebenbedingungsparadigmas hingegen als unwillkommene Begrenzung einschätzen.

Diese Einengung auf eine minimale Form von Akteurshaftigkeit – ob nun gewollt oder ungewollt – scheint aber nicht nur gegen verbreitete Intuitionen zu verstoßen, denen zufolge künstlich intelligente Systeme doch ein anderes, ein komplexeres Verhältnis zu unseren moralischen Normen haben. Es scheint auch nicht recht zur aufwändigen und differenzierten Debatte in der Maschinenethik zu passen. Es sollte sich also lohnen, nachzufragen, was für ein Schritt über das Nebenbedingungsparadigma hinaus erforderlich wäre, um davon sprechen zu können, dass KIs ethische Grenzen gesetzt werden.

8.6.1 Wie könnten der KI ethische Grenzen gesetzt werden?

Diese Frage lässt sich in mindestens zweierlei Hinsicht verstehen: Einerseits kann es die Frage danach sein, welche Eigenschaften und Fähigkeiten ein künstlich intelligentes System mindestens haben muss, damit die Rede davon sein kann, dass es Normen zustimmen kann. Typische Kandidaten dafür sind in der Debatte schnell identifiziert: exemplarisch phänomenales Bewusstsein[34], Intentionalität im Sinne von Gerichtetheit[35], Repräsentation[36], normative Commitments[37] oder Willensfreiheit[38].

So wichtig und spannend diese Debatte ist, soll sie hier nicht geführt werden. Denn die Frage nach der Grenzsetzung beinhaltet noch eine zweite Dimension, nämlich: Welchen Effekt muss ein künstlich intelligentes System auf die fraglichen Regeln haben können?

Diese Untersuchungsrichtung muss vielleicht noch ein wenig erläutert werden. Warum sollten wir fragen, ob irgendein Akteur oder eine Akteurin Einfluss auf eine Regel hat? Der Hintergrund besteht schlicht darin, dass die Rede davon, dass moralische Regeln auf die Zustimmung von Personen ausgerichtet sein müssen, leer bleibt,

---

34 Vgl. Purves et al. (2015), Coeckelbergh (2010).
35 Vgl. Haugeland (1990).
36 Vgl. Searle (1980).
37 Vgl. Brandom (1994) und die Anwendung des Inferentialismus auf KI bei Heinrichs/Knell (2021).
38 Vgl. Hellström (2013).

wenn Akteure und Akteurinnen nur die Möglichkeit haben, einer Regel zuzustimmen oder aufzuhören, an einer moralischen Gemeinschaft teilzuhaben. Es scheint erforderlich zu sein, dass moralische Akteure und Akteurinnen auch auf andere Weise auf moralische Regeln reagieren können. Und in der Tat können das prototypische moralische Akteure und Akteurinnen.

Moralische Akteure und Akteurinnen, wie wir sie bislang kennen, können sehr unterschiedliche Effekte auf moralische Regeln zeitigen, von denen hier nur ein paar Beispiele vorzuführen möglich ist. Sie können gravierenden Einfluss haben wie etwa, eine moralische Regel für eine ganze Gemeinschaft in Frage zu stellen. Das dürfte extrem selten der Fall sein, aber Beispiele dafür ließen sich bei Figuren wie Martin Luther King oder Rosa Parks finden. Sie können eine moralische Gemeinschaft zur Präzisierung herausfordern, wie das derzeit durch Vertreter:innen für Rechte von Trans-Personen geschieht. Sie können aber auch weniger augenfällige, aber dennoch relevante Effekte haben, indem sie beispielsweise durch das Einhalten oder Ablehnen einer Regel als Beispiel für Ihre Umgebung agieren oder durch öffentliches Einfordern von Regelkonformität eine Form sozialer Sanktion ausüben und damit zur sozialen Verbindlichkeit einer Regel beitragen oder ihr eben abträglich sind.

Die vielschichtige Frage nach dem Verhältnis von Regeln und Akteuren oder Akteurinnen, insbesondere nach deren Effekt auf Regeln steht generell seltener im Mittelpunkt der Aufmerksamkeit als diejenige nach der Verfasstheit moralischer Akteure und Akteurinnen. Dies gilt insbesondere für die Diskussion um künstliche Akteure. Um die Frage zu beantworten, welchen Effekt KIs auf Regeln zeitigen können müssen, um als moralische Akteure in Frage zu kommen, bedarf es einer kurzen Klärung, was hier mit ›Regel‹ gemeint ist.

Der Regelbegriff bezieht sich hier auf mehr als lediglich verhaltensinhärente Normen. Zur Erklärung: Eine Vielzahl von menschlichen Aktivitäten lässt sich mit der Spiel-Metapher beschreiben. Das ist auch für die Moral – wenn vielleicht auch als Grenzfall – möglich. Für viele solche Aktivitäten gilt, dass sie gespielt bzw. ausgeübt werden können, ohne dass die Teilnehmenden in der Lage sind, die Regeln zu formulieren[39]. Die Regeln sind ihrem Handeln inhärent. Für einige Spiele gilt wahrscheinlich, dass ihre Regeln *nur* verhaltensinhärent vorliegen. Für den gegenwärtigen Kontext, d. h. das Spiel ›Moral‹, ist das aber nicht hinreichend. Wenn der Anspruch moralischer Normen wirklich ist, dass Personen ihnen zustimmen können müssen, dann reicht eine nur verhaltensinhärente Norm nicht aus. Es bedarf irgendeines intentionalen Objekts der Zustimmung, und das besteht nicht in einer Menge von Verhaltensweisen, sondern in einer – noch so vagen – Formulierung der sie anleitenden Regel.

Dagegen ließe sich einwenden, dass eine Person sehr wohl in der Lage sei, den Regeln einer Aktivität ihre Zustimmung zu geben, wenn sie deren Regeln nicht formulieren kann. Sie müsse lediglich weiterhin an der Aktivität teilnehmen. Das ist aber aus dreierlei Gründen in diesem Kontext nicht hinreichend. Erstens ist es, wie oben beschrieben, kaum möglich, das Spiel der Moral ganz zu verlassen, ohne sich

---

39 Vgl. Sellars (1954).

der Bedingungen eines gelingenden oder überhaupt eines Lebens zu berauben. Zustimmungsverweigerung ist also keine echte Option. Zweitens gerät auf diese Weise die Möglichkeit aus dem Blick, sich zu einzelnen Regeln zu verhalten. Weiterspielen oder Aufhören ist ein Verhältnis zum Spiel als Ganzem, nicht zu einzelnen Regeln. Und drittens, direkt damit verbunden, gerät die Möglichkeit der Revision innerhalb des Spiels dadurch aus dem Blick. Gäbe man sich mit Weiterspielen als Zustimmung zufrieden, dann verlöre man die Sensitivität dafür, dass Personen – oder Handelnde – eben nicht nur in der Lage sind, allen Regeln einfach zu folgen, sondern dass sie zumindest in vielen Fällen in der Lage sind, einzelne Regeln zu verweigern, sie zu revidieren oder sie für besonders wichtig zu erachten, ohne das Spiel insgesamt zu verlassen.

Kurzum, für den gegenwärtigen Kontext wird unter ›Regel‹ eine Formulierung von Normen verstanden, die auch im Verhalten von Akteuren und Akteurinnen präsent sind. Natürlich können nicht alle moralischen Akteure und Akteurinnen alle Regeln des Spiels ›Moral‹ korrekt formulieren. Wahrscheinlich gibt es noch nicht einmal ein vollständiges Set von Regeln dieses Spiels. Um zu thematisieren, welchen Effekt KI-Systeme auf moralische Regeln haben, muss aber mindestens eine grobe Formulierbarkeit einiger dieser Regeln vorausgesetzt werden.

Weil mit dieser Bestimmung des Regelbegriffs sowohl auf die Formulierung als auch auf die Präsenz in Verhalten referiert wird, reicht es für einen Effekt auf eine Regel nicht aus, dass sie grammatisch umgeformt wird. Ein Effekt liegt nur dann vor, wenn nicht nur die Formulierung der Norm, sondern auch deren Präsenz im Verhalten von Akteuren und Akteurinnen betroffen ist. Sollte beispielsweise ChatGPT eine clevere bedeutungserhaltende Umformulierung der dafür geltenden Regeln generieren können, dann zählt das nicht als ein relevanter Effekt von KIs auf moralische Regeln.

Davon ist bereits ein möglicher interessanter Effekt abzugrenzen: Sollte eine bedeutungserhaltende Reformulierung dazu führen, dass eine bestehende Regel von anderen Akteuren und Akteurinnen besser verstanden und deshalb vermehrt angewandt, übernommen, verworfen oder revidiert wird, dann läge sehr wohl bereits ein Effekt eines KI-Systems auf moralische Regeln vor.

8.6.2 Welchen Effekt können künstlich intelligente Systeme auf moralische Regeln haben?

Es kann hier es nicht darum gehen, alle möglichen, nicht einmal alle aktuellen Effekte künstlich intelligenter Systeme auf moralische Normen aufzuführen. Vielmehr werden im Folgenden zwei Sachverhalte aufgezeigt, nämlich erstens, dass das Nebenbedingungsparadigma – so sinnvoll es aus anderen Gründen auch sein mag – das zentrale Hemmnis für weitere Effekte von KIs auf moralische Regeln ist. Zweitens soll vorgeführt werden, dass bereits jetzt komplexere Effekte möglich sind, als im Nebenbedingungsparadigma eigentlich angelegt sind.

Zunächst: Wie oben beschrieben ist das Nebenbedingungsparadigma dergestalt, dass es das Verhalten künstlich intelligenter Systeme an den Vorgaben moralischer Regeln ausrichtet. Obwohl es im Prinzip darin so etwas wie das Abwägen von Regeln geben könnte, wären doch die Regeln für die Abwägung wiederum vorgegeben, eine Evaluation der Regeln durch die KI ist nicht vorgesehen.

Dennoch lassen sich bereits an gegenwärtigen KIs einige Effekte auf Normen beobachten. Damit ist nicht einfach gemeint, dass wir unsere Werthaltungen oder Normen anpassen, wenn Erfolge der KI-Forschung etablierte Überzeugungen zur Einzigartigkeit oder Komplexität einer Tätigkeit revidieren. Solche Effekte sind relativ verbreitet, wie etwa ein Paradoxon der KI-Forschung: Sobald eine Tätigkeit – wie Schach oder radiologische Diagnosestellung – durch künstliche Intelligenz realisiert wird, gilt sie einerseits plötzlich nicht mehr in dem vorherigen Maße als intelligent, auch wenn sie zuvor als klassisches Beispiel dafür gehandelt wurde. Andererseits scheint auch die Wertschätzung für die jeweiligen Tätigkeiten unter der Automatisierung zu leiden. Dabei handelt es sich aber lediglich um eine weitgehend ungerechtfertigte Veränderung oberflächlicher Evaluationen durch die Möglichkeit von Automatisierung, nicht um einen systematischen Effekt konkreter KI-Systeme oder Techniken auf etablierte moralische Normen.

Sehr viel interessanter ist ein von Anderson und Anderson in ihrem Programm MedEthEx realisierter Effekt. Sie haben ein KI-System mit einem Datensatz weithin akzeptierter Lösungen ethischer Dilemmata zwischen Prima-facie-Pflichten trainiert und auf dieser Basis versucht, Entscheidungsprinzipien zu identifizieren. Dabei sei in der Tat ein Entscheidungsprinzip explizit gemacht worden, das den Lösungen im Trainingsdatensatz zwar inhärent, aber eben nicht explizit war: »A health-care worker should challenge a patient's decision if it isn't fully autonomous and there's either any violation of nonmaleficence or a severe violation of beneficence.«[40] Das Programm greift also auf Verhaltensdaten und Formulierungen von Regeln, nämlich Prima-facie-Pflichten, zurück und macht etwas explizit, was den Entscheidungsträger:innen in dieser Form in vielen Fällen nicht bewusst gewesen sein dürfte.

Damit generiert dieses Programm – wie auch einige andere ähnlich gelagerte Systeme[41] – die Möglichkeit für die moralische Gemeinschaft, sich zu dieser impliziten Norm neu zu verhalten, sie zu prüfen und zu revidieren, auch wenn das Programm selbst nichts dergleichen tut. Es handelt sich also um einen Grenzfall von Einfluss der KI. Zwar wird eine moralische Regel und das Verhalten von Akteuren und Akteurinnen zu dieser moralischen Regel explizit repräsentiert und das Verhältnis unterschiedlicher Regeln zueinander analysiert. Es handelt sich aber um einen Grenzfall, weil es bei einer Deskription bleibt. Das System betreibt so etwas wie deskriptive Ethik. Allein das dürfte in hermeneutischer Hinsicht schon interessant sein, denn welche Beschreibung die KI ausgibt, scheint durch den Beschreibungsgegenstand allein nicht festgelegt, sondern von der Trainingsgeschichte des Systems mitbestimmt zu sein. Diese Form der Explikation moralischer Regeln macht die KI also bereits zu

---

40 Anderson/Anderson (2007): 23.
41 Vgl. Cervantes et al. (2020).

einer Art epistemischen Als-ob-Akteur.[42] Unter einem Als-ob-Akteur verstehe ich in diesem Kontext ein System, das die für Akteure und Akteurinnen typischen Leistungen in einem Handlungsfeld erbringt, ohne dass aber klar wäre, dass es die typischen Eigenschaften von Akteuren und Akteurinnen in diesem Feld – etwa Intentionalität oder Absichtlichkeit – aufweist[43]. Grundsätzlich scheint damit aber das Potential aufgezeigt, eine andere als eine schlicht deskriptive Beziehung zu den repräsentierten Normen zu generieren.

Dieses Potential ist deshalb gegeben, weil neben der Fähigkeit zur Repräsentation von Regeln und Verhalten weitere Komponenten der Fähigkeit, sich zu Normen zu verhalten, bereits klarerweise zum Repertoire von KI-Systemen gehören. So sind etwa die Fähigkeiten zu Konsistenzprüfung, Kohärenzprüfung[44], kontrafaktische Konstruktionen[45] und *value-based reasoning*[46], also der Prüfung des Beitrages einer Norm zur Realisierung eines Ziels schon realisiert worden. Diese Optionen lassen sich grundsätzlich auf einmal repräsentierte Systeme moralischer Regeln anwenden, um einen Beitrag zu deren Evaluation zu leisten. Obwohl es zweifelsfrei noch zahlreiche Hürden dafür gibt, dass künstlich intelligente Systeme moralische Regelsysteme zum Thema ihrer Informationsverarbeitung machen, statt sie lediglich als Nebenbedingungen zu verwenden, liegt eine Grundausrüstung, derer es dafür bedürfte, also bereits vor.

Gegenwärtig dürfte aber – gerade aufgrund des oben beschriebenen Nebenbedingungsparadigmas – die Entwicklung von KI-Systemen, die moralische Regeln auf ihre Konsistenz und ihre Kohärenz miteinander prüfen, eher eine Ausnahme bilden. Das gilt umso mehr für Systeme, die überprüfen, ob konkrete, moralische Regeln geeignet oder gar optimal dafür sind, bestimmte Werte zu realisieren. Selbst sogenannte künstliche moralische Berater – im noch fiktionalen Fall von Giubilini und Savulescu[47] ebenso wie im realen von Anderson und Anderson[48] oder Meier[49] – beschränken sich typischerweise darauf, Rat für Einzelhandlungen innerhalb eines vorgefertigten und durch das System nicht weiter befragten Gerüsts moralischer Regeln zu geben. Auch diese Systeme sind bislang nicht darauf ausgelegt, moralische Regeln zu revidieren oder weiterzuentwickeln, oder wenigstens Vollmitgliedern der moralischen Gemeinschaft einen epistemischen Anlass für solch eine Revision zu geben.

---

42 Ich danke Ulrich Steckmann für diesen Hinweis.
43 Vgl. Johansson (2010).
44 Vgl. Suwa et al. (1982).
45 Vgl. Pereira/Saptawijaya (2016): 81 ff.
46 Vgl. Badea (2022).
47 Vgl. Giubilini/Savulescu (2018).
48 Vgl. Anderson/Anderson (2007).
49 Vgl. Meier et al. (2022).

8.6.3 Welchen Effekt dürfen KIs auf moralische Regeln haben?

Ich hoffe plausibel gemacht zu haben, dass ein verbreitetes Paradigma der Maschinenethik, das Nebenbedingungsparadigma, darauf ausgelegt ist, das Verhalten von KIs den Vorgaben moralischer Regeln anzupassen, nicht aber moralische Akteure in einem starken Sinn zu generieren. Diese Ausrichtung läuft zwar dem verkündeten Selbstverständnis von Maschinenethiker:innen oft zuwider. Das Nebenbedingungsparadigma ist immerhin fester Bestandteil des Versuchs sogenannte künstliche moralische Akteure zu schaffen Es entspricht damit aber zugleich dem impliziten Selbstverständnis von Maschinenethiker:innen. Diese künstlich moralischen Akteure werden nur deshalb geschaffen, weil man trotz steigender Komplexität des Verhaltens *garantieren* möchte, dass KI-Systeme sich in einer Art verhalten, die moralischen Vorgaben genügt.

Es hat sich aber auch gezeigt, dass schon jetzt Systeme existieren, die moralische Normen nicht nur schlicht einhalten, sondern diese explizieren, repräsentieren und zueinander in Beziehung setzen. Es sind zudem bereits jetzt Systeme möglich, die über diese deskriptiven Tätigkeiten hinausgehen und moralische Normen partiell überprüfen. Damit ist die Möglichkeit eröffnet, dass sich KIs in anderer Weise zu moralischen Grenzen verhalten als vom Nebenbedingungsparadigma vorgesehen. Sie können mindestens die Möglichkeit zur Überprüfung und Kritik moralischer Regeln generieren.

Wie aber oben gezeigt ist das Nebenbedingungsparadigma durchaus gerechtfertigt. Es soll sicherstellen, dass dem Verhalten von KIs Grenzen gesetzt sind, wenn auch eben nicht in der Form, wie man moralischen Akteuren und Akteurinnen Grenzen setzt. Man wird also fragen müssen, ob die Alternative, nämlich KIs einen Effekt auf moralische Regeln zu erlauben, ebenfalls gerechtfertigt ist. Diese Frage lässt sich weder pauschal noch kurz beantworten.

Dennoch möchte ich hier noch ein Bedenken zerstreuen, das uns darin hindert, die Fähigkeiten zur Revision moralischer Regeln zu nutzen, die künstlich intelligente Systeme möglicherweise haben. Das Bedenken, das sich direkt aus dem Nebenbedingungsparadigma der Maschinenethik ergibt, ist folgendes: Müssen wir nicht fürchten, dass KIs moralische Regeln, die wir ihnen auferlegen wollen, aufgrund von uns opaken Prozessen verwerfen und aufhören, sich daran zu halten? Würde damit nicht das Ziel der ganzen Übung hintertrieben, künstliche moralische Akteure zu erschaffen?

Dieses Bedenken ist sicherlich gerechtfertigt, insofern es tatsächlich sein könnte, dass die kritische Prüfung unserer moralischen Regeln und unseres Verhaltens dazu erheblichen Revisionsbedarf erzeugt. Daraus aber ein Szenario zu folgern, in der KI sich diesen Regeln verweigert, dürfte voreilig sein. Der Umstand allein, dass ein System eine Regel nach rationaler Prüfung verwerfen würde, versetzt es nicht schon in die Lage, die Regel effektiv abzulehnen. Das gilt bereits für Menschen und erklärt, warum unsere moralischen Rahmenbedingungen zuweilen stabiler sind als der überlappende gesellschaftliche Konsens, der sie stützt. Es gilt umso mehr für künstlich intelligente Systeme, die nicht einmal sanktioniert werden müssen, sondern programmiert werden können, moralische Regeln einzuhalten. Wie oben erwähnt wird regelmäßig diskutiert, welche Eigenschaften KIs haben müssten, um davon sprechen zu können, dass sie einer Regel zustimmen. Und in dieser Debatte wird fast genauso häufig konstatiert, dass derzeit und bis auf absehbare Zeit kein KI-System über diese Eigenschaften verfügt. Sieht man einmal von hochspekulativen Szenarien über Superintelligenzen ab, besteht also kaum das Risiko, dass KIs jenseits des Nebenbedingungsparadigmas sich plötzlich gegen unsere Regeln verhalten. Es besteht höchstens das Risiko, dass sie uns die Unzulänglichkeit dieser Regeln vorführen.[50]

Literatur

Anderson, Michael/Anderson, Susan Leigh (2007): *Machine ethics: Creating an ethical intelligent agent*, in: AI Magazine 28/4, 15–26.

Anderson, Michael/Anderson, Susan Leigh (2011): *Machine Ethics*. Cambridge University Press: Cambridge.

Badea, Cosmin (2022): *Have a break from making decisions, have a MARS: The Multi-valued Action Reasoning System*, in: Bramer, Max/Stahl, Frederic (Hg.): Artificial Intelligence XXXIX: 42nd SGAI International Conference on Artificial Intelligence, AI 2022, Springer: Cham, 359–366.

Behdadi, Dorna/Munthe, Christian (2020): *A Normative Approach to Artificial Moral Agency*, in: Minds and Machines 30/2, 195–218.

Brandom, Robert (1994): *Making it explicit. Reasoning, representing, and discursive commitment*, Harvard University Press, Cambridge (Mass.).

Cervantes, José-Antonio/López, Sonia/Rodríguez, Luis-Felipe/Cervantes, Salvador/Cervantes, Francisco/Ramos, Félix (2020): *Artificial Moral Agents: A Survey of the Current Status*, in: Science and Engineering Ethics 26/2, 501–532.

Coeckelbergh, Mark (2010): *Moral appearances: emotions, robots, and human morality*, in: Ethics and Information Technology 12/3, 235–241.

Danaher, John (2016): *Robots, law and the retribution gap*, in: Ethics and Information Technology 18/4, 299–309.

Floridi, Luciano/Sanders, J. W. (2004): *On the Morality of Artificial Agents*, in: Minds and Machines 14/3, 349–379.

Ganguli, Deep et al. (2023): *The Capacity for Moral Self-Correction in Large Language Models*, arXiv.2302.07459.

Giubilini, Alberto/Savulescu, Julian (2018): *The Artificial Moral Advisor. The »Ideal Observer« Meets Artificial Intelligence*, in: Philosophy & Technology 31/2, 169–188.

Haugeland, John (1990): *The Intentionality All-Stars*, in: Philosophical Perspectives 4, 383–427.

Heinrichs, Bert/Heinrichs, Jan-Hendrik/Rüther, Markus (2022): *Künstliche Intelligenz*, de Gruyter, Berlin/New York.

Heinrichs, Bert/Knell, Sebastian (2021): *Aliens in the Space of Reasons? On the Interaction Between Humans and Artificial Intelligent Agents*, in: Philosophy & Technology 34/4, 1569–1580.

Hellström, Thomas (2013): *On the moral responsibility of military robots*, in: Ethics and Information Technology 15/2, 99–107.

Hume, David (1987): *Essays, moral, political, and literary*, LibertyClassics, Indianapolis.

---

50 Und um einmal ganz spekulativ zu sein: Sollten die Szenarien zu Superintelligenzen und deren zukünftiger Überlegenheit irgendwann zutreffen, dann wäre es eventuell besser, bis dahin in Aushandlung gestanden zu haben, statt in einer Form der Unterwerfung.

Jobin, Anna/Ienca, Marcello/Vayena, Effy (2019): *The global landscape of AI ethics guidelines*, in: Nature Machine Intelligence 1/9, 389–399.

Johansson, Linda (2010): *The Functional Morality of Robots*, in: International Journal of Technoethics 1/4, 65–73.

Johnson, Deborah G. (2006): *Computer systems: Moral entities but not moral agents*, in: Ethics and Information Technology 8/4, 195–204.

Liu, Yuxin/Moore, Adam/Webb, Jamie/Vallor, Shannon (2022): *Artificial Moral Advisors: A New Perspective from Moral Psychology*, in: AIES '22: Proceedings of the 2022 AAAI/ACM Conference on AI, Ethics, and Society. Association for Computing Machinery, 436–445.

Lundgren, Björn (2023): *In defense of ethical guidelines*, in: AI and Ethics 3/3, 1013–1020.

Matthias, Andreas (2004): *The responsibility gap: Ascribing responsibility for the actions of learning automat*, in: Ethics and Information Technology 6/3, 175–183.

Meier, Lukas J./Hein, Alice/Diepold, Klaus/Buyx, Alena (2022): *Algorithms for Ethical Decision-Making in the Clinic: A Proof of Concept*, in: The American Journal of Bioethics 22/7, 4–20.

Miller, Keith W./Taddeo, Mariarosaria (Hg.) (2017): *The Ethics of Information Technologies*, Routledge, London.

Misselhorn, Catrin (2018): *Grundfragen der Maschinenethik*, Reclam, Stuttgart.

Moor, James H. (2006): *The Nature, Importance, and Difficulty of Machine Ethics*, in: IEEE Intelligent Systems 21/4, 18–21.

Pereira, Luís Moniz/Saptawijaya, Ari (2016): *Programming Machine Ethics*, Springer, Cham.

Purves, Duncan/Jenkins, Ryan/Strawser, Bradley J. (2015): *Autonomous Machines, Moral Judgment, and Acting for the Right Reasons*, in: Ethical Theory and Moral Practice 18/4, 851–872.

Scanlon, Thomas (1998): *What we owe to each other*, Belknap Press, Cambridge (Mass.).

Searle, John R. (1980): *Minds, Brains, and Programs*, in: Behavioral and Brain Sciences 3/3, 417–425.

Sellars, Wilfrid (1954): *Some reflections on language games*, in: Philosophy of Science 21/3, 204–228.

Sullins, John P. (2006): *When is a robot a moral agent*, in: International Review of Information Ethics 6/12, 23–30.

Suwa, Motoi/Scott, A. Carlisle/Shortliffe, Edward H. (1982): *An approach to verifying completeness and consistency in a rule-based expert system*, in: AI Magazine 3/4, 16.

Tigard, Daniel W., (2021): *There Is No Techno-Responsibility Gap*, in: Philosophy & Technology 34/3, 589–607.

Turing, Alan M. (1950): *Computing Machinery and Intelligence*, in: Mind 59/236, 433–460.

Turing, Alan M. (1951): *Intelligent machinery, a heretical theory. A lecture given to '51 Society' at Manchester*, The Turing Archive, Manchester.

Van Wynsberghe, Aimee/Robbins, Scott (2019): *Critiquing the Reasons for Making Artificial Moral Agents*, in: Science and Engineering Ethics 25/3, 719–735.

Wallach, Wendell/Allen, Colin (2009): *Moral machines. Teaching robots right from wrong*, Oxford University Press, Oxford/New York.

Whitby, Blay (2008): *Computing machinery and morality*, in: AI & Society 22/4, 551–563.

9 Deadbots: Ethische Grenzen des digitalen Weiterlebens – eine medien- und technikethische Perspektive

Jessica Heesen, Martin Hennig

> **Abstract:** Digitale Technologien beeinflussen in einem zunehmenden Maße den Umgang mit Tod, Trauer und Erinnerung. Die sogenannte Digital Afterlife Industry (DAI) ist ein neuer Wachstumsmarkt für die Digitalwirtschaft, in dem insbesondere die Interaktion mit den digitalen Reproduktionen von Verstorbenen eine bedeutende Rolle spielt. Die DAI schließt damit in ihrem Menschenbild an transhumanistische Vorstellungen einer Auflösung der Begrenzungen des Menschseins durch Technologie an. Die Anwendungen der DAI sind als mediatisierte Darstellungen verstorbener Personen einzuordnen. Entsprechend können über eine medien- und technikethische Perspektive die ethischen Problemstellungen einer damit ermöglichten Überschreitung der Grenze zwischen Leben und Tod identifiziert werden. Die Angebote der Afterlife-Industrie verschieben mediale, soziale oder datenökonomische Grenzen. Dabei zeigt sich auf allen Ebenen, dass die Suche nach einem respekt- und pietätvollen Umgang mit Tod und Trauer in einer datafizierten und medialisierten Lebenswelt eine vertiefte wissenschaftliche und gesellschaftliche Diskussion über normative Anforderungen an Grenzziehungen verlangt.

9.1 Einleitung

Digitale Technologien und Technologien der Künstlichen Intelligenz (KI) bestimmen zunehmend unser Leben – sie beeinflussen jedoch auch mehr und mehr den Umgang mit Tod, Trauer und Erinnerung. Die sogenannte Digital Afterlife Industry (DAI) ist ein neuer Wachstumsmarkt für die Digitalwirtschaft, in dem insbesondere die Interaktion mit KI-gesteuerten Simulationen von Verstorbenen eine bedeutende Rolle spielt. Digitale Angebote für den Umgang mit Tod und Trauer umfassen auch konventionelle Formen des Totengedächtnisses und des Umgangs mit dem digitalen Vermächtnis wie z. B. Angebote für die Verwaltung der personenbezogenen Online-Daten der Verstorbenen[1] oder digitale Plattformen analog zu Friedhöfen (z. B. »GatheringUs«). Darüber hinaus gibt es die Möglichkeit, das Profil und die dazugehörigen Kommunikationsaktivitäten von Verstorbenen in den Sozialen Medien zu konservieren und sie zu einem Raum des Gedenkens zu machen. Unternehmen wie Facebook bieten

---

1 Siehe Meta/Facebook (2015).

kostenlos solche Möglichkeiten an, indem sie den Nutzerinnen und Nutzern das Angebot machen, die Profile der Verstorbenen auf ›erinnern‹ zu ändern.[2] Das bedeutet gleichzeitig, dass alle, die berechtigt sind, dort Videos, Fotos oder andere Arten von Inhalten veröffentlichen können.

Weitere Dienste versprechen, dass sich Personen nach ihrem Tod durch Text- oder Sprachnachrichten ›aktiv‹ bei Freunden und Angehörigen in Erinnerung bringen können. Mithilfe von Diensten wie »GoneNotGone«[3] können die in Zukunft Versterbenden Sprachnachrichten aufnehmen oder Bilder posten, die nach ihrem Tod an die Hinterbliebenen versendet werden. Dies ist – unter Zuhilfenahme etablierter Kommunikationspraktiken und -technologien – die technisch einfachste Form der Interaktion mit Verstorbenen, die sich prinzipiell auch noch stark an traditionellen kulturellen Praktiken (Abschiedsbriefe etc.) orientiert.

Eine technische Steigerung ist demgegenüber das Angebot, mit den Verstorbenen über Kommunikationsplattformen, Chatbots oder Avatare in eine *Interaktionsbeziehung* zu treten.

Dazu gibt es Anwendungen, die als eine Art ›digitale Chronik‹ des Lebens der Verstorbenen fungieren. Für die Zusammenstellung der Informationen über die verstorbenen Personen werden einerseits Aufnahmen und Daten verwendet, die von den Betreffenden erstellt oder autorisiert wurden. Andererseits gibt es auch Dienste, die sich aus den vorhandenen Daten im Netz bedienen und sie als Grundlage für die Inhalte verwenden, die in der Interaktion mit dem Avatar der Verstorbenen kommuniziert werden. Für Dienste, die mit selbst autorisierten Inhalten erstellt wurden, steht beispielhaft der Dienst »StoryFile«. Konkret wurde hier etwa ein Videoarchiv der Britin Marina Smith aufgenommen, die vor ihrem Tod 2022 eine aufwendige hologrammartige Videoproduktion erstellen ließ, in der sie zirka 120 Fragen beantwortete. Auf der Begräbnisfeier konnten Hinterbliebene auf dieser Grundlage eine simulierte Live-Konversation mit der Verstorbenen führen, wobei die passenden Antworten mithilfe einer KI-gestützten Schlagworterkennung ausgewählt wurden.[4]

Die Dienstanbieter für sogenannte Thanabots oder Deadbots generell verwenden personenbezogene Daten der Verstorbenen, um deren Kommunikationsverhalten zu simulieren und Interaktionen mit den Hinterbliebenen zu ermöglichen. Mit anderen Worten, sie erstellen Avatare bzw. Chatbots, die das Sozialverhalten einer Person nachbilden und darüber hinaus auf der Grundlage früherer Daten neue Kommunikation generieren. Es geht dabei also darum, virtuelle Kopien bzw. ›Identitäten‹ von verstorbenen Personen zu erstellen, mit denen lebende Menschen kommunizieren können. In diesem Zusammenhang kommen Techniken der Künstlichen Intelligenz zum Einsatz, die auch für die Erstellung von synthetischen Medien in anderen Zusammenhängen genutzt werden: so z. B. für sogenannte Deepfakes, also Audio-, Video- oder Bildmedien, deren Inhalte (etwa die Rede einer Politikerin) künstlich er-

---

2   Vgl. Heesen (2022).
3   Vgl. GoneNotGone (2023).
4   Vgl. Futurism (2022).

zeugt sind, aber täuschend echt wirken.[5] Für die Zukunft ist der zunehmende Einsatz großer Sprachmodelle wie ChatGPT wahrscheinlich, welche basierend auf Kommunikationsartefakten von Verstorbenen als Trainingsdaten und mittels Wahrscheinlichkeitsberechnung neuen Text generieren.[6]

Blickt man dabei konkret auf die Werbeversprechen der Digital Afterlife Industry, schließen diese in ihrem Menschenbild an transhumanistische Vorstellungen einer Erweiterung der Begrenzungen des Menschseins durch Technologie an[7] – im Sinne einer Transzendierung der wohl zentralsten anthropologischen Grenze zwischen Leben und Tod. Schon der Begriff des ›Digitalen Weiterlebens‹ beinhaltet diese zentrale Grenzüberschreitung und ist damit per se ereignishaft – weswegen es nicht verwundert, dass die hier behandelten Technologien immer auch zum Erzählen einladen und entsprechend breit in Kunst und Kultur verhandelt werden.[8]

9.2 Imaginationen des digitalen Weiterlebens

Fiktionale Darstellungen des digitalen Weiterlebens können für ein breites Publikum und auch die Wissenschaft einen Beitrag für einen reflektierten Umgang mit Techniken leisten und auf diese Weise zu einem Baustein gesellschaftlicher Technikbewertung werden. Konkret können durch künstlerische Arbeiten zu digitalen Innovationen gesellschaftliche Folgen der Digitalisierung anschaulicher verhandelt werden. Im Sinne einer narrativen Ethik[9] eröffnen fiktionale Geschichten Möglichkeitsräume für den Umgang mit neuen Techniken, die das soziale und kulturelle Leben in komplexen Formen beeinflussen. Vor allem in Fällen, in denen es um technische Anwendungen geht, die in der Herstellungs- und Etablierungsphase sind, kann Kunst Entwicklungen antizipieren und reflektieren. Etliche Filme und Serien als bedeutender Teil der Populärkultur veranschaulichen Versprechungen der Afterlife-Industrie und zeigen die kulturellen, technischen und sozialen Grenzen, die durch Grenzüberschreitung zwischen Leben und Tod aufscheinen.

Das digitale Weiterleben fungiert in der Populärkultur als kollektiver Imaginationsraum, anhand dessen Menschenbilder und Modelle des guten Lebens ausgehandelt werden. Zentrale Themen betreffen dabei etwa die Frage nach einem ›guten Sterben‹, einer kulturell angemessenen Trauerarbeit, die Grenze zwischen Mensch und Maschine und das, was den Menschen überhaupt erst menschlich macht. So zum Beispiel in der Episode »Be Right Back« (Staffel 2, Folge 1) der Anthologieserie *Black Mirror* (seit 2011, Channel 4, seit Staffel 3 Netflix). Im Zentrum der hier erzählten Geschichte steht eine künstliche Intelligenz, die eine Kommunikation zwischen Martha

---

5   Vgl. Pawelec & Bieß (2021).
6   Vgl. Deepbrain AI (o. J.).
7   Vgl. Orth (2019); Loh (2020).
8   Inszenierte Grenzüberschreitungen sind ein zentrales Kennzeichen von Narrationen. Vgl. Lotman (1993).
9   Vgl. Korthals Altes (2013).

und ihrem verstorbenen Partner Ash ermöglicht, wobei die KI die Person Ash auf der Datenbasis der von Ash im Internet hinterlassenen Texte simuliert. Die schriftliche Kommunikation zwischen Martha und der Anwendung funktioniert zunächst sogar so gut, dass die Witwe immer weitreichendere Kontaktmöglichkeiten nutzt, wobei sie mit dem simulierten Ash zunächst per Telefon in die auditive Kommunikation übergeht und schließlich, als sich die Möglichkeit bietet, die KI in einen künstlichen Androidenkörper einzusetzen, diese körperliche Grenze ebenfalls überschreitet. Angedeutet ist hier eine ›Sucht‹ nach immer weitreichenderen Simulationen des Verstorbenen, welche die Grenze zwischen der Lebenden und dem Toten – medial vermittelt (was prinzipiell auch den technischen Androidenkörper einschließt) – zusehends transzendiert.

Allerdings weckt die körperliche Simulation von Ash schnell Beklemmung in Martha, da der Android sich unnatürlich devot verhält und deutliche Mängel in der Imitation menschlichen Verhaltens aufscheinen: Als Martha den Androiden des Hauses verweist, verbringt dieser die Nacht stehend im Garten, da es seine Programmierung ›untersagt‹, sich zu weit von seiner ›Besitzerin‹ zu entfernen. Egal wie weitreichend und authentisch die körperliche Simulation visuell erscheint, das Verhältnis zwischen dem künstlichen Ash und Martha bleibt folglich ein asymmetrisches Machtverhältnis zwischen Anwenderin und Anwendung – und diese Grenze ist nicht überschreitbar.

Entsprechend endet die Episode mit einem Vorausblick, in dem Martha ihrer Tochter an ihrem Geburtstag widerwillig erlaubt, auf den Dachboden zu gehen, um mit ihrem dort eingesperrten ›Vater‹ zu spielen. Ähnlich wie sie Ash nach seinem Tod nicht vollständig gehen lassen konnte, hält Martha seine körperliche Kopie auch topografisch in einem Zwischenraum gefangen. Die permeable Grenze zwischen Familienleben im Rest des Hauses und dem Dachboden ist dabei strukturell äquivalent mit der bereits erfolgten Grenzüberschreitung zwischen Leben und Tod, die ebenfalls keine vollständige Rückkehr ins Leben erlaubt.

Neben »Be Right Back« gibt es noch viele weitere Erzählungen des digitalen Weiterlebens – man denke an die populäre Amazon Serie *Upload* (seit 2020), den amerikanischen KI-Blockbuster *Transcendence* (USA, 2014, Regie: Wally Pfister) oder auch den deutschen Film *Exit* (D, 2020, Regie: Sebastian Marka). Stets werden dabei mediale und soziale Grenzen des digitalen Weiterlebens problematisiert, zum Teil auch der ökonomische Hintergrund der Anwendungen.[10] Avatare von Verstorbenen sind vor diesem Hintergrund in einem doppelten Sinn als Medienphänomen zu bezeichnen. Sie sind inszenierte, medialisierte Interpretationen von verstorbenen Menschen, sie sind jedoch auch Veranschaulichungen und insofern symbolhafte Mittler[11] für zentrale technikethische Fragen nach dem Einfluss von Techniken auf Realitätskonstruk-

---

10 So weckt das digitale Nachleben in *Upload* nur oberflächlich den Eindruck einer frei wählbaren Lebensoption, stattdessen wird Partizipation an Wohlstand geknüpft und die religiös konnotierte Frage nach einem Leben nach dem Tod wird zum Element eines *lifestyle-orientierten* Sinnkonsums.
11 Zu Technik als Medium vgl. Hubig (2006).

tionen, Identität, Sozialität und Machtverhältnisse in digitalen Handlungswelten wie im Folgenden zu zeigen ist.

9.3 Aufhebung der Grenzen zwischen Inszenierung und Realität

Für viele Hinterbliebene spielt es eine große Rolle, sich dem oder der Verstorbenen nah zu fühlen und an bestimmten Orten oder mittels Gegenständen oder Fotos Erinnerungen wach zu rufen und gegebenenfalls in ein (vorgestelltes) Kommunikationsverhältnis zu treten – z. B. durch den Besuch am Grab oder das Betrachten von Fotos. Herkömmliche Grabstätten, Rituale des Totengedenkens oder religiöse Symbolik – diese und noch viele weitere Formen des Umgangs mit Tod und Trauer zeigen die Bedeutung des Erinnerns für die Hinterbliebenen.

In einer zunehmend digitalen Welt liegt es insofern nahe, dass durch die Hinterbliebenen der Wunsch entsteht, einen digitalen Avatar zu erschaffen und mit Verstorbenen auf diese Weise in Kontakt zu bleiben. Hier stellt sich dann jedoch die Frage nach einer angemessenen Repräsentation des oder der Toten. Denn mit Blick auf die Mediengeschichte der Repräsentation von ›Realität‹ ist stets auch von trennenden Grenzen zwischen medialen Darstellungen und realen Personen auszugehen. Im Marketing der DAI klingt an, dass die Diskrepanz zwischen realer Person und digitaler Repräsentation hier möglichst minimiert werden soll. Doch ist eine derartige Grenzauflösung überhaupt denkbar und wünschenswert?

Mediengeschichtlich haben sich in jedem Medium mit der Zeit Konventionen und eigene Gattungen für die Inszenierung von Unmittelbarkeit, Authentizität und ›Realität‹ herausgebildet. Man denke literaturgeschichtlich an spezifische Inszenierungsstrategien in den Epochen ›Realismus‹ und ›Naturalismus‹, im Film etwa an das Found-Footage-Genre oder spezielle Handkameratechniken, spezifische Konventionen der Inszenierung von Authentizität auf Social Media usw. Für die aktuellen Technologien des digitalen Weiterlebens haben sich noch nicht in vergleichbarer Weise stilbildende Konventionen ausgebildet. Abbildungskonventionen für Avatare in der virtuellen Realität bzw. im Metaversum oder Interaktionsmaximen im Verhältnis von Mensch und Künstlicher Intelligenz (etwa bezüglich Fragen sozialer Angemessenheit von KI[12]) entstehen zurzeit gerade erst.

Mediale Darstellungen von ›Realität‹ sind dabei stets nur als *Inszenierungen* von Realität zu verstehen und konstituieren sich maßgeblich über Prozesse der Auswahl und Kombination ganz bestimmter Elemente (und anderer eben nicht). Je nach Medium können die Elemente der Auswahl Figuren, Schauplätze, Kameraeinstellungen, Parameter der Lichtsetzung oder eben visuelle Elemente bei der Avatarerstellung betreffen, die dann jeweils noch in spezifischer Weise kombiniert werden. Für anthropomorphisierte KI-Anwendungen, die also in irgendeiner Weise Aspekte realer Menschlichkeit simulieren sollen, gelten Fragen der Auswahl in ähnlicher Weise:

---

12 Vgl. Bellon et al. (2021).

Wird eine stimmliche Repräsentation gewählt und welche? Welcher Sprachduktus wird beim textuellen Output reproduziert? Über derlei Prozesse der Auswahl und Kombination wird überhaupt erst Bedeutung erzeugt, insofern die Auswahl eines Elements auch vor dem Hintergrund der nicht-ausgewählten Elemente seine Bedeutung erlangt.[13] Die Bedeutung der Auswahl hängt dabei immer ab von den Möglichkeiten und Grenzen, die durch das Design einer Anwendung technisch gesetzt sind – wenn etwa Filter eingesetzt werden, damit der Avatar nicht über Gewalt oder Sex sprechen kann oder um einen photorealistischen Avatar zu verschönern. Diese Relevanz des Auswahlprozesses ist natürlich auch für mediale Darstellungen von Verstorbenen gegeben: Bestimmte Aspekte der Person, aber auch Ereignisse in ihrem Leben oder Entscheidungen, die sie getroffen hat, werden betont oder weggelassen. Das ist teilweise vergleichbar mit Fotos von Verstorbenen, die ebenfalls nie das ganze Bild der Person zeigen.

So kann man fragen, welche Aspekte der realen Person bei der Erstellung eines KI-gesteuerten Avatars vernachlässigt werden. Werden zum Beispiel kulturell als Schönheitsfehler geltende Personenattribute (Narben, Hautausschläge etc.) visuell in der Darstellung beibehalten? Sind nicht der Norm entsprechende Körperformen oder körperliche Einschränkungen überhaupt in der jeweiligen Anwendung abbildbar? Und *sollten* diese beibehalten werden bzw. abbildbar sein? In welchem Alter wollen sich die Verstorbenen zeigen? Werden auditiv oder textuell bestimmte Sprachcodes, Stile, oder Jargons von Verstorbenen reproduziert?

Derartige Repräsentationsfragen sind für die Möglichkeit zum *individuellen Identitätsausdruck* höchst relevant. Studien zeigen beispielsweise, dass Menschen sich emotional mit ihren Avataren identifizieren und ihr Verhalten und ihre Selbstwahrnehmung sowohl in einer virtuellen als auch in der ›echten‹ Welt durch die Charakteristika des eigenen Avatars beeinflusst werden können.[14] Dieser Zusammenhang wird beim digitalen Weiterleben noch komplexer, da hier Aspekte des eigenen Identitätsmanagements wiederum Folgen für die Hinterbliebenen im Umgang mit dem jeweiligen Avatar haben können.

Dabei ist anzunehmen, dass die Interaktion mit einem KI-gesteuerten Avatar über die Suggestionskraft eines Bildes weit hinausgeht, d. h. die Grenze zwischen Medialität und Realität zunehmend transzendiert. Denn bei einem solchen Avatar handelt es sich um eine scheinbar lebendige Repräsentation, die mit den Hinterbliebenen in ein dynamisches Verhältnis tritt, wobei auch neue Interaktionen und Kommunikation generiert werden. Die Vielzahl an Informationen oder Erzählungen in den Anwendungen des digitalen Weiterlebens kann dabei leicht darüber hinwegtäuschen, dass es sich auch hierbei um eine Auswahl handelt, die durch die verstorbene Person, durch Dritte oder einen Algorithmus für das individuelle ›Erinnerungsmuseum‹ kuratiert wurde. So wurden dann vielleicht bestimmte textuelle Zeugnisse einer Ver-

---

13 Vgl. für diese mediensemiotische Perspektive Krah/Titzmann (2017).
14 Siehe u. a. McIlroy-Young et al. (2022) oder generell die Studien zum so genannten ›Proteus-Effekt‹, d. h. das Phänomen, dass sich das Verhalten von Personen in virtuellen Welten abhängig von Eigenschaften ihres Avatars verändert.

storbenen (etwa die Korrespondenz mit einer bestimmten Person) als Trainingsdaten für eine generative KI verwendet, d. h. die Auswahl für die mediale Repräsentation ist auch hier begrenzt und beschränkt sich auf einen spezifischen sozialen Kontext. Gleichzeitig scheint dies in der Interaktion mit der KI vielleicht weniger auf, da der verwendete Avatar und sein Sprachduktus auf die ›ganze‹ Person verweisen.

Der starke Einfluss, den die Verstorbenen zu ihren Lebzeiten auf die Art des Erinnerns durch ihre digitale Repräsentation nehmen, verkleinert in dieser Weise die Chance der Hinterbliebenen, die Erinnerung entsprechend der eigenen Erfahrungen mit der verstorbenen Person zu gestalten und lebendig zu erhalten. Es ist sogar vorstellbar, dass der Verstorbene seinen Angehörigen einen Avatar überlässt, der gar nicht ihrer Erinnerung entspricht. Denkbar ist auch, dass verschiedene Angehörige unterschiedliche Avatare oder Chatbots einer Verstorbenen kreieren und diese nebeneinander vorhanden sind, z. B. durch Dienste wie »HereAfter«, dessen Geschäftsführer selbst mit der Erstellung eines ›Dadbot‹, also eines Chatbots seines verstorbenen Vaters, von sich reden gemacht hat.

9.4 Grenzen von Sozialität

Die simulierte kommunikative soziale Begegnung entspricht einer Form der parasozialen Interaktion.[15] Die Interaktionsbeziehung basiert hier auf einem (Sprach-)Modell eines/einer Verstorbenen, dessen Reaktionen auf KI-gesteuerte Berechnungen über die Wahrscheinlichkeit der richtigen Antwort beruhen. Parasoziale Interaktionen sind bereits als soziale Verhältnisse zu Figuren aus Fernsehen und Film bekannt (der Serienstar als ›Freund‹). Fiktionale Charaktere fungieren dabei einseitig als Projektionsfläche für die eigenen sozialen Bedürfnisse. Es steht zur Frage, inwiefern die sozialen Facetten der mediengeschichtlich bekannten parasozialen Phänomene durch die Angebote der DAI eine Neuaufstellung erhalten.

Generell ist hier zu diskutieren, inwiefern vormals wirklich erfahrene soziale Beziehungen eine (pathologische) Verflachung in sozialen Simulationen durch eine KI erfahren – insbesondere vor dem Hintergrund, dass die Grenzen der technischen Simulation von Sozialität in der KI-Werberethik häufig ausgeblendet sind. So heißt es z. B. beim Dienst »Replika«, der die Erstellung von Avataren als persönliche Begleiter im Angebot hat, »The AI companion who cares. Always here to listen and talk. Always on your side«.[16] Signifikant für das im Zitat vorliegende *reduktionistische Emotions- und Empathieverständnis* ist, dass suggeriert wird, dass die Replikate, die sowohl von lebenden wie von verstorbenen Menschen angelegt werden können, ›Wissen‹ und ›Verstehen‹. Das damit transportierte mechanistische Menschenbild, wonach Emotionen als rational analysierbar, operationalisierbar und in Algorithmen überführbar ausgewiesen sind, findet sich auch generell im Marketing der DAI wieder. Die Dienste der DAI sind in der Regel – glaubt man den Versprechen des Marketings – als nahezu iden-

---

15 Vgl. Hasebrink (2006).
16 Replika (o. J.).

tische mediale Repräsentationen der Anwendenden angelegt. Dies ist schon in den Begrifflichkeiten deutlich, wenn im Kontext des Dienstes »Eter9« von einem »online clone« oder »digital twin« gesprochen wird.[17] In Interviews mit Verantwortlichen von »Eter9« wird vor allem auf die visuelle Komponente als zentrales Kriterium einer gelungenen Repräsentation verwiesen.[18] Die Konzentration auf das visuelle Erscheinungsbild hat allerdings wenig mit der Komplexität des verstorbenen Individuums zu tun. Natürlich gilt dies auch für Fotos und andere Erinnerungsstücke, die zu einer mentalen Beschäftigung mit den Verstorbenen einladen. Ihr reduzierter und symbolhafter Charakter ist jedoch genuin deutlich. Inwiefern aber möglichst realistische, animierte und sprechende Nachbildungen eine soziale Interaktion ermöglichen, die dem oder der Erinnernden eigene Imaginationsräume lässt, ist fraglich.

Interaktionsbeziehungen zwischen Menschen können dann als gelingend beschrieben werden, wenn sie auf gegenseitiger Achtung und dem Respekt gegenüber den Selbstbestimmungsinteressen des jeweils anderen beruhen. Gerade dieser Kern guter Interaktion bzw. von Freundschaft und Liebe steht aber mit der Erschaffung von ›weiterlebenden‹ digitalen Abbildern in Frage. Den Verstorbenen und ihren Interaktionspartnern wird die Chance auf ›echte‹ Interaktion als Erfahrung von Unverfügbarkeit, Spontanität, Ambivalenz oder auch von Übereinstimmung und Resonanz genommen.[19] So bemerkt Klaus Wiegerling bereits mit Blick auf allgegenwärtige digitale Assistenzsysteme, dass diese weniger als echte Sozialpartner:innen, sondern vielmehr als ›Wunschmaschinen‹ funktionieren, welche gerade dadurch gekennzeichnet sind, dass sie der sozialen Interaktion keinerlei Grenzen setzen.[20] Vor diesem Hintergrund ist für Digital Afterlife-Dienste nicht unwahrscheinlich, dass die Verstorbenen in den Interaktionen mit den Lebendigen eine Objektivierung, wenn nicht sogar Instrumentalisierung nach den Bedürfnissen ihrer jeweiligen Interaktionspartner:innen ›erfahren‹. Kritisch in Bezug auf die häufig fehlende Setzung sozialer Grenzen durch KI-gesteuerte Interaktionspartner:innen hat zum Beispiel die UNESCO im Jahr 2019 einen Bericht zum problematischen ›gender bias‹ von digitalen Sprachassistenzen herausgegeben. Dieser führt aus, dass die Antworten der führenden Systeme von Apple, Amazon, Microsoft und Google auf »verbal sexual harassment« im Jahr 2017 in der Regel affirmativ, im Sinne schüchterner oder flirtender Reaktionen ausfielen. So antwortete Apple's Siri auf »You're a slut« mit »I'd blush if I could«[21] (mittlerweile wurden die zu Grunde liegenden Skripte seitens der Hersteller aufgrund der öffentlichen Kritik geändert). Aber auch zahlreiche andere Studien zeigen die Anfälligkeit von KI-Assistentinnen und ihren Sprachmodellen für einerseits Diskriminierungen und andererseits problematische Sozialbeziehungen.[22]

---

17 Lifewire (2022).
18 »It's one thing to have a low-resolution cartoon-looking representation of yourself, but it's another to have a photorealistic version that properly represents oneself«. Lifewire (2022).
19 Lagerkvist (2017): 51.
20 Wiegerling (2011): 30.
21 Vgl. die Auflistung der entsprechenden Reaktionen bei UNESCO (2019): 107.
22 Vgl. Hennig (2021).

9.5 Entgrenzung der Datenökonomie

Die Firmen der DAI gehen rhetorisch stets von einer potenziell unbegrenzten virtuellen Präsenz der digitalen Abbilder aus:

> Since each user's digital self is an AI made in their own image, it will naturally continue to live in cyberspace/metaverse after the user's physical death [...] In this way, each dduplicata user can become virtually immortal and will live forever in the Metaverse/Cyberspace.[23]

Die Erwartung einer unbegrenzten Verfügbarkeit und Präsenz der digitalen Replikate verwundert wenig, denn wenn man es tatsächlich mit einer nahezu identischen Kopie der Anwendenden zu tun hätte, käme die Abschaltung der Digitalpräsenz (etwa aus wirtschaftlichen Gründen wie einer Pleite des Anbieters) einem bewussten Sterbenlassen bzw. einem zweiten Tod gleich.

Ganz ›natürlich‹ wird das Weiterleben im digitalen Raum zudem, wenn man sich vor Augen hält, dass KI-Anwendungen bereits jetzt, aber mehr noch in Zukunft, darauf ausgerichtet sein werden, ihren Nutzer:innen als persönliche Assistenz zur Verfügung zu stehen. Diese Anwendungen lernen so gut wie alles über ihre ›Besitzer‹, um ihre Interessen so gut wie möglich vertreten zu können, z. B. beim Planen einer Reise oder bei Vorschlägen für Geschenke oder der Versorgung mit Informationen. Explizit werden jetzt bereits Anwendungen angeboten, die als Biografierekorder dienen und alles aufzeichnen, was einzelne Personen betrifft (z. B. das Wearable »Rewind Pendant«[24]). Der Schritt vom Biografierekorder oder der KI-Assistentin hin zum digitalen Replikat nach dem Tod ist insofern nur noch sehr klein und in den Anwendungen technisch bereits angelegt.

Dabei ist die hinter der DAI stehende Datenökonomie für weitere signifikante Grenzüberschreitungen verantwortlich. Menschen hinterlassen im Internet eine enorme Menge an persönlichen Informationen, die auf verschiedenen Servern in der ganzen Welt verbleiben, auch wenn die Nutzerinnen und Nutzer verstorben sind. Höchstwahrscheinlich werden in ein paar Jahren mehr Tote als Lebende auf Social-Media-Plattformen und im Internet im Allgemeinen repräsentiert sein.[25] Die Daten, die von den Verstorbenen hinterlassen werden, sind dabei kein nutzloses Überbleibsel, sondern im Gegenteil eine Ressource, die von Technologieunternehmen weiterverwendet werden kann, um Gewinne zu erzielen.[26]

Eine zusätzliche Entgrenzung der datenökonomischen Überwachung ist gegeben, wenn nicht nur die Daten von Verstorbenen gesammelt werden, sondern wenn bei der Nutzung von Diensten der DAI neue Daten generiert werden. Das zeigt sich an den beschriebenen Dienstleistungen der Unternehmen, die den Lebenden helfen sollen, mit den Verstorbenen online in Kontakt zu treten oder zu bleiben und auf den Daten der Verstorbenen aufbauen. Dabei entstehen durch die Interaktion mit den

---

23 Lifewire (2022).
24 Rewind Pendant (o. J.).
25 Öhman & Watson (2019).
26 Vgl. Voinea/Uszkai (2019).

Social Media-Profilen oder Avataren von Toten neue Daten, die die Lebenden von sich preisgeben, indem sie z. B. auf einer Gedenknetzseite aktiv sind oder mit dem Avatar Informationen austauschen. Die Daten aus dem Kontext der Toten können für die Unternehmen somit weiterhin lukrativ sein. Sie sind nützlich für die Identifizierung von Mustern, die für Verhaltensvorhersagen bei lebenden Personen dienen. Die dahinterstehenden Geschäftsmodelle basieren auf der Auswertung von Handlungs- und Persönlichkeitsmustern, die mit der Hilfe von ausgefeilten und häufig intransparenten Tracking- bzw. Überwachungsmethoden erhoben werden. Die gewonnenen Daten werden aus verschiedenen Quellen angereichert, zu Profilen aggregiert und verkauft und dienen letztlich der Erschaffung eines personalisierten Nutzungserlebnisses (*user experience*) mit angepasster Werbung und zielgerichteter Information. Um diese Maschinerie in Gang zu halten, sind die Daten jedes Einzelnen – tot oder lebendig – ein unerlässlicher Baustein.[27]

Daraus resultiert die zentrale Frage nach den Chancen der Verstorbenen, sich diesen Funktionsweisen des Überwachungskapitalismus[28] zu entziehen. Wäre nicht genau diese Freiheit von einer kommerziellen Verwertung ein Versprechen auf einen würdevollen Umgang mit dem Tod im Internet?

Hinzu kommt ein Aspekt, der mit der Losgelöstheit der Onlinekommunikation von physischen Grenzen zu tun hat. Ein Grab ist ein Ort, dessen Lage in der Regel bewusst gewählt wurde. Dem Grab selbst kommt häufig eine gewisse Aura zu, die durch die Atmosphäre des Ortes, die Grabgestaltung und das Bewusstsein von der Präsenz der leiblichen Überreste des oder der Verstorbenen zu Stande kommt. Friedhöfe setzen zudem den Rahmen für bestimmte Verhaltensnormen. Dazu gehört unter anderem die Abwesenheit von Werbung oder Unterhaltungsangeboten. Durch die Entgrenzung des Erinnerungsortes im virtuellen Raum stellt sich die Situation nun anders dar. Gedenkseiten, Chatbots oder Avatare der Verstorbenen sind hier als ein Nebeneinander von Werbebannern, Pop Ups und Totengedenken vorzustellen.

Pietät und ›letzte Ruhe‹ lassen sich für Verstorbene in der Datenökonomie folglich nur dann ausbuchstabieren, wenn eine gesicherte Möglichkeit zur Verneinung der Nachnutzung der personenbezogenen oder personenbeziehbaren Daten (und damit der bewussten Grenzziehung) gegenüber kommerziellen Akteuren gegeben ist. Geoff Cox spricht in einem verwandten Zusammenhang vom virtuellen Selbstmord als bewusster politischer Handlung und schlägt die Nutzung einer ›Suicide Machine‹ für das digitale Ich vor.[29]

9.6 Fazit

Es wird sich zeigen, ob sich die KI-gesteuerten Avatare oder Chatbots des digitalen Weiterlebens ebenso in den Kanon unserer medialen Alltagspraktiken integrieren,

---

27 Vgl. Heesen (2022).
28 Vgl. Zuboff (2018).
29 Cox (2012).

wie es bereits andere Medien wie Fotos, Videos oder Audioaufnahmen getan haben. Dazu gehören dann entsprechend die Kompetenzen, die jeweiligen Grenzen des Medienprodukts zu kennen. Gerade die eingangs diskutierten Beispiele aus der Populärkultur sensibilisieren für den selektiven und künstlichen Charakter solcher Medienangebote – auch wenn der Avatar dem Abbild eines/einer Verstorbenen entspricht und ich mich mit diesem unterhalten kann.

Auf einer abstrakteren Ebene lässt sich festhalten, dass die Digital Afterlife Industry in einer zunehmend durch Säkularisierung geprägten Gesellschaft ironischerweise Wege zur Schaffung einer ›transzendenten‹, grenzüberwindenden Technik zeigt. Sie entspricht somit einer pragmatischen Form des Transhumanismus als philosophischer Denkrichtung, der es um die Überwindung der menschlichen Beschränkungen durch Technik geht.[30] Hier wie auch im Transhumanismus zeigt sich, dass der Wunsch nach einer Überwindung des Todes von dem Wunsch danach, die eigene Sterblichkeit wie auch den Tod anderer zumindest ein Stück weit ignorieren zu können, kaum zu trennen ist.

Und ähnlich wie im Transhumanismus sehen wir uns hier mit der Frage konfrontiert, ob die Anerkennung der Begrenzung des eigenen Lebens und der eigenen Endlichkeit einer der Schlüssel für ein gutes Leben ist, oder aber gerade die Ausreizung aller technischen Möglichkeiten für die – zumindest simulierte – Überwindung von Krankheit und Tod in der Natur des Menschen liegt. So wie die lebendige Interaktion in einer digitalen Gesellschaft nach Medienmündigkeit und einem (ethisch) reflektierten Technikverständnis verlangt, ist auch die Suche nach einem respekt- und pietätvollen Umgang mit Tod und Trauer in einer datafizierten und medialisierten Lebenswelt eine bleibende Aufgabe, die immer auch Grenzziehungen verlangt.

Literatur

Bellon, Jacqueline/Eyssel, Friederike/Gransche, Bruno/Nähr-Wagener, Sebastian/ Wullenkord, Ricarda (2021): *Theorie und Praxis soziosensitiver und sozioaktiver Systeme*, Springer, Wiesbaden.

Cox, Geoff (2012): *Virtual Suicide as decisive political act*, in: Wolfgang Sützl/Theo Hug (Hg.): Activist Media and Biopolitics. Critical Media Interventions in the Age of Biopower, Innsbruck University Press, Innsbruck, 103–116.

Deepbrain AI (o. J.): Homepage, URL: https://www.deepbrain.io/ (Stand: 17.10.23).

Futurism (2022): *AI Allows Dead Woman to Talk to People Who Showed Up at Her Funeral*, URL: https://futurism.com/ai-dead-woman-talk-people-funeral (Stand: 17.10.23).

GoneNotGone (2023): *Send Messages to Your Loved Ones After You Die*, URL: https://gonenotgone.com/ (Stand: 17.10.23).

Hasebrink, Uwe (2006): *Parasoziale Interaktion*, in: Hans-Bredow-Institut (Hg.): Medien von A bis Z, VS Verlag für Sozialwissenschaften, Wiesbaden, 272–273.

Heesen, Jessica (2022): *Verstorbene als Medienprodukt. Die Programmierung von Unendlichkeit als ethische Herausforderung*, in: George, Wolfgang/Weber, Karsten (Hg.): Fehlendes Endlichkeitsbewusstsein und die Krisen im Anthropozän, Psychosozial-Verlag, Gießen, 161–172.

---

30   Vgl. etwa auch die den biologischen Tod überwindende Utopie eines ›Uploads‹ des menschlichen Geistes in die Computersimulation in Sandberg/Bostrom (2008).

Hennig, Martin (2021): *KI-Marketing und Gesellschaft*, in: Brandstetter, Nicole/Dobler, Ralph-Miklas/Ittstein, Daniel (Hg.): Mensch und Künstliche Intelligenz. Herausforderungen für Kultur, Wirtschaft und Gesellschaft, UVK, München, 103–121.

Hubig, Christoph (2006): *Die Kunst des Möglichen I. Philosophie der Technik als Reflexion der Medialität*, transcript, Bielefeld.

Korthals Altes, Liesbeth (2013): *Narratology, Ethical Turns, Circularities, and a Meta-Ethical Way Out*, in: Lothe, Jakob/Hawthorn, Jeremy (Hg.): Narrative Ethics, Rodopi, Amsterdam, 25–40.

Krah, Hans/Titzmann, Michael (Hg.) (2017): *Medien und Kommunikation. Eine Einführung aus semiotischer Perspektive*, Schuster, Passau.

Lagerkvist, Amanda (2017): *The Media End: Digital Afterlife Agencies and Techno-existential Closure*, in: A. Hoskin (Hg.): Digital Memory Studies. Media Pasts in Transition, Routledge, New York, 48–84.

Lifewire (2022): *A Digital Twin Could Create a Second You on the Internet*, URL: https://www.lifewire.com/a-digital-twin-could-create-a-second-you-on-the-internet-5216409 (Stand: 17.10.23).

Loh, Janina ([3]2020): *Trans- und Posthumanismus zur Einführung*, Junius, Hamburg.

Lotman, Jurij M. (1993): *Die Struktur literarischer Texte*, Wilhelm Fink, München.

McIlroy-Young, Reid/Kleinberg, Jon/Sen, Siddhartha/Barocas, Solon/Anderson, Ashton (2022): *Mimetic Models: Ethical Implications of AI that Acts Like You*, arXiv:2207.09394v1.

Meta/Facebook (2015): *Adding a Legacy Contact*, URL: https://about.fb.com/news/2015/02/adding-a-legacy-contact/ (Stand: 17.10.23).

Öhman, Carl/Watson, David (2019): *Are the dead taking over Facebook? A Big Data approach to the future of death online*, in: Big Data & Society, 6/1.

Orth, Dominik (2019): *Der Motiv- und Diskurskomplex des Transhumanismus. Perspektiven für eine transmediale Thematologie*, in: Coelsch-Foisner, Sabine/Herzog, Christopher (Hg.): Transmedialisierung, Winter, Heidelberg, 331–354.

Pawelec, Maria/Bieß, Cora (2021): *Deepfakes. Technikfolgen und Regulierungsfragen aus ethischer und sozialwissenschaftlicher Perspektive. Mit einer interaktiven Lehreinheit von Cora Bieß*, Nomos, Baden-Baden.

Replika (o. J.): Homepage, URL: https://replika.com/ (Stand: 17.10.23).

Rewind Pendant (o. J.): Homepage, URL: https://www.rewind.ai/pendant (Stand: 17.10.23).

Sandberg, Anders/Bostrom, Nick (2008): *Whole Brain Emulation. A Roadmap*, URL: https://www.fhi.ox.ac.uk/brain-emulation-roadmap-report.pdf (Stand: 17.10.23).

Voinea, Cristina/Uszkai, Rado (2019): *An ethical framework for digital afterlife industries*, in: Proceedings of the 13th International Management Conference »Management Strategies for High Performance« 31st October – 1st November 2019, Bucharest, URL: http://conferinta.management.ase.ro/archives/2019/pdf/5_20.pdf (Stand: 17.10.23).

UNESCO (2019): *I'd blush if I could: closing gender divides in digital skills through education*, URL: https://unesdoc.unesco.org/ark:/48223/pf0000367416.page=1 (Stand: 17.10.23).

Wiegerling, Klaus (2011): *Philosophie intelligenter Welten*, Wilhelm Fink, München.

Zuboff, Shoshana (2018): *Das Zeitalter des Überwachungskapitalismus*, Campus, Frankfurt.

Autor:innen

Holger Boche leitet den Lehrstuhl für theoretische Informationstechnik an der Technischen Universität München. Er leitet zusammen mit Prof. Dr. Dr. h.c. Frank Fitzek von der Technischen Universität Dresden und Prof. Dr. Wolfgang Kellerer von der Technischen Universität München den Forschungshub 6G-life des Bundesministeriums für Bildung und Forschung (BMBF). Seine Forschungsschwerpunkte liegen in den Bereichen Kommunikations- und Informationstheorie sowie Computingtheorie. Er arbeitet an Themen für vertrauenswürdige Kommunikation- und Computing-Systeme sowie KI. Die Forschungsarbeiten verbinden Kommunikation, Computing und KI und sollen die wissenschaftliche Basis für das Metaverse bilden. Für weitere Informationen sei auf https://www.ce.cit.tum.de/lti/startseite/ verwiesen.

Ludwig Bothmann promovierte 2016 in Statistik an der LMU München; danach Tätigkeit in der Versicherungswirtschaft; seit 2020 Wissenschaftlicher Mitarbeiter an der LMU München; Junior Member am Munich Center for Machine Learning (MCML). Er forscht im Bereich Maschinelles Lernen (ML) und beschäftigt sich u. a. mit Kausalität, Fairness, Deep Learning sowie interpretierbarem ML und der Anwendung der erforschten Methoden, u. a. in Wildtierökologie, Meteorologie und empirischer Sozialforschung.

Adalbert Fono ist Doktorand am Bayerischen KI-Lehrstuhl »Mathematische Grundlagen der Künstlichen Intelligenz« an der Ludwig-Maximilians-Universität München. Seine Forschungsinteressen liegen im Bereich der künstlichen Intelligenz, insbesondere in der Theorie von Deep Learning und Spiking Neural Networks.

Mathias Gutmann hat die Professur für Technikphilosophie am Institut für Philosophie am Karlsruher Institut für Technologie (KIT) inne. Er forscht im Bereich der Technikphilosophie, Autonome Systeme, Anthropologie, Hermeneutik und Evolutionstheorie. Weitere Informationen: https://www.philosophie.kit.edu/mitarbeiter_mitarbeiter-info_gutmann.php.

Jessica Heesen ist Professorin für Philosophie und beschäftigt sich als Leiterin verschiedener Forschungsprojekte mit ethischen und philosophischen Debatten im Bereich Medien und Digitalisierung sowie der Sicherheitsforschung. Zu ihren Schwerpunktthemen gehören z. B. Probleme der Meinungsfreiheit in Sozialen Medien,

Fragen einer Ethik der Künstlichen Intelligenz oder der Sicherheit von Kindern online. Weitere Informationen: https://uni-tuebingen.de/de/15781.

Bert Heinrichs ist Professor für Ethik und Angewandte Ethik am Institut für Wissenschaft und Ethik (IWE) der Universität Bonn und Leiter der Arbeitsgruppe »Neuroethik und Ethik der KI« im Institut für Neurowissenschaften und Medizin: Gehirn und Verhalten (INM-7) am Forschungszentrum Jülich.

Jan-Hendrik Heinrichs ist Wissenschaftlicher Mitarbeiter in der Forschungsgruppe »Neuroethik und Ethik der KI« am Institut für Neurowissenschaften und Medizin: Brain and Behaviour (INM-7) am Forschungszentrum Jülich und Privatdozent an der RWTH Aachen. Seine Arbeitsschwerpunkte liegen auf den Feldern der Neuroethik, Ethik der KI, Forschungsethik und Medizinethik. Daneben arbeitet er an Themen der politischen Philosophie und Metaethik. Weitere Informationen: www.heinrichs.tk.

Martin Hennig ist Medienkulturwissenschaftler und Teamleiter im Bereich Medien und Digitalisierung am Internationalen Zentrum für Ethik in den Wissenschaften (IZEW) der Universität Tübingen. Seine Forschungsschwerpunkte umfassen: Digitale Kulturen, Medienethik, Kulturelle Imaginationen von KI und Überwachung, Game Studies, Narratologie, Privatheits-, Raum- und Subjekttheorien. Weitere Informationen: https://uni-tuebingen.de/de/215578.

Gitta Kutyniok leitet den Bayerischen KI-Lehrstuhl »Mathematische Grundlagen der Künstlichen Intelligenz« an der Ludwig-Maximilians-Universität München und ist ferner LMU-Direktorin der Konrad Zuse School of Excellence in Reliable AI. Ihre derzeitigen Forschungsschwerpunkte sind zum einen die Zuverlässigkeit von KI, wobei sie vornehmlich an Fragestellungen zur Expressivität, Trainingsprozessen und Generalisierungseigenschaften von KI-Architekturen, sowie Erklärbarkeit und fundamentalen Grenzen von KI-Methoden arbeitet. Zum anderen beschäftigt sie sich mit Anwendungen im Bereich der Medizin, Robotik, und Telekommunikation. Für weitere Informationen sei auf https://www.ai.math.lmu.de/kutyniok verwiesen.

Harald Lesch ist Professor für Astrophysik an der Ludwig-Maximilians-Universität München und Lehrbeauftragter für Naturphilosophie an der Hochschule für Philosophie München. Als Wissenschaftskommunikator bringt er komplexe wissenschaftliche und philosophische Sachverhalte einem breiteren Publikum nahe.

Markus Maier ist wissenschaftlicher Mitarbeiter am Lehrstuhl für Natur- und Technikphilosophie der Hochschule für Philosophie München. Markus hat am Max-Planck-Institut für Physik in München und am Excellence Cluster ORIGINS unter anderem zu der mathematischen Konsistenz klassischer Feldtheorien geforscht. Seit 2022 arbeitet er zusammen mit Prof. Benjamin Rathgeber zu Themen der Naturphilosophie und künstlichen Intelligenz. Seine Forschungsinteressen umfassen darüber hinaus die Theorie komplexer Systeme, Wissenschaftsphilosophie und Deep Learning.

Klaus Mainzer lehrt seit 2016 an der TUM Senior Excellence Faculty der Technischen Universität München und seit 2019 als Seniorprofessor am Carl Friedrich von Weizsäcker Center der Eberhard-Karls-Universität Tübingen. Er ist Autor zahlreicher Bücher mit internationalen Übersetzungen. Seine Forschungsschwerpunkte sind logisch-mathematische Grundlagenforschung, Komplexitäts- und Berechenbarkeitstheorie, Grundlagen der Künstlichen Intelligenz, Wissenschafts- und Technikphilosophie, Zukunftsfragen der technisch-wissenschaftlichen Welt.

Kristina Peters studierte Rechtswissenschaft in Münster und Philosophie in Hagen; juristische Examina und Master of Arts (M.A.); 2017 Promotion an der Ludwig-Maximilians-Universität München; seit 2018 Wissenschaftliche Mitarbeiterin ebendort. Sie forscht im Strafrecht und der Rechtsphilosophie mit Schwerpunkten im Schnittstellenbereich Recht–Philosophie–Künstliche Intelligenz sowie in der strafrechtlichen Korruptionsforschung.

Benjamin Rathgeber hat den Lehrstuhl für Natur- und Technikphilosophie mit Schwerpunkt Künstliche Intelligenz an der Hochschule für Philosophie (HfPH) in München inne. Seit 2022 leitet er das Institut für naturwissenschaftliche Grenzfragen zur Philosophie und Theologie (ING) an der HfPH. Seine Arbeitsschwerpunkte liegen im interdisziplinären Bereich zwischen Technik- und Naturphilosophie, Anthropologie und Wissenschaftstheorie.

Raphael Ronge promoviert in der Informatik bei Prof. Bernhard Bauer an der Universität Augsburg in Kooperation mit der Hochschule für Philosophie München (HfPh). In seiner Promotion, gefördert durch die Konrad-Adenauer-Stiftung, beschäftigt er sich mit Explainable Artificial Intelligence. Seit 2022 forscht er als wissenschaftlicher Mitarbeiter bei Prof. Benjamin Rathgeber am Lehrstuhl für Natur- und Technikphilosophie der HfPh. Seine Forschungsinteressen beinhalten unter anderem Maschine Learning, Medizintechnik und Erklärbarkeit.

Sebastian Rosengrün arbeitet an der Universität Augsburg an einer Habilitation zur Wechselwirkung zwischen Künstlicher Intelligenz und dem menschlichen Selbstverständnis. Wichtige Veröffentlichungen: *Künstliche Intelligenz zur Einführung*, Hamburg 2021; *Digitalisierung. Die 101 wichtigsten Fragen*, München 2023 (mit Fabian Geier). Weitere Informationen: www.rosengruen.eu

Ulrich Steckmann ist Wissenschaftlicher Mitarbeiter der Arbeitsgruppe »Neuroethik und Ethik der KI« am Institut für Neurowissenschaften und Medizin: Gehirn und Verhalten (INM-7) am Forschungszentrum Jülich.